근대한러관계연구
수교와 교섭의 시기 한러관계

수교와 교섭의 시기 한러관계
근대한러관계연구

초판 1쇄 발행 2008년 6월 20일

저　자 | 홍웅호 외
발행인 | 윤관백
펴낸곳 | 선인

편　집 | 이경남 · 장인자 · 김민희
표　지 | 김지학 · 정안태
교정교열 | 김은혜 · 이수정
영　업 | 장형순

인　쇄 | 한성인쇄
제　본 | 광신제책

등록 | 제5-77호(1998.11.4)
주소 | 서울시 마포구 마포동 324-1 곳마루 B/D 1층
전화 | 02)718-6252 / 6257　　팩스 | 02)718-6253
E-mail | sunin72@chol.com
Homepage | www.suninbook.com

정가 24,000원
ISBN 978-89-5933-135-2　　93900

· 잘못된 책은 바꿔 드립니다.

[대외교류연구원 연구총서 1]

근대한러관계연구
수교와 교섭의 시기 한러관계

홍웅호 외

선인

책을 내면서

이 책은 19세기 후반에서 20세기 초반에 이르는 시기 한국과 러시아의 관계를 밝힌 연구이다. 학술진흥재단의 지원을 받아 〈근대 한러관계연구〉를 3년간 진행하여 얻은 첫 번째 결과물로 1884년 한러수교를 전후한 『수교와 교섭의 시기 한러관계』를 출간하게 되었다.

19세기 후반 러시아가 연해주를 영토로 편입하면서 한국과 국경을 접한 이후, 양국 간의 관계는 시기에 따라 단절과 연속, 대립과 협력을 경험하며 전개되었다. 지금 동아시아 사회에는 국가 간 국익 문제 등으로 적지 않은 갈등이 온존해 있고, 19세기 후반 이후의 갈등과 분쟁의 역사를 극복하고 화해와 공존의 장으로 나아가야 하는 과제를 안고 있다. 이를 위해서는 무엇보다 상호 간 역사와 문화에 대한 이해가 요구된다. 근대 동아시아 국가 간 상호 관계에 대한 역사적 성찰은 현재의 동아시아 사회가 안고 있는 문제의 기원을 밝힐 수 있다는 점에서 현재적 의미가 있다. 동아시아 지역 다른 나라와의 관계에 비해 상대적으로 연구가 부족한 근대 한러관계 연구가 학문적으로나 사회적으로 긴급히 요구되는 과제인 것도 이 때문이다.

이 책은 "수교와 교섭의 시기 한러관계"를 '동아시아 국제환경', '정치경제적 관계', '상호인식'이라는 측면으로 분류하고, 총 8편의 글을 통해 그 전체상을 밝히고자 노력했다.

먼저 근대 한러관계를 이해하기 위한 전제로서 '동아시아 국제환경'을 러시아의 동아시아정책, 러중관계, 러일관계의 측면에서 살펴보았다.

홍웅호는 청일전쟁 이전 러시아의 동아시아정책을 1860년 이전, 1860~1884년, 1884년 이후의 세 시기로 구분하여 각 시기별 러시아 동아시아정책의 특징을 밝히고 있다. 1860년대 이전 러시아의 동아시아정책은 전통적인 영토팽창 과정이었으며, 1860년 연해주를 획득한 이후는 동아시아 국가들과 각종 조약체결을 통해 자국의 영향력을 확대해 나가는 시기로 규정했다. 필자는 이 시기 러시아의 동아시아정책의 특징은 동아시아 국가들을 자국의 영향권 안에 두거나 최소한 중립적인 상태로 만들어 제국주의적 식민지 팽창을 추구하는 영국을 필두로 한 서구열강을 저지하는 것이라고 말한다. 그런데 1882년부터 시작된 조선의 서구열강과의 수호조약체결은 그동안 러시아가 취했던 동아시아정책에 변화를 가져와, 보다 적극적인 정책이 취해졌음을 구체적인 사례를 통해 밝히고 있다.

구범진은 청대 러시아와의 외교조약 체결 담당자와 조약 교환문에 사용된 언어를 중심으로 청대의 대러시아 외교의 성격과 변화를 추적했다. '네르친스크-캬흐타조약체제' 아래에서 청의 대러시아 외교 운영에서 교섭의 주체는 만주인이었으며, 만주어를 중심으로 러시아어, 몽골어, 라틴어 등의 언어가 교섭의 언어로 사용되었다. 즉, 청은 대러시아 외교 운영에서 '한인과 한문의 배제'를 원칙으로 삼았다. 그러나 1858~1860년에 걸쳐 '천진-북경조약체제'가 성립하면서 교섭의 언어로 만주어 대신 한문이 사용되었고, 1881년 '페테르부르크조약' 이후 교섭의 주체가 한인 관료로 바뀌었다. 그는 이러한 변화 과정을 통해 청대의 대러시아 외교의 성격과 인식이 어떻게 변화되었는지 규명하고 있다.

박영준은 삼국간섭 이전 일본의 러시아 위협론과 대아시아정책론의 연관성을 중심으로 19세기의 러일관계와 동아시아질서를 분석했다. 그는 우선 러일전쟁의 발발 배경의 일환으로서 일본의 대외관, 대러시아 인식에 초점을 맞추어, 명치기 일본 지식인과 관료들의 국제질서관과 대외정책론을 검토하면서, 러시아 위협론이 근대 일본에 연면히 이어졌고, 러시아 위협론에 대한 대응 정책론으로서 아시아정책과 조선정책이 추진되었음을 입증하고자 했다.

다음으로 이 책은 한국과 러시아의 '정치경제적 관계'를 규명했다.

민경현은 19세기 후반 조러수호통상조약을 통해서 러시아의 조선정책이 어떻게 취해졌는지를 밝히고 있다. 그는 조선과 러시아가 인접국가가 된 1860년부터 1870년대 초까지 조선 문제에 대한 러시아의 주요 정책은 한반도에서 현 상황을 유지하는 것이고, 일본이 한반도를 지배하기 위해 시도하려는 전쟁을 방지하는 일이었다고 규정했다. 조선이 1882년 미국과 조약을 체결한 이후 러시아가 조영조약을 모델로 삼아 1884년 조러수호통상조약을 체결했고, 1888년 육로무역장정을 체결한 과정을 밝히고 있다.

김종헌은 1884년 조선과의 조약체결 이후 러시아가 대조선정책을 추진하는 과정에서 조선에 파견한 외교관들의 활동을 추적해 봄으로써 러시아의 대조선정책이 각각의 외교관에 따라 어떻게 현실에서 구현되었으며, 특히 베베르와 슈페이예르의 활동 결과가 본국의 대외정책에 어떤 영향을 끼쳤는가를 살펴보았다.

이재훈은 근대 조선과 러시아의 경제관계 형성을 1860~1880년대 조러 접경지대를 중심으로 수행된 비공식적 국경교역의 동기와 교역 추이, 1884년 조러수호통상조약의 체결을 기점으로 시작된 개항장을 통한 양국 간 교역의 성격과 특징, 그리고 1888년 조러육로통상장정의 체결을 통한 육로교역의 발전 상황 등으로 나누어 각각 살펴봄으로써 양국 간의 실질적 교역관계가 어떻게 전환 및 발전되어 왔는지를 규명했다.

그리고 이 책은 한국과 러시아의 '상호인식'도 밝히고자 했다.

배항섭은 조선과 러시아가 국경을 연접하게 되는 1860년부터 청일전쟁과 동학농민전쟁이 일어나는 1894년까지에 한정하여 조선인의 러시아관에 대해 살펴보았다. 그는 조선 후기 이래 형성되고 변화되어 간 러시아관의 내용과 의미를 밝히기 위해 화이론적 세계관의 붕괴와 새로운 대외인식의 형성이라는 점에서 국왕과 개화파관료, 척사파 등의 러시아관을 비교분석했다.

이희수는 1854년 4월 러시아인의 최초의 한국방문을 다룬 곤차로프의 여행기『전함 팔라다』와 푸탸틴 제독의 보고서, 그리고 한러수교 이후 한국을 방문했던 러시아인들이 남긴 세 개의 방문기―「프리아무르 총독 관저에서 근무했던 다데슈칼리아니 공작의 현재 한국의 상황에 대한 간략한 개괄(1885년)」, 「파벨 미하일로비치 델로트케비치가 서울에서 포시에트까지 한국의 북부를 도보로 여행하며 쓴 일지(1885년 12월 6일부터 1886년 2월 29일까지)」, 「참모본부 중령 베벨의 1889년 여름 한국 방문기」―를 분석하여 러시아의 조선인식을 규명했다.

위에서 소개한 8편의 글은 〈근대한러관계연구〉를 공동으로 수행한 공동연구의 성과물이다. 이 단행본이 근대 한러관계를 종합적으로 고찰했다고 보기는 어렵겠지만, 자료 면에서 러시아자료와 한중일자료를 교차분석해 그동안의 연구에서 보여준 자료의 편향성을 넘어섰다는 점, 일본과 서구학계의 연구성과에 의존한 기왕의 한러관계의 연구를 극복하려 했다는 점에서 근대 한러관계 연구에 일정한 기여를 할 수 있을 것으로 기대한다. 이어서 나올『아관파천기 한러관계』와『러일전쟁 전후 한러관계』와 함께 이 책이 근대 한러관계 연구의 새로운 지평을 열기를 바란다.

2008년 6월
홍웅호

차례

책을 내면서 …………………………………………………… 5

동아시아 국제환경

홍웅호 ▌19세기 후반 러시아 동아시아정책의 변화　　　　　 _ 15
　1. 머리말　15
　2. 1860년 이전 러시아의 동아시아 진출　18
　3. 1860년 이후 태평양으로의 진출 기도　28
　4. 1884년 이후 러시아의 동아시아정책의 변화　35
　5. 맺음말　43

구범진 ▌청대 대러시아 외교의 성격과 그 변화　　　　　　 _ 47
　　　　　－체약대신(締約大臣)과 교환 조약문의 언어를 중심으로
　1. 머리말　47
　2. 〈네르친스크조약〉·〈캬흐타조약〉과 준가르 문제　50
　3. 청의 대러시아 외교에서 '한인(漢人)과 한문(漢文)의 배제'　57
　4. 19세기 후반 대러시아 외교의 성격 변화　69
　5. 맺음말　79

박영준 ▌19세기의 러일관계와 동아시아 질서　　　　　　　 _ 81
　　　　　－삼국간섭 이전 일본의 러시아 위협론과 대아시아정책론의
　　　　　　연관성을 중심으로
　1. 문제의 제기　81
　2. 근대 일본의 국제질서관과 그 특성　83
　3. 명치 초기 러시아 위협론과 대외정책론　92
　4. 명치 중기 러시아 위협론과 대외정책론　106
　5. 맺는 말　122

정치 경제적 관계

민경현 ▌19세기 후반 러시아의 조선정책과 조러수호통상조약 _ 127
  1. 머리말 127
  2. 러시아의 관망정책 129
  3. 조러수호통상조약 134
  4. 맺음말 144

김종헌 ▌슈페이예르와 러시아공사 베베르의 조선 내 외교활동 _ 147
     － 1884~1894
  1. 서론 147
  2. 한러밀약설의 대두와 슈페이예르의 조선 내 외교활동 149
  3. 베베르의 대외정책관과 구체적 외교 활동 168
  4. 결론 184

이재훈 ▌근대 조선과 러시아의 경제관계 형성 _ 187
  1. 문제제기 187
  2. 조약체결 이전의 양국 간 국경교역 190
  3. 조러수호통상조약과 개항장을 통한 경제교류 200
  4. 육로통상장정 체결과 공식적 국경교역 206
  5. 결론 213

상호인식

배항섭 ▎朝露 수교(1884) 전후 조선인의 러시아관 _ 217
  1. 머리말 217
  2. 대원군 집권기의 비공식적 접촉과 러시아관 221
  3. 고종 친정초기 문호개방과 러시아관 231
  4. 조로수교 직후 引俄拒淸정책과 러시아관 240
  5. 청일전쟁 · 동학농민전쟁 시기의 러시아관 245
  6. 맺음말 251

이희수 ▎교류 초기 러시아인의 조선인식 _ 255
  － 러시아인들의 조선방문기를 중심으로
  1. 서론 255
  2. 1854년 팔라다호의 조선 해안상륙과 곤차로프의 여행기 『전함 팔라다』 259
   － 예정에 없던 방문과 낯선 나라 조선
  3. 1884, 1888년 수교와 러시아인들의 조선방문기 268
   － 조선에 대한 동정적인 시각
  4. 결론 279

찾아보기 ·· 281

동아시아 국제환경

19세기 후반 러시아 동아시아정책의 변화

홍 웅 호*

1. 머리말

　근대로의 이행기에 서구열강들은 값싼 생산원료를 획득하고 이를 판매하기 위한 시장을 확보하기 위한 각축전에 돌입했다. 15세기 말 스페인과 포르투갈을 선두로 한 새로운 항해의 개척과 신대륙 발견을 위한 대탐험이 그것이다. 영국과 프랑스도 이 추세에 부응해 북아메리카와 아시아로 눈을 돌리기 시작했다. 유럽의 변방국가였던 러시아는 16세기 이후 시베리아로 영토팽창을 추진해 왔다. 이후 표트르 대제의 서구화 및 근대화 정책에 의해 유럽의 열강과 어깨를 나란히 하기 시작한 러시아는 19세기 후반 연해주를 획득하면서 동아시아 영역국가로 편입되었다. 그러나 19세기 중엽까지 러시아의 주요한 관심은 정치와 경제의 중심무대였던 유럽과의 교류관계를 형성하는 데 주력하는 것이었다. 또한 부동항 확보와 지중

---
* 동국대학교 대외교류연구원 연구교수

해를 통한 세계로의 진출을 위해 흑해연안에 그들의 관심을 집중시켰을 뿐 러시아에서 멀리 떨어진 극동은 부차적으로 취급하였다.

그런데 19세기에 들어와 영국과 프랑스를 비롯한 전통적인 자본주의 국가들과 독일 등 후발자본주의 국가들은 제국주의 정책, 즉 상품판매시장이자 원료 공급처로서 영토획득 및 식민지 확보를 추구해 나가기 시작했다. 러시아 또한 크림반도의 '형제국가'들인 슬라브 국가들의 터키로부터의 독립을 지원한다는 명목하에 이전부터 추진해 오던 흑해를 통한 해양으로의 진출에 보다 박차를 가했다. 그러나 러시아의 이러한 외교정책은 영국의 러시아 남하저지정책과 전면적으로 부딪칠 수밖에 없었다. 특히 1856년 러시아와 터키의 크림전쟁은 영국과 러시아의 제국주의적 충돌 그 자체였다. 이 전쟁에서 러시아의 패배는 정치·경제·사회적으로 유럽에서 가장 후진적인 국가 중의 하나인 러시아의 현주소를 적나라하게 보여주는 상징적인 사건이었다. 1856년 크림전쟁에서의 패배는 러시아의 국내정책과 외교정책에 전면적인 수정 및 변화를 가져왔다. 내적으로는 1861년 농노제를 폐지하여 위로부터의 산업화와 근대화를 추진했다. 외적으로는 서구제국주의 국가의 손길이 덜 미치는 곳이자 육로를 통해 부동항을 획득할 수 있는 곳에 관심을 집중하기 시작했다. 그곳이 바로 19세기 중반까지 부차적으로 취급했던 극동이었다.

19세기 중반 이후 변화된 러시아의 외교정책, 특히 동아시아정책을 담당한 사람은 외무대신이었던 고르차코프(А.М. Горчаков)와 기르스(М.Н. Гирс)였다. 크림전쟁 패배 후 외무대신이 된 고르차코프(재임기간: 1856.7~1882.3)는 크림전쟁의 패배 원인을 러시아가 서유럽 국가보다 근대화에 뒤쳐졌기 때문이라고 판단하고 러시아 국내 개혁의 시급성을 강조하는 한편, 서구열강들의 제국주의적 동아시아 침투에 대응하는 실용주의 외교노선을 취하면서 러시아의 동아시아정책에 관한 밑그림을 그렸다. 고르차코프에 이어 기르스(재

임기간: 1882~1895)가 외무대신으로 임명되었다. 러시아 외무부 아시아 국장을 역임한 기르스가 외무대신에 임명된 것은 러시아가 극동 지역 및 동아시아를 중요하게 여기고 있다는 반증이기도 했다.

이제 19세기 후반 러시아 대외정책의 중심과제는 극동과 동아시아가 되었다. 이 연구는 바로 이 과정을 다루고자 한다. 19세기 러시아의 동아시아정책에 관한 연구는 몇 가지 측면에서 의미가 있다. 첫째, 한반도와 국경을 마주한 이후 러시아의 정책은 직간접적으로 조선과 한국의 운명에 영향을 미쳤기 때문이다. 둘째, 국제 관계 측면에서도 동아시아에서 발생한 서구열강과 러시아의 대립과 충돌은 동아시아 삼국의 역사를 바꾸어 놓았기 때문이다.

이 글에서는 19세기 후반 러시아의 동아시아정책을 1860년 이전, 1860~1884년, 1884년 이후의 세 시기로 구분하여 살펴보고자 한다. 그 이유는 이 세 시기를 기점으로 하여 러시아의 동아시아정책의 성격이 변화되었기 때문이다. 보다 구체적으로 첫째, 1860년 러시아의 전통적인 영토팽창 과정에서 나타난 중국과의 관계를 살펴보고자 한다. 또한 일본과 1855년 맺은 시모다조약 체결과 그 목적을 통해 러시아의 동아시아와 태평양에 대한 인식과 정책을 구명하고자 한다. 둘째, 1860년 북경조약 이후 아무르강 유역과 연해주를 획득한 러시아의 동아시아정책의 변화 과정을 분석하고자 한다. 이 과정에서 러시아의 동아시아정책이 어떤 성격을 지니는지도 해명하고자 하는 목적이 있다. 마지막으로, 1884년 한러수교 이후 러시아의 동아시아정책이 어떻게 변화되었는지를 조명하고자 한다. 이를 통해 시기별로 러시아 동아시아정책의 성격이 어떻게 달라지는지를 밝히는 데 그 목적이 있다.

2. 1860년 이전 러시아의 동아시아 진출

1) 러시아의 시베리아 점령과 중국

러시아의 동아시아 진출은 이미 16세기부터 시작되었다. 1556년 이반 4세는 15만의 대병력을 동원하여 우랄산맥 서쪽 지역에 있던 카잔 한국을 멸망시켰고, 마침내 우랄산맥을 넘어 시베리아 방면으로 팽창하게 되었다. 1582년 이반뇌제의 허락하에 노브고로드의 스트로가노프 가문과 그 가문의 지원을 받은 에르막(T. Ермак)과 카자크(Казак)인들[1]은 우랄산맥 동쪽 오브강 중류에 위치하고 있던 시비르 한국[2]을 정복하기 시작했다. 이후 러시아는 시베리아 정복을 통한 세계적인 대국을 건설하려는 팽창정책을 보다 강하게 추진했다. 러시아가 영토팽창의 방향을 시베리아로 결정한 이유는 서구의 다른 국가들이 이미 해양으로 진출하여 식민지를 개척해 가고 있었기 때문에 서부와 남부를 통한 해양으로의 진출 길이 막혀 있었기 때문이다. 그래서 유라시아의 북부 내륙에 둘러싸인 고립된 지정학적 위치에서 탈출하기 위해 동쪽 대륙으로 진출해 나갔던 것이다.

러시아가 동아시아로 진출해 옴에 따라 중국과의 접촉은 피할 수 없는 일이 되었다. 러시아가 중국을 본격적으로 침략하기 시작한 것

---

1) 자유인, 독립인이란 뜻을 지닌 카자크는 본래 15세기 후반에서 16세기 전반에 걸쳐 러시아의 중부에서 남방변경 지대로 이주하여 자치적인 군사공동체를 형성한 농민집단이었다. 제정러시아의 강화와 더불어 위정자는 카자크 상층부에 특권을 주어 회유하면서 그들의 자치 축소를 기도하였으나, 17세기 후반과 18세기 후반에 하층 카자크인들이 중심이 되어 농민전쟁을 일으켜 반항을 했다. 그들은 광대한 토지와의 교환 조건으로 제정러시아의 비정규군으로 전투집단에 재편성되었다.
2) 서부 시베리아의 토볼스크 부근의 시비리를 중심으로 1556~1598년까지 존속했던 나라. 시베리아의 이름은 이 시비리에서 유래한다.

은 17세기 중엽부터였다. 러시아는 1630년대에 들어서면서부터 야쿠츠크, 오호츠크 등 시베리아 동북부와 중국 국경 근처에 거점을 구축했다. 1640년대에 들어와 러시아와 중국 간에 영토를 둘러싼 충돌이 본격화되었다. 1643년 7월 러시아는 100여 명으로 구성된 포야코프 원정대를 처음으로 아무르강 유역에 파견하였고, 1649년 4월과 1650년 7월에는 다시 하바로프(Е.П. Хаваров)를 지휘자로 한 카자크원정대를 파견했다. 이에 청나라는 조선에 원군을 요청, 조청 연합군이 러시아 원정대를 막았다.[3]

이렇듯, 러시아와 중국의 접촉은 영토분쟁이었다. 이를 계기로 1654년 러시아의 황제가 청에 사절단을 파견함으로써 양국의 공식적인 외교관계가 시작되었다. 당시 양국 간의 주요현안은 몽골 문제였다. 러시아가 몽골의 일부였던 부랴트(Бурьят)족의 거주 지역을 병합하여 식민화를 추진함으로써 중국이 몽골에 대하여 가져왔던 오랜 기득권을 위협하였던 것이다.

잠시 잠잠하던 중국에 대한 러시아의 침략은 1670년대부터 다시 계속되었다. 그리하여 1685년 6월 러시아와 청나라 사이에 알바진 전쟁이 일어난 것을 계기로 러청 양국은 국경 문제를 해결하기 위해 1689년 8월 27일 '네르친스크조약'[4]과 1727년 9월 '캬흐타조약'을 맺었다.[5] 이로써 러시아의 연해주와 아무르강 유역 장악 기도는

---

3) 조선은 두 차례에(1654년 1차 원군 150명 참여, 1658년 2차 원군 200여 명 참여) 걸쳐 나선정벌에 참여했고, 이 전쟁을 통해 처음으로 러시아의 존재를 알게 되었다.
4) 네르친스크조약과 관련하여 다음을 참조할 것. П.Т. Яковлева, *Первый Русско-Китайский договор 1689 года*, Москва, 1958.
5) 국경 문제와 관련한 조약문은 다음과 같다. 제1조, 아무르강 지류인 쉴카강으로 합류하는 고르비차(Горбича) 및 스타노보이 산맥을 러·청 양국의 경계로 하고 산남 아무르강으로 유입하는 계하는 청나라에 속하며 산북은 러시아에 속한다. 제2조, 아르군(Аргунь)강을 러·청 양국의 경계로 하여 우안은 청나라에 속하며 좌안은 러시아에 속한다. 제3조, 쉴카강

1860년까지 약 170년 동안 연기되었다.

그렇다 하더라도 러시아는 아무르강 유역을 비롯한 연해주 장악과 태평양연안의 부동항 확보라는 목적을 달성하기 위해 끊임없이 외교적, 군사적 수단을 동원했다.

예를 들어, 표트르 1세를 비롯한 제정러시아의 황제는 시베리아에 대한 팽창정책을 계속 추진, 1715~1720년 사이에는 이르티슈강 유역의 땅을 점령하였고, 1721년에는 북부 쿠릴열도를 차지하고 남부 쿠릴열도에 침입하였으며, 1730년대에 캄차카를 자신의 영토로 부속시켰다.

러시아의 동아시아로의 진출 의도는 19세기 후반에 들어와 더욱더 노골적으로 드러났다. 러시아에서 농노제도가 급속히 무너져가고 자본주의경제가 성장해감에 따라 그들의 대외 침략은 이미 봉건적 정복전쟁의 테두리를 벗어나 자본주의적 식민지화의 색채를 띠는 새로운 단계에 들어서게 되었다. 또한 러시아 정부는 영국, 미국, 프랑스 등 열강들과 식민지를 쟁탈하기 위하여 크림전쟁에서의 패배를 계기로 그들의 관심을 극동으로 돌렸다.

먼저, 아무르 하류 및 사할린에 대한 면밀한 조사의 필요와 아무르 연안 지방의 러시아 귀속에 관한 문제가 설정되었다.[6] 이에 따라 1847년에 러시아는 극단적인 팽창주의자로 평가되는 무라비요프(Николай Муравиев-Амурский)[7]를 동시베리아 총독으로 임명하고 2년 뒤인 1849년에는 '아무르 문제위원회'를 설치했다. 무라비요프는 "아무르는 태평양으로 유입하는 동부 시베리아 유일의 대하이

과 아르군강이 합류하는 북방 우르카(Урка) 일대를 보유하여 중립지대로 한다. П.Т. Яковлева, там же, cc.189~192.
6) 이성시, 「동북아시아 변경의 역사」, 임지현 엮음, 『근대의 국경 역사의 변경』, 휴머니스트, 2004, 137쪽.
7) 무라비요프는 이후 아무르강의 이름을 따 무라비요프-아무르스키라는 명칭을 얻는다.

다. 아무르하구와 사할린에 영국인과 프랑스인이 나타나는 것을 미연에 방지할 것과 '아무르의 좌안과 하구를 장악하는 자가 시베리아를 지배할'" 것이라 판단하고,8) 네르친스크조약에 의해 중국령으로 확인된 바 있는 아무르강을 탐사하기 시작했다. 이 강은 태평양연안으로 이어지는 러시아의 보급수송로로서 전략적 가치를 지니고 있었다. 네벨스코이(Г.И. Невельской) 중위를 대장으로 하는 탐사대가 1849년 파견되었다.9) 네벨스코이는 영토 문제에 유념하여 네르친스크조약에 나타나는 지명이 지리적으로 실제 어디에 위치하는가의 해석 여하에 따라 국경선이 크게 변경될 수 있음에 주목했다.10) 네르친스크조약 조문에 나타난 지명들은 주로 현재의 만주 지역에 한정되므로 아무르강 하류나 연해주 일대는 주인 없는 땅으로 해석된다고 보아 두만강까지를 러시아 영토로 선언할 것을 제안했다.11) 그리고 네벨스코이는 네르친스크조약이 체결되면서 당시 러시아 협상자인 골로빈(Головин)이 국경경계를 표시할 경계비를 후일에 설치하자고12) 하였기 때문에 조문에 나타난 지명을 재해석하여 그 지역을 명확히 한 후 국경을 설정하면 기존 조약보다 유리하게 적용할 수 있다고 보았다. 그렇게 된다면 극동 지역의 연해주까지 확보할 수 있다고 본 것이다.

---

8) 1848년 9월 14일 외무대신에게 보낸 무라비요프의 서한. 주코프 편, 『원동에서의 국제관계 1870~1945』, 국립도서출판사, 1953, 38~41쪽(Е.М. Жуков, *Международные отношения на Дальнем Востоке в период 1870~1945 гг.*, Москва, 1953).

9) Г.И. Невельской, *Подвиги русских морских офицеров на крайнем востоке России: 1849~1855*, Примиздат, 1950, с.3 ; 주코프 편, 위의 책, 38~41쪽.

10) 박명용, 「연해주를 둘러싼 한국과 러시아 영토문제 – 1650년에서 1900년까지」, 『북방사논총』 고구려연구재단 제4호, 2005, 59~61쪽.

11) Невельской, там же, сс.186~194.

12) Яковлева, там же, сс.131~133.

러시아의 동아시아 점령에 실질적인 토대를 마련하기 위해 네벨스코이는 1850년에 아무르 하류 부근에 니콜라옙스크 초소를 설치하고 지방 주민인 킬리야크들에게 아무르 연안이 러시아령이라고 선포했다. 1853년 그는 또한 사할린에 최초의 러시아 전투초소를 세우고 이 섬을 러시아에 합병한다고 선포했다.[13] 니콜라이 1세는 1854년 무라비요프에게 아무르 연안과 캄차카를 외국의 침략으로부터 방위하기 위한 군대와 무장을 아무르 하류로 보낼 것을 명령했다.[14]

마침내 러시아는 청나라가 태평천국의 난으로 혼란한 틈을 타 1858년 4월 16일 아이훈조약을 체결했다. 아이훈조약이란 애훈강으로부터 아무르강에 이르는 좌안을 러시아령으로 하고 그 우안 우수리강에 이르기까지를 청나라 령으로 하는 전문 5개조의 조약문이다. 이 조약으로 러시아는 아무르강 유역을 경략하게 되었고 우수리강 이동 일대는 러청 공동관리 지역으로 두었다.

1859년 6월에 이미 동시베리아 총독 무라비요프는 "포시에트 만을 러시아에 병합시키고 국경선을 조중 변경인 두만강 어귀까지 밀고 나가야 한다."고 하였으며, "만주 동부로부터 바다를 따라 남으로 조선에 이르는 지역에 대한 실제 점령은 1860년 봄에 완성될 것이다."라고 했다. 무라비요프가 이 변강 문제들의 조속한 해결을 중요한 과제로 설정했던 이유는 영국이 포시에트 만을 점령하게 되는 것을 우려했기 때문이다.[15]

그리고 2년 후 러시아 북경 주재 이그나티예프(Н.П. Игнатьев)

---

13) 일찍이 1806년에 러시아의 해군 사관 흐브스로브와 다브도프가 러시아의 사할린합병을 선포하고 약간의 해병들을 수비대로 상륙시켰다. 주코프 편, 앞의 책, 38~41쪽.
14) Невельской, там же, с.318.
15) 1859년 6월 1일 주중 러시아 공사 이그나티예프에게 보낸 무라비요프의 서한. 주코프 편, 앞의 책, 38~41쪽.

공사16)는 영불 연합군 측과 청의 화의를 주선하고 그 대가로 1860년 11월 14일 북경조약을 체결했다. 전문 15개조의 북경조약을 체결한 러시아는 아이훈조약에서 러청 공동관리 지역으로 두었던 아무르강 남쪽 우수리강 동쪽 연해주 지방을 기어코 러시아령으로 확정했다. 즉, 우수리강과 송화강을 거쳐 두만강 강구에 달하는 국경선을 설정했다. 극동 지역에 정치적으로 진출해 들어갈 수 있는 실질적인 기반을 확보한 셈이었다. 즉, 러시아는 동해로 흘러들어가는 두만강을 경계로 한반도와 접경할 수 있게 되었다. 반대로 청나라는 우수리강 이동 지역과 포시에트 만을 잃어 바다로 향하는 출구를 완전히 봉쇄당함으로써 내륙에 고립되게 되었다. 조선은 사상 최초로 두만강 하구부분에서 러시아와 16.5km에 이르는 국경선을 접하게 되었다.

2) 시모다조약과 러일 관계

러시아가 동아시아로 진출해 옴에 따라 자연스럽게 관심의 대상이 된 나라 중의 하나는 일본이었다. 러시아는 연해주 확보와 태평양으로 진출하기 위해 일본과의 관계 설정이 시급한 과제였다. 러시아는 이미 18세기부터 일본과 교역관계를 확립하기 위해 끊임없이 노력했으나 아무런 성과를 거두지 못했다. 19세기 중엽 이후 시베리아 동부 지역에 진출한 러시아는 이주민과 군인 등 극동 지역에 정착한 사람들을 위한 식량과 기타 필수품을 마련해야 했다. 청

---

16) 1860년 당시 27세인 그는 청나라와 북경조약을 체결하여 광범위한 연해주 지역을 장악했다. 그는 1864~1877년 터키 주재 러시아 대사를 지냈다. 그는 1878년 베를린 회의결과가 러시아 측에 불리하게 되자 책임을 지고 외교관직을 떠났다. 알렉산더 2세 암살 후 1881~1882년 내무장관이 되어 반동정책을 추진하면서 혁명운동을 탄압했다. 1908년 사회혁명단원에 의해 암살당했다.

나라와 조선뿐 아니라 일본도 그 대상이 되었다. 이러한 현실적 이유 때문에 러시아 선박들은 일본 항구에 정박할 필요성이 있었다. 1850년대 유럽열강과 미국의 일본으로의 진출에 대해 러시아는 위기의식을 느끼지 않을 수 없었다. 왜냐하면 일본이 러시아 극동에 인접해 있었기 때문에, 만약 서구열강이 일본 항구를 이용하여 러시아의 연해주 지역을 노릴 경우, 결코 이 지역에 대한 안전을 보장할 수 없었기 때문이었다. 이와 관련하여 1852년 2월 무라비요프는 러시아 해군함대의 콘스탄틴(Константин) 대공에게 다음과 같은 보고서를 올렸다. "중국과 일본은 점차 영국과 미국에 예속되어가고 있다. 아마도 내년 미국 함대의 일본에 대한 강제적 개국이 시도되리라 본다."[17] 위에서 언급한 현실적 이유와 유럽열강의 위협이라는 국제정세에 직면하여 러시아는 일본과 시급히 교섭에 나설 필요성을 느꼈다. 더욱이 러시아와 일본의 국경에 관한 협정이 부재한 상황에서 이미 러시아가 선점하고 있던 남쿠릴 열도로 일본인들이 야금야금 들어오고, 사할린 섬 근처에서 일본인 어부들의 출현이 눈에 띄게 나타나자 러시아로서는 이미 선점한 쿠릴열도[18]와 사할린을 공식적으로 인정받기 위해서라도 러일 간의 관계를 정립할 필요가 있었다.[19]

---

17) 김태항, 「러일영토분쟁의 연원: 러시아측의 시각을 중심으로」, 『중소연구』, 통권 85호, 2000, 81쪽에서 재인용.

18) 러시아의 아틀라소프(И. Атласов)는 1691년 쿠릴열도와 캄차카를 탐사했다. 1696년 러시아는 캄차카를 병합했다. 그리고 1704년 캄차카로 파견된 러시아 관리인인 칼리소프(В. Колесов)는 카자크인인 라마예프(Ламаев)를 쿠릴열도에 파견해 쿠릴열도의 거주자들로부터 조공을 징수하도록 했다. 이후 러시아 정부는 쿠릴열도에 대한 탐사를 단행, 1821년 알렉산드르 1세는 쿠릴열도를 러시아 영토로 선언했다. 이와 관련해서는 다음을 참조하시오. А.В. Ефимов, *Из истории русских экспедиций на Тихом Океане*, Москва, 1948, с.84 ; *Полное собрание законов Российской империи с 1649 года*, т.37, С. Петербург, 1830. сс.823~832.

1852년 영국과 미국의 상선들이 일본근해에 자주 출현하자 전통적으로 영국과 경쟁관계에 있던 러시아는 이 문제에 대해 명확한 입장을 정립할 필요가 있었다. 일본의 강제개항과 극단적으로 영국과 무력충돌까지도 일어날 수 있는 동아시아에서의 문제를 해결하기 위해 1852년 5월 특별위원회가 결성되었다.

특별위원회는 러시아 정부의 대표를 일본에 파견하여, 일본 정부에게 러시아와 우호와 교역협정을 체결할 것을 제안하자고 결의했다. 특별위원회는 이 대표에게 중국의 개항을 내용으로 한 중국과의 교역관계를 체결하는 임무도 부여했다. 일본과 중국으로 보낼 러시아대표로 푸탸틴(Е.В. Путятин) 중장이 임명되었다. 특별위원회는 푸탸틴에게 다음의 내용을 특별히 주지시켰다. 즉, 러시아는 일본과의 협상에서 일본을 군사력으로 위협하거나 점령할 의도는 전혀 없으며, 오직 유럽열강이나 미국과 맺은 정도의 교역협정을 체결하는 데 그 목적이 있다는 사실이다.

니콜라이 1세가 승인한 협정의 목표는 러시아의 최혜국 대우와 치외법권 확보 및 일본의 개항을 통한 교역관계의 확립이었다.[20] 동시에 러시아 정부는 혹시라도 있을지 모를 전쟁에 대비해 네벨스코이에게 남사할린에 전투준비 전초기지를 세울 것을 지시했다.

1852년 10월 7일 푸탸틴 일행은 463명을 태운 3척의 함선으로 크론슈타트를 출발, 1853년 8월 10일 나가사키에 도착, 일본에 러시아 재무대신 네셀로제(К.В. Нессельроде)가 일본 정부에 보내는 서한과 국서를 제출하고 양국 간의 교역 개시 및 국경 문제의 해결을 위한 회담을 제의했다. 그러나 일본 정부는 푸탸틴 일행의 목적을

---

19) А.В. Игнатьев и др., *История внешней политики России, Вторая половина XIX века*, Москва, 1997, с.154.

20) Э.Я. Файнберг, *Русско-японские отношения в 1697~1875 гг.*, Москва, 1960, с.149.

의심하여 회담을 회피하다가 1854년 1월에 가서야 그와의 면담에 임했다.

그런데 이 당시 국제정세는 러시아에 결코 유리한 상황이 아니었다. 이미 영국과의 크림전쟁이 시작되었고, 영국과 프랑스 함대가 극동 지역의 러시아 선박을 포획하고자 했다. 일본은 이러한 정세를 이용하여 러시아로부터 보다 많은 양보를 얻어내고자 했다. 그래서 러시아에 북위 50도를 기준으로 사할린을 남부와 북부로 나눌 것, 쿠릴열도를 우룹(Уруп)과 이투룹(Итуруп) 섬을 경계로 하여 그 이북을 러시아 영토로 하고 그 이남을 일본 영토로 할 것을 제안했다.[21] 푸탸틴은 일본의 이러한 제안을 수용할 수 없었다. 그는 "일본으로부터 북쪽으로 뻗어 있는 쿠릴열도는 오래전부터 러시아의 소유이고, 러시아의 관리하에 있다."[22]는 러시아 정부의 입장을 명확히 표명했다. 결국, 푸탸틴은 일본과 한 치의 합의에도 도달하지 못했고, 회담은 몇 달 동안 중단되었다가 1854년 12월에 가서야 시모다(Симода)에서 재개되었다.

회담이 재개될 당시 미국은 무력으로 일본과 조약을 체결하였고, 최혜국 대우와 치외법권을 보장받으며 몇 개의 항구를 개항하게 하는 성과를 얻어냈다. 크림전쟁을 치러야 하는 러시아로서는 어떻게든 동아시아의 상황을 안정시킬 필요가 있었다. 그래서 러시아는 일정부분 양보를 하더라도 일본과 조약체결 문제를 시급히 마무리 지어야 했다. 러시아 외무부는 푸탸틴에게 쿠릴열도와 관련된 국경 문제를 조속히 마무리 지으라고 훈령을 내렸다. 당시 러시아가 직

---

21) *Совместный сборник документов по истории территориал-ьного размежевания между Россией и Японией.* МИД РФ, МИД Японии, Токио, 1992, с.7.

22) Архив внешней политики Российской Империи(제정러시아대외정책문서보관소, 이하 АВПРИ라 약칭함), ф. Главный архив, отдел 1~9. 1852~1856 гг. оп.8. д.17. ч.2. л.53об.

면한 상황을 정확히 파악하고 있던 일본은 이전의 요구사항에서 한 발도 물러서지 않았다. 양국의 이해관계가 첨예하게 대립하는 상황에서 조약체결 회담은 지지부진했다. 조급한 러시아는 일본과 우호 및 통상조약을 체결하는 것이 급선무라고 판단해 일본의 요구사항을 상당부분 수용하는 선에서 조약을 체결하기로 결정했다.

결국, 1855년 1월 26일 시모다에서 러시아와 일본은 러일화친조약을 체결했다. 러일화친조약은 미일화친조약과 유사한 내용을 담고 있다. 그 구체적인 내용은 다음과 같다.

1. 러일 국경획정에 있어서 쿠릴열도의 이투룹섬을 일본령으로 하고 우룹섬 이북을 러시아령으로 하며, 사할린은 분계하지 않고 양국 통치로 한다(제2약조).
2. 일본은 나가사키, 시모다, 하코다테 등 3개 항을 러시아 선박을 위해 개방하고 난파선의 수리와 식료를 공급하며, 석탄이 있는 곳에서는 이를 공급한다(제3조).
3. 양국은 최혜국 대우를 하며, 상호 영사재판권을 인정한다(제8조).
4. 일본이 향후 타국에 허여하는 것은 동시에 러시아인에게도 허여할 것(제9조).[23]

이 조약으로 일본은 하코다테와 시모다, 그리고 나가사키 항을 러시아의 군함과 교역을 위해 개항해야 했다. 그러나 일본은 그들이 주장했던 쿠릴열도의 영토권을 확보했고, 사할린 문제는 그 결정을 당분간 연기함으로써 국경분쟁의 요소들을 정리하는 효과를 얻었다.[24] 그러나 사할린 문제는 여전히 양국의 영토분쟁의 불씨로

---

23) Э.Д. Гримм, *Сборник договоров и других документов по истории международных отношений на Дальнем Востоке, (1842~1925)*, Москва, 1927, c.52.
24) *Международная политика новейшего времени в договорах и*

남게 되었다.

시모다조약은 러시아와 일본의 기본적인 우호관계에 토대를 놓는 외교 및 통상과 관련한 최초의 조약이었다. 시모다조약을 통해 러시아는 극동에서의 안정을 일부 확보했다. 일본은 크림전쟁에 대해 중립을 선언했고, 러시아극동에 대항하기 위한 열강들, 특히 영국에게 일본의 영토 이용을 허용하지 않았다.

3. 1860년 이후 태평양으로의 진출 기도

크림전쟁 패배로 유럽에서 자신의 입지가 약화된 러시아는 극동지역에서의 활발한 외교정책을 통해 그 보상을 받고자 했다. 1858년 아이훈조약과 1860년 북경조약은 그 결과물이었다.

무라비요프는 아무르강 유역과 연해주의 경략이 러시아의 극동정책을 실현시켜 나갈 수 있는 발판이라고 생각했다. 아무르강은 러시아와 동아시아라는 새로운 영토로 연결시켜 주는 통로였다. 최초의 정착은, 1857년 당시 동시베리아 총독 무라비요프 아무르스키 백작이 특별 징집한 트랜스 바이칼의 카자크 연대에게 처자식을 데리고 아무르강을 따라 각각 12마일에서 18마일씩 떨어진 마을에 정착하도록 명령함으로써 비롯되었다. 카자크인들은 이 같은 일련의 정착 주둔지들을 따라 변방을 지키고, 우편업무를 수행하며, 보급품들을 아무르강을 따라 강어귀 부근의 니콜라옙스크에 있는 러시아의 주둔 사령부까지 운송하는 일을 맡았다.[25]

декларациях /Сост. Ю.В. Ключников, А.М. Сабанин. Ч.1. Москва, 1925, с.168 ; В.К. Зиланов, А.А. Кошкин, И.А. Латышев, А.Ю. Плотников, И.А. Сенченко, *Русские Курилы: история и современность. Сборник документов по истории формирования русско-японской и советско-японской границы*, Москва, 1995.

25) 무라비요프 아무르스키의 육군부 보고, 1857년 2월 23일자. И.П. Барщуков,

그러나 식민화 초기에 아무르강 유역을 러시아의 동아시아령을 위한 식량기지로 만들려던 무라비요프 아무르스키의 의도는 실현되지 못했다.26) 경작을 하기엔 너무 짧은 여름, 불리한 기후, 그리고 곡물의 질병은 이주자들에게 고통을 안겨주었다. 러시아가 이 지역을 점령한 지 30년이 훨씬 넘어서도 아무르강 유역의 농업 실패를 치유할 대책이 좀처럼 마련되지 않자, 이곳에 식량기지를 세우려는 정책에 대한 혹독한 비판들이 일어났다.27) 아무르강 유역이 러시아의 동북연안에 새로운 경제적 근거지를 이루기 위한 새 식량기지가 되기에는 부적절했던 것이다. 즉, 러시아의 아무르강 좌안과 연해주 지역의 획득, 그리고 아무르강을 통한 항행기회의 획득이, 1860년에서 1880년 사이에 러시아에 가져다 준 경제적 이득은 거의 없었던 것이다. 오히려 러시아는 그 영토들을 소유하게 되면서, 총인구가 10만 명에도 채 미치지 못하는 이 지역에서, 1880년 이전에만도 이미 5천 5백만 루블 이상의 적자를 입었던 것으로 평가되었다.28)

아이훈조약과 북경조약 제1조는, 만주에서부터 흘러나오는 아무르강의 제일의 지류인 송화강을 따라 항행·교역할 수 있는 권리를 러시아에게 부여했다.29) 1862년 3월에 추가된 북경조약으로,30) 러

Граф Николай Николаевич Амурский, Москва, 1857, cc.150~151.
26) 시베리아위원회 위원장인 콘스탄틴 대공에게 보낸 무라비요프 아무르스키의 보고서, 1858년 9월 20일. Ibid., pp.186~189.
27) 러시아제국지리학회 동부분과가 파견한 탐사대의 보고서는 1892년에 코르쥔스키(С.И. Коржинский) 교수가 편집하였는데, 이에 따르면 아무르 유역은 러시아의 과잉인구의 정착지로서는 전혀 쓸모없는 땅이라는 것이었다. 코르쥔스키는 "이 지역의 기후조건에 적합한, 종래와는 완전히 다른 경제 시스템을 시행해야 하며 풍토에 맞는 농작물을 경작해야 한다."고 언급했다(С.И. Коржинский, *Амурская область как земледельческая колония*, С. Петербург, 1892).
28) *Приамурье: Факты, Цифры, Наблюдения*, Москва, 1909, с.164.
29) Гримм, там же, с.51.
30) Т. Юзефович, *Договору России с Востоком*, С. Петербург, 1869,

청 양국인들이 국경을 넘어 35마일 이내의 지역에서 서로 자유로이 교역할 수 있는 권리가 최종 확정되자,31) 만주의 청나라 상인들은 재빨리 이 규정을 이용했다. 이들은 러시아의 국경 정착촌에서 이루어지는 교역으로 재미를 보았다. 그러나 러시아 상인들은 교역할 물품이 거의 없었으므로 이 조약을 이용할 수 없었다.

결국, 1860~1890년까지 혹독한 기후, 긴 국경을 따라 살고 있는 적은 상주인구, 수송의 어려움, 식량기지의 부족, 방어의 부적합성 등의 요인으로 이 광활한 지역이 경제적 가치가 없는 것으로 보이기도 했다.32)

아무르 유역과 연해주의 식민지정책과 관련한 러시아의 동아시아정책은 일면 실패했고, 따라서 이로 인해 이후 그들의 동아시아정책이 소극적인 성격을 띤 것으로 볼 수 있다. 하지만 동해를 둘러싼 해상권 장악, 영국과 미국을 비롯한 열강들의 동아시아 침탈에 대해 러시아는 경계의 시선을 늦추지 않았을 뿐만 아니라, 그들의 목적을 실현하기 위한 실질적인 방안을 마련하기도 했다.

먼저, 러시아는 1860년에 블라디보스토크를 항구도시로 건설하고, 1872년에 태평양함대의 전초기지로 확대시켰다. 이러한 항구도시 건설은 그들의 동아시아정책을 실현시키기 위한 기반조성이었다.

1860년 해군소장으로 블라디보스토크에 있던 리하체프(Лихачев)가 중앙정부에 1860년 5월 21일 올린 보고서33)를 통해 그들의 동아시아에 대한 인식과 정책을 살펴볼 수 있다.

---

cc.269~275.
31) 제1조.
32) Malozemoff A. *Russian Far Eastern Policy 1881~1904*, California(말로제모프, 석화정 역, 『러시아의 동아시아정책』, 지식산업사, 2002), 19쪽.
33) Российский Государственный архив Военно-морского флота(러시아국립해군성문서보관소, 이하 РГАВМФ라 약칭함), ф.410, оп.2, д.2385, лл.1~6.

그는 아무르강에서 남으로 두만강에 이르는 연해주 획득을 장래 러시아 해군을 위해 중요한 의미를 갖는 것으로 인식하고 있었다. 러시아의 지리적인 특성상 천혜의 항구가 부족하고 혹독한 기후에 러시아의 모든 바다가 대양으로부터 멀리 떨어져 있는 상황에서 연해주는 그러한 자연적 장애가 존재하지 않았다. 더욱이 연해주는 극동에서 인구가 가장 많은 지역으로 태평양과 근접해 있었다. 이러한 지리적 여건은 러시아의 동아시아정책을 수행하기 위한 전초기지로서 연해주, 특히 블라디보스토크가 지닌 장점이었다.[34]

특히 이 지역이 중요했던 이유는 이 주변의 국가들이 인구가 많아 무역이 활발하게 이루어질 가능성이 많고 물자가 풍족했기 때문이며, 내해로 볼 수 있는 동해와 태평양이 바로 인접해 있기 때문이었다. 연해주를 기점으로 태평양으로 진출할 수 있는 거점들을 확보하는 것이 이후 동아시아정책의 핵심이라고 파악한 리하체프는 중앙정부가 동아시아의 지리적·경제적 상황을 고려하여 보다 적극적인 정책을 추진하기를 청했다. 그리고 그는 이 지역에 대한 상세한 분석을 통해 러시아가 차지해야 할 지점을 명확히 명시했다.

연해주에서 태평양으로 나갈 수 있는 항로는 세 군데입니다. 사할린과 마테마이(Матемай)섬 사이의 라페루즈 해협, 마테마이와 일본 중간의 산가르스키(Сангарский)해협, 일본과 조선 사이의 대한해협이 그곳입니다. 그중 첫 번째 출항로에는 아니바(Анива)만(灣)이 있고, 두 번째 출항로에는 하코다테가 있으며, 세 번째 해협에는 쓰시마섬이 있습니다. …… 세 번째 해협이야말로 가장 중요한 지점입니다. …… 이곳은 중국으로 가는 직항로와 일본의 주요도시들로 연결되는 직항로, 그리고 조선과 직접 맞닿아 있습니다. …… 대한해협을 통해 잦은 항행과 풍부한 교역이 매우 활기차게 이루어지고 있는 바

---

34) РГАВМФ, ф.410, оп.2, д.2385, л.1.

다로 바로 나갈 수 있습니다.35)

리하체프는 대한해협의 중요성을 강조하면서 '다소 비싼 가격을 치르'더라도 이 지역을 확보할 필요가 있다고 강조했다. 이 지역이 서구열강의 손에 들어가고, 그래서 러시아가 태평양으로 향할 통로를 확보하지 못한다면, 동태평양에서 러시아의 해군력을 증대하기 위한 모든 노력이 헛수고이자 자본, 시간 그리고 수고의 낭비가 될 것이기 때문이었다.

그는 대한해협에 있는 쓰시마섬에 특히 주목했다. 그가 이 섬을 주목한 이유는 명확했다. 쓰시마섬은 러시아의 국경으로부터 450~500마일, 상하이로부터도 동일한 거리에 있으며, 나가사키로부터 150마일, 조선에서 25마일 거리에 위치해 있어서 동아시아 전체를 연결하는 핵심고리이자 태평양으로의 출구였다. 또한 이 섬은 중국의 북부에 위치한 항구들이 제공하지 못하는 이점을 지니고 있었다. 즉, 러시아 분함대와 선박들의 휴식지와 집결지로서는 더할 나위 없는 중심적 거점이었던 것이다. 따라서 리하체프는 영국이 이 섬을 장악하기 전에 러시아가 행동을 취해야 한다는 것을 강조했다.

제 의견을 말씀드리자면, 비록 이 의견이 가장 만족스러운 답은 아닐 수도 있으나, 교섭과 평화적 방법이 이 문제의 해결책이 될 수 있습니다. 우리의 과제는 영국인은 물론, 어떤 다른 국가도 이 지역에서 우리에게 해악이 될 수 있을 정도의 기반을 강화하지 못하게 막는 것입니다. 이것은 다음과 같은 방법으로 어느 정도 달성할 수 있을 것입니다: 1. 모든 섬 또는 그 일부를 황제 폐하의 영토로 획득하거나, 2. 해안의 일부 장소를 양도받아 창고와 병원 등을 건설하고, 러시아의 선박과 함대가 정박할 수 있는 시설을 건립하거나, 3. 이 섬

---

35) РГАВМФ, ф.410, оп.2, д.2385, лл.2~2об.

이 모든 유럽인들에게 개방되지 않도록 만드는 것입니다. 아마도 일본인들은 마지막 조건에 대해 쉽게 동의하리라 생각합니다. 그러나 그들이 그 약속을 끝까지 지킬 것이라고 믿으면 곤란합니다. 연약한 정부와 유럽인들에 대한 공포로 인해 향후 그 약속이 지켜질 가능성은 적습니다. 제 견해로는 측량을 목적으로 분함대 소속의 전함 한 척을 파견하고 그곳에서 가능한 오랫동안 임무를 지속하게 해야 한다고 생각합니다. 전함의 파견은 중국의 상황이 해결되는 즉시 본인이 실행하겠습니다.[36]

그러나 쓰시마섬을 장악해 대한해협에 대한 통제권을 장악하려는 러시아의 의도는 실현되지 못했다. 이는 시모다조약에서 모호하게 남겨두었던 사할린섬의 영토귀속권과 직결되는 문제였다. 일본의 입장에서 보면 대한해협에서 러시아의 영향력을 인정해 줄 경우, 러시아는 동해의 해상권을 장악하여 태평양에서 군사적 우위에 올라설 수 있게 되고, 그렇게 되면 그토록 원하던 사할린을 영원히 자신의 영토로 만들 수 없었기 때문이었다. 따라서 일본은 러시아와 일본, 양국 관계를 안정시키고 발전시키기 위해, 쓰시마섬에 대한 논의보다는 사할린 문제를 우선 해결하고자 했다.

1860년 북경조약을 통해 연해주를 합법적으로 획득한 러시아에게도 사할린은 군사전략적으로나 경제적으로 매우 중요했다. 1865년 1월 29일 동시베리아 총독인 코르사코프(М.С. Корсаков)는 황제 알렉산드르 2세를 접견하는 자리에서 "일본이 러시아와의 교섭을 회피하면서 남 사할린에 대한 침략을 획책하고 있기 때문에 적절한 조치를 취해야 한다."고 밝혔다.[37] 러시아 정부의 허락을 받은 그는 사할린의 쿠수나이 초소에 대한 경계를 강화했다. 이에 일본은 항

---

36) РГАВМФ, ф.410, оп.2, д.2385, лл.5об~6.
37) АВПРИ ф. Главный архив, отдел 1-9б 1774~1905 гг. д.1. лл.63~82.

의의 표시로 남사할린에 군대를 파견, 1866년 3월 27일 양측 간에 최초의 교전이 발생했다.38)

사할린 영토 문제를 해결하기 위하여 일본 사절단이 1867년 1월 페테르부르크를 방문했다. 일본은 국경선을 북위 48도로 정하자고 주장한 반면, 러시아는 소야해협을 경계로 국경선을 획정하자고 주장해 이 협상은 결렬되었다. 양측은 논란을 거듭한 끝에 1867년 3월 18일 사할린섬을 양국이 공유한다는 임시협정을 체결했다.39) 그러나 이 협정은 사할린 영토 문제를 완전히 해결하지 못한 임시방편이었다. 따라서 러시아와 일본은 보다 적극적인 방법을 동원해 이 지역을 장악하려 했다. 1871년부터 러시아는 일본 주재 대리공사이자 도쿄 총영사인 뷰초프(Е.К. Бюцов)를 협상대표로 내세워 이 문제를 해결하고자 했다. 이 당시 러시아의 협상카드는 시모다조약에서 러시아영토로 확정되었던 쿠릴열도의 우룹섬을 일본에 넘겨주는 대신 사할린에 대한 통제권을 완전히 장악한다는 것이었다. 하지만 일본은 남사할린 지역을 200만 엔에 구입하겠다는 카드를 내놓았다. 러시아와 일본 양측 모두 사할린의 지정학적, 경제적 가치를 중요시 여기고 있었던 것이다.

이후 몇 차례의 협상이 진행되었지만 해결의 실마리는 보이지 않았다. 드디어 1874년 일본의 전권대신인 에노모토 다케아키가 사할린 문제를 해결하기 위해 러시아를 방문했다. 그는 남사할린을 러시아에 귀속시키는 대신 쿠릴열도를 취하겠다는 입장을 표명했다. 결국 러시아는 일본의 제안을 수용하여 1875년 8월 10일 남사할린과 쿠릴열도의 교환을 주 내용으로 하는 페테르부르크조약을 체결했다.40)

---

38) 김태항, 앞의 글, 84쪽.
39) Файнберг, там же, cc. 215~216.
40) Синтаро Накамура, *Японцы и Русские — из истории контактов*,

러시아는 일본과 논란이 되어 왔던 사할린과 쿠릴열도의 영토 문제가 일단락됨으로써 극동 지역을 발전시키고 주변국과의 관계를 발전시킬 수 있는 발판을 마련했다.

4. 1884년 이후 러시아의 동아시아정책의 변화

러시아에서 자본주의가 발달하고 부르주아들이 등장하자 시베리아와 극동 지역은 이들의 관심대상으로 부상했다.[41] 특히 영국과 미국 등 제국주의국가들이 조선과 수교를 맺으면서 동아시아에 대한 영향력을 확대해 나가자 러시아는 보다 적극적인 정책을 취하기에 이른다.

먼저, 『루스키 베스트닉(Русский Вестник)』, 『노보스티(Новости)』, 『노보예 브레먀(Новое Время)』 등 언론에서는 연해주와 동아시아 각국, 특히 조선과의 관계를 발전시킬 필요성을 강조함으로써, 중앙정부가 극동에 보다 더 많은 관심을 기울여 나가기를 촉구했다.[42]

『루스키 베스트닉』은 1884년 9월 몇 차례의 특집기사를 통해 정부가 조선과 일본과의 관계 증진에 노력할 것을 촉구했다. 러시아와 가장 인접한 국가인 조선과 보다 밀접한 관계를 맺지 않는 것에 대해 비판하면서, 조선과의 더욱 긴밀한 관계 확립은 러시아의 공업, 무역 그리고 태평양에서의 항해에 큰 영향을 미칠 것이라고 보았다.[43] 여기에서 한발 더 나아가 기존에 조선과 국경 근처에 위치한 러시아의 가장 좋은 항구인 블라디보스토크를 통해 조선에서 독점적인 영향력을 획득하지 못한 것을 비판하면서, 태평양으로 진출

Москва, 1983, с.226.
41) Игнатьев и др., там же, с.167.
42) РГАВМФ, ф.23. оп.1. д.52. лл.30~34б.
43) РГАВМФ, ф.23. оп.1. д.52. л.30. 『루스키 베스트닉』, 1884년 9월, p.493.

하기 위한 교두보로서 블라디보스토크가 지닌 지정학적 의미를 다시 한 번 강조했다. 그리고 극동 지역의 발전을 위한 경제적 투자를 보다 강화하여 조선과의 통상조약을 통한 '러시아의 태평양시대'를 준비하자고 주장했다.44)

『노보스티』,『노보예 브례먀』도 태평양 북부에서 조선이 차지하고 있는 지정학적 위치를 강조하면서 러시아에 적대적인 서구열강들, 심지어 중국이나 일본이 이곳에 절대적인 영향력을 행사하지 못하도록 하고, 필요하다면 군사력을 동원할 필요가 있다고 극단적으로 주장하기도 했다.45)

조선은 태평양에서 러시아 영토와 직접적으로 접해 있는 만큼, 중국이 이 나라를 점령하도록 허용하지 않는 것이 러시아에게는 매우 중요하다. 러시아 정부는 조선을 중국의 권리주장으로부터 떼어놓아야 하며, 필요하다면 태평양에 있는 러시아 해군력으로 지지하여야만 할 것이다……46)

태평양 북부의 지도를 얼핏 보기만 해도 지정학적 관계에서 조선이 차지하고 있는 특별함을 눈치 챌 수 있다. 조선의 위치는 세 인접국, 즉 중국, 일본, 러시아의 영역 사이에서 중심적이며 지배적이라고 말할 수 있다……47)

대체 왜 러시아만이 자신의 우수리스크 영역의 가장 가깝고, 블라디보스토크에서 두 걸음밖에 안 되는 이웃에서 일어나는 일에 팔짱을 끼고 바라보기만 하는가? 조선의 항구에 영국이나 중국, 일본이나 독일의 전함이 정박해도 우리는 아무 상관이 없는가? 정말로 우리는 조선이 우리에게 적대적인 군대와 무역상들의 전초기지가 되는 것을

---

44) РГАВМФ, ф.23. оп.1. д.52. л.31. 『루스키 베스트닉』, 1884년 9월, p.494.
45) РГАВМФ, ф.23. оп.1. д.52. лл.32~34б.
46) 『노보예 브례먀』, 1884년 12월 4일.
47) 『노보예 브례먀』, 1884년 12월 29일.

허용할 수 있단 말인가……48)

 그러나 여론과는 별개로 당시 외무대신이었던 기르스는 동아시아 문제와 관련하여 상당히 신중한 입장에 서 있었다. 이전까지 일본의 제국주의적 침략성에 거의 주목하지 않고, 오히려 태평양에서 교역대상국가로, 그리고 서구열강들의 침탈을 막는 데 있어서는 양국의 이해관계가 일치하리라고 생각하고 있었다. 예를 들어, 1880년대부터 1890년대 초까지 러시아와 일본의 교역관계는 눈에 띄게 성장했다.49) 따라서 재무부를 비롯한 러시아 중앙정부는 이 시기 일본을 가상의 적으로 간주하지 않았다. 일본의 급속한 경제성장과 군사력의 증강은 러시아에 아직 그리 큰 위험으로 간주되지 않았던 것이다.

 러시아의 역사학자인 나로츠니쯔키(А.Л. Нарочницкий)는 다음과 같이 이 상황을 설명하고 있다. "황제의 외교정책 담당자들은 일본의 외교정책과 국내정세에 대해 거의 아무런 정보를 가지고 있지 않고 잘 몰랐다. 또한 일본의 적극적인 대외 활동이 러시아 정부에 미칠 그 뇌우에 대해 이해하지 못한 채, 이를 무시하거나 하찮게 여겼다."50)

 그러나 1880년대 들어와 러시아 국내의 여론과 동아시아의 정세는 러시아 중앙정부가 일본에 대해 오판하고 있었음을 분명히 보여주었다. 이에 외무를 책임지고 있던 기르스는 북태평양함대 중장인 셰스타코프(И.А. Шестаков)에게 1884년 12월에만 몇 차례 비밀 전

---

48) РГАВМФ, ф.23. оп.1. д.52. л.34б.
49) 1878년에 7만 5천 엔에서 1894년에는 2백 19만 4천 엔으로 성장했다. Игнатьев и др., там же, с.167.
50) А.Л. Нарочницкий, *Колониальная политика капиталистических держав на Дальнем Востоке, 1860~1895*, Москва, 1956, с.550.

문을 보내 급변하는 동아시아 상황에 신속히 대처하기를 명령했다.[51]

비등한 여론에 힘입어 1880년대 후반에 러시아 정부는 동아시아에 보다 적극적으로 개입할 필요성을 인식하고, 자국의 허약한 지위를 개선하기 위해 여러 조치를 취했다. 그것은 연해주에 대한 지배 강화와 이를 위한 시베리아횡단철도 부설, 중국과의 국경을 둘러싼 논란을 중지하고, 두만강 하류 등 태평양 지역 장악 등으로 요약할 수 있다. 먼저, 그것은 특히 동아시아에 거주하는 자국민들의 특성과 관련한 조치였다. 시베리아 횡단 이주민들에 대한 정부의 지원 체계가 확립되었다.[52] 이 법은 총독의 특별허가 없이는 비러시아계 주민이 동아시아에서 토지를 매입할 수 없다고 규정했다.[53] 그 결과 청나라와 조선에서 넘어와 토지를 경작하던 농민들에게는 토지 소유권이 없었다. 이주민들은 각각 15데샤틴(약 5만 평)의 토지를 부여받았으며, 3년 동안은 토지대금을 지불하지 않아도 되었다. 이 같은 조치들을 취한 결과 이주의 성격과 성공 여부, 이주의 인기도가 질적으로 크게 개선되었다.

러시아 정부가 취한 또 다른 조치는, 바이칼 동부의 러시아령을 행정단위로 나눈 것이었다. 1884년에 이르쿠츠크의 통제하에 있던 바이칼호 동부의 러시아령을 이르쿠츠크와 프리아무르 총독 관할로 나누었다. 프리아무르의 관할 지역은 트랜스바이칼, 아무르, 연해주 및 사할린 섬으로 구성되었다. 그리고 그 행정 중심지는 동아시아의 국경에 더 가까이 위치한 하바롭스크로 옮겨졌다.[54] 특히 1884

---

51) РГАВМФ, ф.410. оп.2. д.4122. лл.104~105об, лл.109~110об.

52) *Приамурье: Факты, Цифры, Наблюдения*, с.116. 이 법은 1881년 임시법으로 시행되고 1889년에 완전한 법으로 확정되었다.

53) Б.Б. Глинский, "Период твердой власти", *Исторический Вестник*, CXXIX, 1912, сс.275~276.

54) Н.Г. Матиунин, "Наши соседи на крайнем Востоке", *Вестник*

년부터 새로 구획된 행정구역의 초대 총독으로 코르프(А.Н. Корф) 장군이 부임한 후 이 지역이 안고 있던 고질적인 문제인 곤궁에 대해 한층 더 많은 관심을 기울이게 되었다. 다음과 같은 기록은 흥미롭다. 연해주에 "주민을 제외하고 발전을 위해 필요한 것은 거의 모두 있다."[55]

"러시아인들을 위한 러시아"라는 원칙을 채택함으로써, 청나라의 위협으로부터 동아시아령을 방어하는 러시아의 내부정책의 일단계가 확립되었다. 이제 러시아의 동아시아 경략과 청나라로부터의 방어정책의 핵심은 우랄산맥 서쪽 유럽에 속한 러시아와 새로이 개척하여 차지한 시베리아와 동아시아를 긴밀하게 결합시키는 것이었다. 따라서 1880년대 이 문제를 해결하기 위해 시베리아횡단철도 부설 문제가 초미의 관심사로 대두했다.[56] 이 사업은 동아시아령 러시아가 절실하게 필요로 하는 것들을 충족시키고, 러시아가 동아시아에서 적극적인 외교정책을 펴는 데 필요한 것들을 채워주기 위한 것이었다.[57] 이와 관련된 심도 깊은 연구는 이후에 시도하고자 한다.

또한 청나라와의 국경을 둘러싼 논란을 중지하고, 두만강 하류 등 태평양 지역을 완전히 장악하려는 계획을 구체화시켰다. 그 핵심은 중국의 태평양으로의 진출로를 차단하는 데 있었다. 당시 영국을 중심으로 한 서구열강은 러시아의 영향력을 축소 내지 제거하

Европу, XXII, No.7, 1887, с.80.

55) *Краткий очерк Приамурского края По официальным данным.* (Напечатано по распоряжению приамурского генерал-губернатора), СПб., 1892, с.10.

56) 시베리아횡단철도 건설을 실제 추진한 사람은 재무대신이자 총리였던 비테(С.Ю. Витте)였다. 그러나 1874년부터 1888년까지 교통대신을 역임한 포시에트(К.Н. Посиет)는 이미 1876년에 시베리아횡단철도 부설의 필요성을 최초로 제기했다. V.L. Mote, *Siberia*, Colorado, 1998, p.49.

57) 말로제모프, 앞의 책, 44쪽.

기 위해 청나라나 일본을 조종하고자 했다. 당시 북경 주재 대리 영사 8등관 라듸젠스키(Ладыженский)가 1886년 10월 26일에 올린 보고서에는 조선의 운명과 직결될 수 있는 내용들이 들어있었다.

> 북경주재 영국공사는 그(이홍장)에게 영국의 협력을 이용하여, 즉각 조선을 점령함으로써 그곳에서 러시아의 영향력을 영원히 제거하라고 설득했다고 합니다. 또한 일본 정부는 도쿄주재 중국공사를 통해 장래의 오해를 제거하고, 중국과 일본의 평화로운 관계에 위협이 되는 조선 문제를 해결하기 위해 한반도를 분할하여 중국이 북부, 일본이 남부를 갖자고 제안(강조 - 인용자)했다고 합니다.58)

급변하는 동아시아정세에 대응하기 위해 외무대신 기르스는 1887년 1월 8일 해군합동참모본부와 태평양함대의 셰스타코프에게 장문의 비밀 훈령을 내렸다.59) 이 훈령에서 기르스는 러시아가 중국과 수천 베르스타에 달하는 광대한 국경선이 맞닿아 있기 때문에 중국과의 관계를 악화시키지 않는 방법을 찾아야 한다고 밝히고, 중국을 자극하는 행위는 가능한 한 자제하라고 명령했다. 예를 들어 조선의 마양도(곤차로프섬)가 동절기용 저탄소로 필요하고, 두만강에서 해안을 따라 이동하는 육군을 위한 식량창고를 마련하는 것이 현실적으로 필요하지만, 러시아의 행동이 중국 정부의 눈에는 조선에 대한 러시아의 음모로밖에 보이지 않을 것이기 때문에 불필요한 행위는 하지 말 것을 지시했다.60)

그러나 러시아 외무부는 중국과의 관계를 중요시한다는 원칙을 유지하고는 있었지만 마냥 손을 놓고 있지도 않았다. 러시아가 조

---

58) 북경 주재 대리 영사 8등관 라듸젠스키의 1886년 10월 26일자 32호 보고서. РГАВМФ, ф.417. оп.1. д.312. лл.5~7об.
59) РГАВМФ, ф.417. оп.1. д.312. лл.1~11об.
60) РГАВМФ, ф.417. оп.1. д.312. лл.1~3.

선을 통합하려는 중국의 노력에 공공연히 반대하는 것은 어렵지만, 그렇다고 중국의 의도에 동의하지 않는다는 것을 보여줄 필요가 있다고 기르스는 판단했다. 그래서 그는 1887년 5월 27일 해군합동참모본부에 긴급 비밀훈령을 내렸다. 기르스는 러시아가 조선의 상황에 관심을 가지고 있음을 상징적으로 보여주기 위해 조선 해안에 러시아 전함을 파견하고, 제물포항에 자주 기항하라고 지시했다.61)

러시아 중앙정부는 중국을 자극하지 않는 선에서 자국의 이익을 관철하기 위한 정책을 수립해 나갔다. 그러나 프리아무르 군관구나 연해주 지방의 관리들과 태평양함대 사령관 등은 보다 실질적인 러시아의 이익을 실현시키기 위하여 보다 적극적인 행동을 취하기도 했다.

예를 들어, 1887년 7월 17일 프리아무르 군관구의 참모부에서 총참모본부에 올린 보고서는 이들의 입장을 명확히 보여준다.62) 코르프총독은 태평양함대 함장에게 포시에트 만을 기점으로 동해연안 한반도를 항해하면서 정박지와 함선의 은폐지로서 적합한 항구가 있는지 탐색하라고 지시했다. 이는 중국이 만주로부터 바다로 통하는 출구를 막음으로써, 중국에 압력을 가할 수 있는 수단을 러시아가 확보하는 데 그 목적이 있었다.

보다 구체적으로 프리아무르 총독인 코르프는 해군총참모본부에 기밀 전문을 보내 중국의 동해로의 진출을 막을 수 있도록 중앙정부에서 허락해 줄 것을 요청했다.63)

프리아무르 총독은 중국인들이 만주 생산품의 판로를 위해 두만강 하구 약간 남쪽에 위치한 가쉬케비치 만에 항구를 건설하려 한다는 정보를 입수했다. 이럴 경우 포시에트 만을 통해서 바다로 연

---

61) РГАВМФ, ф.417. оп.1. д.312. лл.8~11об.
62) РГАВМФ, ф.417. оп.1. д.312. л.22.
63) РГАВМФ, ф.417. оп.1. д.312. л.22об.

결되는 유일한 교통로를 점유하고 있던 러시아의 이익을 영원히 잃어버릴 수도 있었다. 따라서 중국인에 대한 가쉬케비치 항의 개항과 중국화물의 조선영토 통과에 관한 조약체결을 방해하도록 북경 및 서울 주재 러시아공사들에게 하명해 줄 것을 외무대신 기르스에게 요청했다. 그리고 가쉬케비치 만을 선점하기 위해 태평양분함대 소속의 군함을 이용해 이 만에 항구를 건설할 수 있는지를 탐사할 수 있도록 허락해 주기를 요청했다.[64]

이러한 작업은 보다 구체화되어 1895년에는 원산항을 선택, 그곳에 러시아거류지를 설치하고자 했다. 원산은 러시아가 그렇게 원하던 부동항이자 한반도 북부의 대내·외 무역의 집결지였다. 그리고 육로를 통해 평양, 서울 그리고 러시아의 국경으로 접근할 수 있는 곳이기도 했다.[65]

원산을 보다 실질적으로 장악하기 위해, 1) 원산에 영사급이라도 임명할 것, 2) 전신선을 가설할 것(포시에트와 원산, 서울 그리고 부산도 연결할 수 있다면 유익할 것임), 3) 원산과 평양을 시베리아횡단철도에 연결하는 철도시설의 준비탐사를 할 것, 4) 블라디보스토크를 연결하는 쾌속선 노선을 개설할 것(최소 월 3회 이상) 등의 원칙을 정했다.[66] 이를 통해 일본과 조선, 중국의 무역항로를 선점하고자 했다. 특히 시베리아횡단철도의 종착점인 블라디보스토크는 러시아의 서부와 극동을 육로로 연결하는 한편, 해로를 통해 동아시아 각국과 연결함으로써 19세기 말 적극적인 동아시아 진출을 꾀했던 러시아 극동의 전초기지로서 기능했다.[67]

---

64) РГАВМФ, ф.417. оп.1. д.312. л.22об.
65) РГАВМФ, ф.417. оп.1. д.1341. лл.28~32об.
66) РГАВМФ, ф.417. оп.1. д.1341. л.28.
67) 러일전쟁 당시 러시아 외무대신을 역임했던 람즈도르프(В.Н. Ламздорф)는 일본이 동아시아에서 제국주의 국가로 성공할 경우를 대비하여 러시아는 육로 혹은 해로 개척을 통해 블라디보스토크와 러시아의 유럽 지역을

5. 맺음말

19세기 후반 러시아의 동아시아정책은 시기적으로 1860년 이전, 1860~1884년, 1884년 이후의 세 시기로 구분할 수 있다. 지역적으로는 연해주를 비롯한 극동, 중국, 한반도, 일본과 이 지역을 둘러싸고 있는 태평양으로 구분할 수 있다.

1860년대 이전 러시아의 동아시아정책은 전통적인 영토팽창 과정을 보여주었다.

그러나 크림전쟁을 통해 자국의 후진성과 영국의 제국주의를 경험한 러시아는 1858~1860년 북경조약을 통해 아무르 유역과 연해주를 획득하면서 동아시아정책의 새로운 전기를 맞았다. 연해주는 태평양으로 진출할 수 있는 출구였기 때문이었다. 특히 서구열강이 19세기 후반 일본과 중국, 조선에 대한 식민지 침탈을 꾀하는 상황에서 전통적으로 경쟁관계에 있던 영국을 동아시아에서 저지할 수 있는 발판이 바로 태평양과 맞닿아 있는 연해주였던 것이다.

1860년 연해주를 획득한 러시아는 동아시아 국가들과 각종 조약 체결을 통해 자국의 영향력을 확대해 나가고자 했다. 긴 국경을 맞대고 있는 중국과의 관계에서는 더 이상 국경 분쟁이 발생하지 않도록 조심하는 한편, 두만강 하구를 통한 태평양으로의 진출을 막는 데 주력했다. 일본과 관련하여, 러시아는 1880년대까지도 일본의 위험성을 인식하지 못하고 있었다. 단지, 1855년 시모다조약과 1875년 페테르부르크조약에서 드러나듯이 러시아는 일본을 새로이 획득한 극동의 이주민과 군인들을 위한 식량 수입국이자 교역의 대상으로 여겼다. 또한 사할린과 쿠릴열도에서 일본과의 영토분쟁이 발생했을 때에도 러시아의 주요한 목표는 극동의 안전보장과 태평양의

상호 연결하는 것이 무엇보다 중요하다고 주장했었다. В.А. Золотарев, *Россия и Япония на заре XX столетия*, Москва, 1994, с.26.

해상교역에서 우위권 장악을 목표로 삼았기 때문에 자국의 목적 달성을 위해 일본에 일정정도 영토를 양보했다.

러시아가 1860년 이후 중국과 러시아와의 관계에서 신중한 외교정책을 추진했던 이유는 아직까지 군사력이 미약한 상황에서 이들 국가들이 서구열강의 편에 섰을 경우, 그들의 목적인 동아시아 국가에 영향력을 행사하는 것도, 태평양으로 진출하는 것도 실현될 수 없기 때문이었다. 동아시아 국가들을 자국의 영향권 안에 두거나 최소한 중립적인 상태로 만들어 제국주의적 식민지 팽창을 추구하는 영국을 필두로 한 서구열강을 저지하는 것이 이 시기 러시아가 추구했던 동아시아정책이었다.

그런데 1882년부터 시작된 조선의 서구열강과의 수호조약체결은 그동안 러시아가 취했던 동아시아정책에 변화를 가져왔다. 러시아는 조선의 개방을 서구열강이 동아시아를 식민지로 만드는 신호탄으로 여겼다. 따라서 러시아는 이에 대응하기 위한 보다 적극적인 정책을 취해야 했다. 먼저, 러시아는 동부시베리아의 행정단위를 이르쿠츠크와 프리아무르 총독 관할로 나누고, 프리아무르의 행정 중심지를 동아시아의 국경에 더 가까이 위치한 하바롭스크로 옮겼다. 1884년부터 새로 구획된 행정구역의 초대 총독으로 코르프 장군을 임명하여 동아시아에 대해 보다 적극적인 개입정책을 추진하기 시작했다. 또한 그동안 신중한 외교정책을 추진했던 입장에서 벗어나 연해주는 물론 사할린 등 자국의 영토를 군사적으로 안정시키고자 했다. 이를 위해 한반도나 중국에 부동항을 확보하여 태평양함대의 안정적인 기지를 마련하고자 한 것이다. 19세기 말 위로부터 산업화를 통해 자본주의를 발전시켜 나가고 있던 러시아는 동아시아에서 보다 실질적인 경제적 이익 획득과 정치적 영향력 확보를 위한 방안으로 시베리아횡단철도를 부설하기에 이르렀다.

위에서 살펴보았듯이 러시아의 동아시아정책은 그 구상과 실제

정책이 시기적으로 항상 일치했던 것은 아니었다. 또한 중앙정부와 극동 지방에서 바라보는 관점 또한 달랐다. 나로츠니쯔키와 같은 저명한 역사가는 러시아가 일본의 외교정책과 그들의 대외정책이 러시아에 미칠 영향을 이해하지 못했다고 분석했지만, 지방차원에서는 이미 1860년 직후부터 태평양 연안에 대한 지속적인 탐사와, 쓰시마섬을 장악하여 대한해협의 해상권 장악 계획, 중국의 두만강 하류를 통한 태평양으로의 진출을 막기 위한 계획 등을 마련했던 것이다. 특히 주목할 사실은 시베리아횡단철도 건설이 1891년에 착수되었지만 이미 그 구상은 조선과 일본이 강화도조약을 맺은 1876년부터였다는 사실이다.

따라서 러시아의 실질적인 동아시아정책은 시기별로 그 성격을 달리하여 19세기 말이 되면 보다 적극적인 개입정책으로 실현되지만, 1860년 전후 연해주를 획득한 이후 무라비요프, 네벨스코이, 기르스, 코르프 등 적극적인 동방팽창론자들에 의해 그 구상이 마련되었고, 이것이 중앙정부에 수용되어 정책으로 실현되는 과정이었다.

청대 대러시아 외교의 성격과 그 변화
− 체약대신(締約大臣)과 교환 조약문의 언어를 중심으로

구 범 진*

1. 머리말

　영국을 필두로 한 서양 열강은 〈남경조약(南京條約)〉(1842)에서 〈북경조약(北京條約)〉(1860)에 이르는 일련의 과정을 거쳐 청(淸)과 공식적인 외교관계를 수립하였다. 그 관계는 '만국공법(萬國公法)'의 원리에 따른 '조약체제(條約體制)'로서, 화이질서의 원리에 기초한 '조공체제(朝貢體制)'를 부정한 것이기도 하였다. 그러나 그 조약체제는 형식상의 평등에도 불구하고 내용상으로는 불평등한 것이었다. 과거의 조공체제의 경우와는 반대로, 이 불평등조약체제에서 우위에 섰던 것은 청이 아니라 서양 열강이었다. 그런데 모든 서양 국가들이 19세기 중엽에 형성된 불평등조약체제 속에서 청과 공식적인 외교관계를 시작했던 것은 아니다. 서양 열강 가운데 러시아는 이미 오래전에 청과 공식적인 외교관계를 맺은 상태였다. 또한 그

---
* 서울대학교 동양사학과 조교수

외교관계는 본질적으로 조공체제가 아닌 조약체제였다. 이는 〈네르친스크조약〉(1689)과 〈캬흐타조약〉(1727)에 의해 성립한 것이었으므로 '네르친스크-캬흐타조약체제'라고 부를 수 있을 것이다.[1)]

청과 러시아의 관계에 대한 연구는 이미 19세기 말부터 시작되었다고 볼 수 있으므로, 그 역사가 매우 오래되었다고 할 수 있다.[2)] 그러나 연구의 오랜 역사에 비해 그 관심의 폭이 넓었다고는 말할 수 없을 것 같다. 러시아와 기나긴 국경선을 맞대고 있는 중국은 19세기 후반 이래 상당한 넓이의 영토를 러시아에게 빼앗긴 바 있다. 뿐만 아니라 1960년대 말에는 국경 문제를 두고 무력 충돌을 벌이기까지 하였다. 때문에 두 나라 관계의 역사에 대한 연구는, 양국의 현실적인 친소관계에 따라 변화가 없었던 것은 아니지만, 기본적으로 영토 문제에 초점을 두지 않을 수 없었다. 특히 청과 러시아의 관계에 대한 연구는 19세기 중엽 이후 진행된 러시아의 중국 침략을 조명하는 데에 관심이 집중되었다. 19세기 전반까지의 '조기중아

---

1) '네르친스크-캬흐타조약체제'라는 용어와 그를 대체한 '천진(天津)-북경(北京)조약체제'라는 용어는 吉田金一, 『近代露淸關係史』, 近藤出版社, 1974를 참조. 전통시대 중국의 대외관계에 대해서는 보통 '조공체제(tributary system)'라는 용어를 사용하고, 그와 대조되는 아편전쟁 이후의 대외관계에 대해서는 '조약체제(treaty system)'라는 말을 쓴다. 이 경우 '조약체제'는 청과 서양 열강의 다자 관계를 포괄한다. 그러나 이 글에서 청과 러시아의 양자 관계에 대하여 '조약체제'라는 용어를 사용하는 까닭은 다음과 같다. 첫째 〈네르친스크조약〉 이래 청과 러시아의 관계는 '조공체제'라는 말로 설명할 수 없다. 둘째 '체제'라는 말을 두 나라 사이에 오고간 수많은 외교나 통상 등의 행위를 규정하는 기본 틀 정도로 이해할 경우, 〈네르친스크조약〉과 〈캬흐타조약〉이 청과 러시아 관계의 기본 틀로 작동한 시기에 대하여 '조약체제'라는 말을 써도 무방할 것으로 판단된다. 단, '네르친스크-캬흐타조약체제'가 청과 러시아의 매우 특수한 관계를 규정한 틀이었음에 반하여, 청과 러시아 사이의 '천진-북경조약체제'는 청과 서양 열강의 일반적인 관계의 일부였다는 사실은 기억해 두어야 할 것이다.

2) 呂一燃, 「淸代和民國時期的中國中俄關係史研究述評」, 『黑龍江社會科學』 2000-6, 黑龍江省社會科學院, 2000 참조.

관계(早期中俄關係)'에 대한 연구 역시 일부 무역에 관한 연구를 제외한다면, 대부분이 '변계(邊界)' 즉 국경 문제와 관련되어 있었다고 해도 과언이 아니다.3) 구미나 일본의 청대 대러시아 관계에 대한 연구 역시 국경 문제를 둘러싼 논란의 중심에 있는 〈네르친스크조약〉과 〈캬흐타조약〉의 성립 및 그 내용에 초점을 맞추어 이루어졌다고 볼 수 있고,4) 그나마 근년에 이르러서는 연구가 활발하다고 볼 수 없을 듯하다.5)

 이 글은 〈네르친스크조약〉 이래 두 나라가 체결했던 여러 조약들을 소재로 삼은 것이긴 하지만, 종래의 연구처럼 조약의 내용을 고찰하는 것이 아니라 이들 조약의 체결 과정에서 청의 체약대신이 어떤 사람들이었으며 각 조약 체결 당시 교환된 조약문이 어떤 언어로 작성되었는가를 분석함으로써, 청의 입장에서 네르친스크－캬흐타조약체제에 나타나는 '특수'한 성격을 해명해 보려는 시도이다. 네르친스크－캬흐타조약체제는 기본적으로 평등한 '조약체제'였다. 화이질서의 원리가 지배하던 17~18세기에 청은 유독 러시아와 상호 대등한 성격의 외교관계를 수립하고 유지하였던 것이다. 바꾸어 말해서 청의 입장에서 볼 때 대러시아 관계는 대단히 '특수'한 것이었다.

---

3) 黃定天, 「二十世紀的中俄關係史硏究」, 『歷史硏究』 1999-4, 中國社會科學出版社, 1999 참조.
4) 구미와 일본의 대표적인 연구 성과로는, Mark Mancall, *Russia and China: Their Diplomatic Relations to 1728*, Harvard University Press, 1971 ; 吉田金一, 앞의 책, 1974 ; 吉田金一, 『ロシアの東方進出とネルチンスク條約』, 東洋文庫, 1984 ; 野見山溫, 『露淸外交の硏究』, 酒井書店, 1977 등을 들 수 있다.
5) 다만 Peter C. Perdue, *China Marches West: The Qing Conquest of Central Eurasia*, The Belknap Press of Harvard University Press, 2005의 경우는 비록 청과 러시아의 관계를 전론한 것은 아니지만, 18세기 중엽까지의 양국 관계를 새로운 시각에서 조명하였다는 측면에서 특히 주목할 만한 연구 성과이다.

네르친스크-캬흐타조약체제의 '특수'한 성격에 주목하는 이 글에서는, 먼저 청이 화이질서의 원리에 배치됨에도 불구하고 러시아와 평등한 성격의 외교관계를 수립하지 않을 수 없었던 이유를, 네르친스크-캬흐타조약체제가 형성되던 17세기 말에서 18세기 초의 국제 환경 속에서 이해해 보고자 한다. 이 시기의 청은 몽골의 준가르와 장기간에 걸친 대결을 벌이고 있었으며, 러시아 역시 준가르 또는 할하 몽골과 지속적으로 접촉하고 있었다. 이러한 국제 환경을 감안할 때 네르친스크-캬흐타조약체제의 형성 과정을 올바로 이해하기 위해선, 청과 러시아의 양자 관계만이 아니라 몽골 문제까지도 시야에 넣어 둘 필요가 있을 듯하다.

이어서 청의 대러시아 외교 운영, 특히 대러시아 교섭을 담당했던 관료들과 대러시아 조약에서 사용된 언어에 주목함으로써, 네르친스크-캬흐타조약체제에 나타나는 '특수'한 성격의 일면을 조명해 보려 한다. 보다 구체적으로 말하자면, 러시아와 맺은 여러 조약에서 청의 체약대신과 교환 조약문의 언어가 무엇이었는가를 정리해 봄으로써 청의 대러시아 외교 운영에 나타나는 한 가지 특징을 밝히고자 한다. 그리고 그 특징이 네르친스크-캬흐타조약체제가 천진-북경조약체제로 대체되는 가운데 어떠한 변화를 겪는가를 관찰해 봄으로써, 19세기 후반 청-러시아 관계의 성격 변화를 이해하는 데에 약간이나마 도움이 되고자 한다.

2. 〈네르친스크조약〉·〈캬흐타조약〉과 준가르 문제

러시아는 16세기 중엽에 카잔 칸국과 아스트라한 칸국을 차례로 멸망시키고 '타타르의 멍에'를 벗어던졌다. 16세기 말에는 우랄 산맥 동쪽의 시빌 칸국을 무너뜨렸다. 이후 러시아인들은 모피를 찾아 동쪽으로 동쪽으로 나아갔다. 러시아인들이 우랄을 넘어 오오츠크(Okhotsk)에 도달하기까지 걸린 시간은 약 60년에 불과했다. 총포로 무장한 러시아인들에게 강력하게 조직적 저항을 벌일 수 있는 집단이 당시 시베리아에는 존재하지 않았기 때문이다. 그렇다고 해서 시베리아에서 러시아인들이 아무런 곤란도 겪지 않았던 것은 아니다. 가장 심각한 문제는 식량의 확보였다. 러시아인들이 흑룡강(黑龍江, Amur) 유역에 관심을 갖게 된 것은 바로 식량 확보의 가능성 때문이었다. 그러나 흑룡강 지역에서 러시아는 지금까지와는 질적으로 다른 상대에 직면하였다. 바로 청이었다.[6]

초기 야쿠츠크(Yakutsk, 1632년 건설)를 경유해서 이루어졌던 러시아인들의 흑룡강 유역 진출은 1650년대에 청과의 무력 충돌로 이어졌다. 이 무렵 청과 러시아의 전쟁에는 조선군도 두 차례 참전하였는데, 전쟁의 결과는 청의 승리였다. 하지만 이것으로 러시아인들이 흑룡강 진출을 완전히 단념한 것은 아니었다. 러시아인들은 1651년에 네르친스크(Nerchinsk)를 건설하였다. 1660년대 후반 바이칼 호 방면에서 많은 러시아인들이 흑룡강 유역으로 이주해 들어왔다. 1680년대 초에 이르러선 알바진(Albazin)을 중심으로 다수의 정착촌이 건설되었다.[7]

한편 러시아는 17세기 초부터 할하 몽골을 통해서 중국에 관한 정보를 수집하기 시작하였고, 1618년에는 페틀린(Ivashko Petlin)이 북경을 다녀가기도 하였다. 이 시기 러시아는 중국과의 무역을 원했다. 때문에 1650년대에는 바이코프(Fedor Isakovich Baykov)의 사절단을, 1670년대에는 밀레스쿠(Nikolay Gavrilovich Milescu)의 사절단을 북경에 파견하였다.[8] 그러나 간티무르(Gantimur) 송환 문제와

---

[6] 菊池俊彦,「北方世界とロシアの進出」,『岩波講座世界歷史 13 東アジア東南アジア傳統社會の形成』, 岩波書店, 1998, 121~148쪽.

[7] 吉田金一, 앞의 책, 1984, 25~44쪽.

[8] Mark Mancall, op. cit., pp.33~110.

같은 흑룡강 지역의 정치적 문제가 러시아가 원하는 무역 관계의 수립에 걸림돌로 작용하였다.9)

　삼번(三藩)의 난(1673~1681)을 진압한 청의 강희제(康熙帝)는 흑룡강 지역의 현안 해결에 적극적으로 나서기 시작했다. 청은 흑룡강 지역의 러시아인들과 전쟁을 개시했다. 두 나라는 1683년부터 알바진을 두고 공방전을 벌였다. 그러나 전선이 교착 상태에 빠지자 양국은 교섭에 의한 해결을 도모하기 시작했다. 러시아는 골로빈(Fedor Alekseevich Golovin)을 전권대사로 파견하였다. 회담은 셀렌긴스크(Selenginsk)에서 열리기로 결정되었다. 1688년 6월 청의 대표단이 북경을 출발하여 북상했다. 그러나 예상치 못한 사태가 벌어졌다. 준가르 갈단의 침공을 받은 할하 몽골의 왕공들이 대거 남하하기 시작했던 것이다. 이 때문에 셀렌긴스크 회담은 무산되었다. 뿐만 아니라 갈단의 할하 침공은 청의 대러시아정책에 중대한 영향을 끼쳤다. 이제 청은 준가르와 러시아가 연합하기 전에 러시아와 서둘러 강화를 체결해야만 했다. 1689년 청은 네르친스크를 새로운 회담 장소로 결정하고 대규모 병력을 파견하였다. 8월에 진행된 회담에서 송고투(Songgotu)가 이끄는 청의 대표단은 압도적인 병력을 무기로 러시아 대표단을 압박하였다. 그 결과로 〈네르친스크조약〉이 체결되었다.10)

　이로써 1650년대 이후 지속되었던 흑룡강 지역에서의 무력 분쟁은 종식되었다. 러시아는 이 조약에 의해 숙원의 과제였던 중국 무역의 통로를 획득했다. 한편 청은 갈단과의 대결에 전념할 수 있게

---

9) 吉田金一, 앞의 책, 1984, 71~74쪽. 간티무르는 네르친스크 일대에 거주하던 원주민의 족장으로서 1652년 청에 복속하여 낙민하(諾敏河) 유역으로 이주하였으나, 1667년 고향인 네르친스크로 돌아갔다. 간티무르 송환 문제는 청이 간티무르와 그 일족의 송환을 러시아 측에 요구함으로써 발생하였다.

10) Mark Mancall, op. cit., pp.111~162.

되었다. 청의 강희제는 여러 차례 친정을 하면서까지 갈단과의 전쟁에 전력을 기울였다. 결국 청은 갈단을 제압하였고, 할하 몽골을 복속시켰다.[11]

이렇듯 〈네르친스크조약〉은 기본적으로 흑룡강 유역에서 발생한 분쟁 때문에 체결된 것이었지만, 실제 조약의 체결 과정에서는 몽골 문제가 중대한 변수로 작용하였다. 1689년의 네르친스크 회담에서 청이 일방적으로 회담 장소를 결정하고 대규모의 병력을 파견하였던 것은 서둘러서 러시아 문제를 매듭짓기 위한 전술로 이해할 수 있는데, 이는 갈단의 할하 침공에서 비롯된 것이었다. 뒤에서 자세히 다루겠지만, 〈네르친스크조약〉은 호혜와 평등에 기초한 평등 조약이었다. 이 같은 평등 조약의 체결이 가능했던 배경에는 당시 유럽의 국제법 관련 저작이 이미 예수회 선교사에 의해 번역되었을 뿐만 아니라, 실제 회담에 예수회 선교사들이 참가하였다는 사실도 자리를 잡고 있었다.[12] 하지만 당시 청에게 갈단의 할하 침공 이후 준가르-러시아의 연합을 방지하기 위해서 서둘러 조약을 체결해야 한다는 절박한 필요가 존재하였고, 조약을 하루라도 빨리 매듭지으려면 유럽식 조약의 체결이라는 중대한 결단이 요구되었다는 사실을 간과해선 안 될 것이다.

1727년 〈캬흐타조약〉의 체결 역시 몽골 문제를 떠나서는 이해할 수가 없다. 〈네르친스크조약〉 체결 이후 러시아의 대상(隊商)이 네르친스크를 거쳐 북경에 와서 무역 활동을 벌였다. 그러나 관영으로 진행되었던 러시아의 북경무역이 수익성의 감소로 활력을 잃어가는 가운데, 1719년 청이 러시아 대상의 입국을 거부하는 사태가 발생하기도 했다.[13] 또한 18세기 초 무렵 청과 러시아의 관계에서

---

11) Perdue, op. cit., pp.174~208.
12) Ibid., pp.161~173 ; 吉田金一, 앞의 책, 1984, 101~108쪽.
13) 吉田金一, 위의 책, 120~124쪽.

준가르의 존재가 다시 중요한 변수로 떠오르고 있었다. 비록 갈단은 이미 죽고 없었지만 청의 입장에서 준가르의 위협은 결코 사라지지 않았다. 아니 오히려 점점 커져가고 있었다. 갈단의 조카인 체왕 랍탄이 거대한 유목제국을 건설하고 있었기 때문이었다.[14] 이 무렵 강희제가 볼가강 유역의 토르구트 부에 사절단을 파견하였는데, 그 목적은 아마도 토르구트를 끌어들여 준가르를 협공하려는 데에 있었던 것으로 보인다.[15] 만약 청과 토르구트의 군사 동맹이 실현된다면 그것은 준가르에게 엄청난 위협이 되었을 것이다.

청에게도 이런 종류의 위험은 존재하고 있었다. 바로 준가르와 러시아가 동맹을 맺을 가능성이었다. 실제로 1713년 준가르 경내에 사금이 풍부하다는 보고를 접한 러시아는 1714~1717년에 사금 산지에 대한 탐험을 벌이는 한편, 준가르와 동맹을 맺으려고까지 하였다. 하지만 황금을 찾기 위한 노력이 아무런 성과를 거두지 못하자, 러시아는 다시 청과 통상조약을 체결하여 무역의 이익을 확대하고자 하였다. 이에 이즈마일로프(Lev Vasilevich Izmaylov)의 사절단이 북경에 파견되었다. 1720년 말 북경에 도착한 사절단은 그러나 소기의 목적을 달성하지 못하였다. 청이 몽골과 시베리아의 국경을 확정하고 도망자 문제를 먼저 해결할 것을 요구하였기 때문이다.[16]

한편 1719년부터 러시아는 또다시 준가르와 사자를 주고받으면서 청에 대항하는 동맹을 논의하고 있었다. 러시아는 준가르의 동맹 제안을 수락하기로 하고 사절단을 준가르에 파견하였다. 결과적으로는 준가르와 러시아의 동맹이 성사되지 않았지만, 청은 양자의 접촉 사실을 인지하였다. 이즈마일로프와 함께 입국하여 1721년 3월부터 러시아의 영사 업무를 수행하고자 북경에 주재하고 있던 랑게

---

14) Perdue, op. cit., pp.210~213.
15) Ibid., pp.214~220.
16) 吉田金一, 앞의 책, 1984, 124~127쪽.

(Lorents Lange)도 1722년 7월에 추방되고 말았다. 그러나 강희제의 사망을 계기로 러시아와 청은 교섭의 국면에 들어갔다. 러시아는 1725년 8월 블라디스라비치(Sava Lukich Vladislavich)를 전권대표로 임명하였다. 러시아 대표단이 1726년 10월 북경에 도착하면서 협상이 시작되었고, 마침내 1727년 10월 〈캬흐타조약〉이 체결되었다. 이 조약에서 청은 러시아에 북경무역만이 아니라 캬흐타(Kyakhta)와 추루하이투(Tsurukhaitu)에서의 국경무역을 인정해 주었다. 또한 북경에서 정교(正敎)의 교회 건설과 전도단의 거주를 허락하였다. 청은 이 조약을 통해서 몽골에서 러시아와의 국경을 확정하였으며, 러시아와 준가르의 동맹 가능성을 차단하여 준가르를 고립시킬 수 있게 되었다.[17]

이렇듯 청이 러시아와 〈네르친스크조약〉과 〈캬흐타조약〉을 체결하는 일련의 과정에서 준가르 문제는 대단히 중요한 변수로 작용하였다. 청은 러시아와 평화적인 외교관계를 수립함으로써 준가르를 고립시키는 효과를 거둘 수 있었다. 하지만 〈캬흐타조약〉의 체결 이후 청의 입장에서 준가르 문제가 완전히 해결되기까지는 30년 가까운 시간이 걸렸다. 준가르에서는 1727년에 체왕 랍탄이 죽고 그 아들인 갈단 체링이 그 뒤를 이었다. 갈단 체링은 1731년 알타이 산맥을 넘어 홉도 지역을 점령하였다. 이듬해 준가르는 몽골 깊숙이까지 진출하였으나 청군의 반격에 직면하였다. 결국에 청과 준가르는 알타이 산맥을 경계로 강화를 맺었다. 그 후에도 준가르는 서쪽으로 눈을 돌려 서 투르키스탄 지역까지 지배 영역을 확대하면서 번영을 구가하였다. 하지만 1745년 갈단 체링의 사망 이후 준가르 정권은 내분에 휩싸였다. 준가르의 내분은 결국 1755년 건륭제의 준가르 원정과 준가르의 멸망으로 이어졌다.[18]

---

17) 위의 책, 127~148쪽 ; Mark Mancall, op. cit., pp.208~255.

비록 준가르는 멸망하였지만, 그 후에도 준가르 문제는 한동안 청과 러시아 양국의 중대한 외교 현안으로 남았다. 시베리아로 망명한 아무르사나(Amu-rsana)를 비롯한 준가르 지도자들의 송환 문제가 발생했기 때문이다. 게다가 캬흐타에서 러시아가 관세를 징수하자 1762년 청은 캬흐타 무역을 정지시켰다. 이 문제는 1768년에 이르러 양국이 〈캬흐타조약추가조약〉을 체결함으로써 해소되었고 캬흐타 무역도 재개되었다.19)

1785년 청은 다시 한 번 캬흐타 무역을 정지시켰다. 이번에는 청이 국경에서 체포한 러시아 강도 일당에 대한 처벌 문제가 직접적인 원인이 되었는데, 무역의 정지는 1792년 〈캬흐타시약(市約)〉이 체결될 때까지 계속되었다. 이처럼 장기간에 걸쳐 무역이 재개되지 못했던 배경에는, 1771년 볼가 유역에서 유목하고 있던 토르구트 부의 신강(新疆) 귀환이 실현되었다는 사실이 자리 잡고 있었다. 준가르의 멸망 이후 러시아와의 무역이 절실하지 않았던 청으로서는 러시아에 대해서 타협적인 태도를 취할 이유가 별로 없었다. 다만 문제가 되었던 것은 러시아 영내인 볼가강 유역에서 유목하고 있던 토르구트 부의 존재뿐이었다고 할 수 있었는데, 이들마저 신강에 귀환하여 정착한 마당인지라 청의 러시아에 대한 태도는 점점 더 고압적으로 변해 갔다. 〈캬흐타시약〉은 청의 황제가 러시아 원로원에 내린 명령의 형식이었으며, 그 내용은 청의 황제가 은혜를 베풀어 러시아 원로원의 간청을 받아들여 무역을 허락한다는 것이었다.20)

---

18) Perdue, op. cit., pp.240~289.
19) 吉田金一, 앞의 책, 1984, 162~175쪽.
20) Joseph Fletcher, "Sino-Russian Relations, 1800~62", John K. Fairbank ed., *The Cambridge History of China Volume 10 Late Ch'ing, 1800~1911, Part I*, Cambridge University Press, 1978, p.319 ; 위의 책, 175~183쪽.

17세기 말에서 18세기 초 준가르를 의식해서 러시아와 평등 조약을 체결하고 사절단까지 파견했던 청의 태도와, 준가르 문제가 완전히 해결된 후인 18세기 말 대러시아 외교에 임하는 청의 자세는 너무나 대조적이었다. 이 같은 청의 입장 변화는 준가르 문제를 포함한 몽골 문제가 청의 대러시아 외교에서 얼마나 중대한 변수였는가를 반증해 준다고 하겠다. 만약 준가르의 위협이 없었다면, 다시 말해서 러시아가 준가르와 동맹을 맺을 경우를 염려할 필요가 없었다면, 청의 입장에서는 러시아와 외교관계를, 그것도 평등 조약에 기초한 외교관계를 수립할 이유가 없었을 것이다.

3. 청의 대러시아 외교에서 '한인(漢人)과 한문(漢文)의 배제'

〈네르친스크조약〉과 〈캬흐타조약〉의 가장 두드러진 특징은 두 조약 모두 청과 러시아 두 나라가 서로 대등한 입장에서 체결한 조약이라는 사실에 있다. 〈네르친스크조약〉(만주어 조약문)의 전문(前文)은 청과 러시아 두 나라의 군주를 각각 "dulimbai gurun i enduringge hūwangdi"(중국의 성스러운 황제)와 "oros gurun i cagan han"(아라사국의 차간 한)으로 표기하여 두 주권자가 대등한 지위임을 명시하고 있다. 또한 "juwe gurun"(두 나라)이라든가 "dulimbai gurun oros gurun meni meni"(중국과 아라사국이 각자)라는 표현 역시 양국의 평등성을 반영한 것이었다고 할 수 있다. 〈네르친스크조약〉의 이 같은 성격은 전문에서만 관찰되는 것이 아니다. 제1조와 제2조의 조문은 "dulimbai gurun i harangga"(중국의 속하)와 "oros gurun i harangga"(아라사국의 속하)를 병렬시키고 있으며, 제4조에서는 "juwe gurun i buthašara urse"(두 나라의 수렵하는 백성들)라든가 "juwe gurun kemuni hūwaliyasun i banjime"(두 나라가 항상 평화롭게 지내며)라는 표현이 사용되고 있으며, 제6조와 제8조에도

"juwe gurun"이라는 말이 보인다. 또한 제5조의 "dulimbai gurun de bisire oros i niyalma, oros gurun de bisire dulimbai gurun i niyalma" (중국에 사는 아라사의 사람, 아라사국에 사는 중국의 사람)라는 구절도 마찬가지 성격의 표현이다.[21]

〈캬흐타조약〉(만주어 조약문)의 경우도 이 점에서 〈네르친스크조약〉과 아무런 차이가 없었다. 이 조약의 전문은 양국의 군주를 "daicing gurun i hūwangdi"(대청국의 황제)와 "oros gurun i katun han"(아라사국의 카툰 한)으로 표현하였으며, 역시 "juwe gurun"이라는 말을 써서 두 나라가 대등한 자격임을 나타내주고 있다. 또한 조약 본문의 각 조항을 보면, "juwe gurun", "dulimbai gurun", "oros gurun" 등의 표현이 사용되고 있다.[22]

두 조약의 이 같은 평등성은, 유일하고 지고한 존재인 황제와 대등한 존재를 결코 인정하지 않는 화이질서의 관념과는 분명하게 배치되는 것이었다. 그런데 흥미롭게도 두 조약의 한문 조약문을 읽어보면 조약의 평등성이 드러나질 않는다. 먼저 〈네르친스크조약〉을 보자. 이 조약의 내용을 전하는 『聖祖仁皇帝實錄』의 문장을 보면, 두 나라는 "中國"과 "鄂羅斯"로 표기되어 있는데, 만주어 조약문의 "juwe gurun"에 대응하는 "兩國"이라는 표현이 전혀 보이질 않는다. 특히 만주어 조약문 제4조의 "juwe gurun kemuni hūwaliyasun i banjime afara dailara be deriburakū oki"(두 나라는 항상 평화롭게 지내며 공격과 정벌을 일으키지 않는다)에 해당하는 내용은 "仍與中國和好毋起爭端"(그대로 중국과 화평하며 분쟁의 실마리를 일으키지 말라)이라고 표현되어 있다.[23]

---

21) 〈네르친스크조약〉의 만주어 조약문은 野見山溫, 앞의 책, 10~14쪽에 실려 있는 것을 이용하였다.
22) 〈캬흐타조약〉의 만주어 조약문은 위의 책, 66~80쪽에 실려 있는 것을 이용하였다.

청대 대러시아 외교의 성격과 그 변화　59

　　다음으로 〈캬흐타조약〉의 한문 조약문을 보자. 이 조약의 한문 조약문에는 두 종류가 있다. 첫째는 『中俄約章會要』에 실린 조약문인데, 이는 1861년에 신설된 총리각국사무아문(總理各國事務衙門)에서 한역(漢譯)한 것이다. 둘째는 가경(嘉慶) 연간에 간행된 『理藩院則例』의 「俄羅斯事例」에 실린 〈俄羅斯交界通商各條例〉이다. 전자는 〈캬흐타조약〉이 이미 폐기된 뒤에 간행된 것이므로, 후자만이 〈캬흐타조약〉을 청이 한문 텍스트에서 어떻게 다루었는가를 잘 보여주는 자료라고 할 수 있다.[24] 〈캬흐타조약〉의 만주어 조약문과 〈俄羅斯交界通商各條例〉를 대조해 보면, 전자에서는 "juwe gurun"이라는 표현이 26군데에서 사용되었지만, 후자에서는 이 중에서 16군데는 아예 생략해 버렸고, 나머지 10군데는 "雙方", "南北", "兩地方" 등의 표현으로 바꾸어 기록하였다. 예컨대, 만주어 조약문 제4조의 "juwe gurun i hūda be ishunde yabubumbi"(두 나라의 통상을 서로 행하게 한다)와 같은 구절에 보이는 "juwe gurun"은, 한문 〈俄羅斯交界通商各條例〉에선 "中外旣經通商"의 "中外"로,[25] 만문 〈俄羅斯交界通商各條例〉에선 "julergi amargi emgeri hūdašara be hafumbuha be dahame"의 "julergi amargi"(南北)로 바꾸어 표현되고 있다.[26] 이처럼 그 표현에 많은 '수정'이 가해져 있기 때문에, 〈俄羅斯交界通商各條例〉의 원본인 〈캬흐타조약〉이 국제조약이었다는 사실마저 전혀 느낄 수가 없을 정도이다.

　　요컨대, 〈네르친스크조약〉과 〈캬흐타조약〉이 두 나라의 평등 조약이었다는 사실을, 한문 자료를 통해서는 조약 체결 당시는 물론

---

23) 『聖祖仁皇帝實錄』(『淸實錄』五) 卷143, 康熙28年 12月 丙子 條, 中華書局, 1985, 577~579쪽.
24) 野見山溫, 앞의 책, 58~65쪽.
25) 위의 책, 61쪽.
26) 위의 책, 162쪽.

이거니와 19세기 초에 이르기까지도 전혀 감지할 수 없었던 것이다. 물론 한인 관료 중에는 만주어를 이해하는 자들이 적지 않았고,27) 장정옥(張廷玉)의 경우처럼 만주의 언어와 문화를 깊이 이해하였을 뿐만 아니라 황제의 최측근에서 활약한 인물도 있었으므로,28) 〈네르친스크조약〉과 〈캬흐타조약〉의 특수한 성격을 인지하고 있던 한인 관료가 전혀 없지는 않았을 것이다. 그러나 이런 경우는 극히 예외적이었을 뿐만 아니라, 설사 알고 있었다고 하더라도 엄격한 사상 통제가 가해지고 있던 분위기 속에서29) 장정옥 같은 이들이 두 조약의 특수한 성격을 일반 한인을 상대로 '선전'하기란 불가능했을 것이다. 그리고 무엇보다도 중요한 것은, 두 조약이 화이질서의 원리에서 벗어난 것임이 만주어를 알지 못하는 한인들에게 알려지기 위해서는 그 내용이 한인들이 이해할 수 있는 언어로 문자화되어야 할 터이나, 한문 조약문에서 원래의 표현이 교묘하게 '수정'되었기 때문에 대다수 한인들의 시각에서 두 조약은 화이질서의 원리에서 벗어난 조약이 아닌 것으로 받아들여졌을 것이라는 점이다. 약간의 비약이 허락된다면, 청은 17세기 말에서 18세기 초에 걸쳐 러시아와 평등 조약을 체결하긴 하였지만, 한인들이 이러한 사실을 거의 인지할 수 없도록 주도면밀한 '은폐'의 전략을 구사하

---

27) 예컨대 한인 관료가 한림원(翰林院)에 들어가기 위해서는 만주어 시험을 통과해야 했다고 한다. Mark C. Elliot, *The Manchu Way: The Eight Banners and Ethnic Identity in Late Imperial China*, Stanford University Press, 2001, pp.291~292.
28) Ibid., p.440의 주석 172.
29) 청조의 사상 통제에 관해서는 많은 연구가 있지만, 그중에서 유명한 『大義覺迷錄』을 다룬 閔斗基, 「淸朝의 皇帝統治와 思想統制의 實際」, 『中國近代史硏究』, 一潮閣, 1973, 2~53쪽 ; Jonathan D. Spence, *Treason by the Book*, Viking Penguin, 2001 등이나, 건륭제의 사상 통제에 대한 최근의 연구로 Alexander Woodside, "The Ch'ien-lung Reign", *The Cambridge History of China Vol. 9*, Cambridge University Press, 2002, pp.289~293을 참조.

고 있었다고까지 말할 수 있을 듯하다. 그런데 이런 '은폐'의 전략이 실효를 거두기 위해서는 또 다른 조건이 필요했다. 설사 조약의 성격이 문자화된 형태로 드러나지는 않았다고 하더라도, 만약 다수의 한인 관료가 조약의 체결에 관여했었다면 '은폐'는 거의 불가능했을 것이기 때문이다. 그런데 정부의 고위 관직을 한인에게 대폭 개방하고 있던 청대에 이런 '은폐'의 전략은 도대체 어떻게 가능했던 것일까?

이 질문에 대한 해답은 청의 대러시아 외교를 누가 담당하고 있었으며, 〈네르친스크조약〉과 〈캬흐타조약〉을 포함해서 두 나라 사이에 교환된 외교문서들이 어떤 언어로 작성되었는가에 주목해 봄으로써 그 실마리를 찾을 수 있을 듯하다. 먼저 〈네르친스크조약〉의 경우를 보자. 이 조약의 전문은 조약 체결을 위한 협상에 참여한 청의 대표들을 다음과 같이 열거하고 있다.

> hebei amban, hiya be kadalara dorgi amban, Songgotu(議政大臣 領侍衛內大臣 索額圖) ; dorgi amban bime, gūsai ejen, uju jergi gung, nakcu, Tung Guwe G'ang(內大臣 都統 一等公 舅舅 佟國綱) ; gūsai ejen, Langtan(都統 郎該) ; gūsai ejen, Bandarša(都統 班達爾善) ; sahaliyan ula i jergi babe tuwakiyara jiyanggiyūn, Sabsu(鎭守黑龍江等處將軍 薩布素) ; tui janggin, Mala(護軍統領 瑪喇) ; tulergi golo be dasara jurgan i ashan i amban, Unda(理藩院侍郎 溫達)[30]

이들은 그 관직만 보아도 예외 없이 만주인[=기인(旗人)]이었다는 사실을 단번에 알아차릴 수 있다. 먼저 가장 숫자가 많은 "都統"

---

30) 野見山溫, 앞의 책, 10쪽 ;「中俄黑龍江界約(尼不楚條約)」, 田濤 主編,『淸朝條約全集』, 黑龍江人民出版社, 1999, 7쪽.『淸朝條約全集』은 앞으로『條約全集』으로 약칭한다.

(정1품 → 종1품)이 각 기(旗, gūsa)의 장관으로서 팔기 무직(八旗 武職)이라는 사실은 새삼 지적할 필요도 없거니와,31) "領侍衛內大臣"은 시위처(侍衛處)의 장관인 정1품의 팔기 무직이고,32) "鎭守黑龍江等處將軍"(강희 연간 정1품)은 흑룡강 지역 팔기(八旗) 주방(駐防)의 장관이며,33) "護軍統領"(정2품) 역시 팔기 무직이다.34) "理藩院侍郎"(정2품)은 팔기 무직은 아니지만 대표적인 만결(滿缺), 즉 한인이 임명될 수 없는 관직이다.35) 또한 이들 가운데 송고투나 佟國綱은 당시 청 조정의 핵심 인사들이었다.36) 하지만 이 명단에서 한인은 그림자조차 찾아볼 수가 없다. 물론 〈네르친스크조약〉을 위한 협상에 위의 대신들만이 참여했던 것은 아니다. 당시 강희제는 예수회 선교사 페레이라(Thomas Pereira, 포르투갈인)와 제르비용(Jean-François Gerbillon, 프랑스인)을 협상에 참여시켰고, 이들이 〈네르친스크조약〉의 체결 과정에서 중대한 역할을 맡았다는 것은 잘 알려져 있는 사실이다. 하지만 이들의 활동을 고려하더라도 '한인의 배제'라는 사실에는 변함이 없다.

다음으로 〈네르친스크조약〉의 교환 조약문을 살펴보자. 당시 러시아는 라틴어 조약문과 러시아어 조약문을, 청은 라틴어 조약문과 만주어 조약문을 각각 작성하여 상대방과 교환하였다.37) 교환된 조

---

31) 『淸史稿』 卷117, 中華書局, 1977, 3368쪽.
32) 『淸史稿』 卷117, 3364쪽.
33) 『淸史稿』 卷117, 3383~3385쪽.
34) 『淸史稿』 卷117, 3371쪽.
35) 『淸史稿』 卷115, 3297쪽.
36) 반달이선을 제외한 여섯 명은 『淸史稿』에 입전(立傳)된 인물들이다. 만주 정황기(正黃旗) 출신인 송고투는 『淸史稿』 卷269, 원래는 한군(漢軍)이었으나 만주 양황기(鑲黃旗)로 소속이 변경된 佟國綱은 『淸史稿』 卷281, 郎該[=郎坦, 만주 정백기(正白旗)]는 『淸史稿』 卷280, 薩布素(만주 양황기)는 『淸史稿』 卷280, 瑪喇[=瑪拉, 만주 양백기(鑲白旗)]는 『淸史稿』 卷280, 溫達(만주 양황기)은 『淸史稿』 卷267 등의 열전을 참조.

약문 가운데 공통의 언어로 작성된 것은 라틴어 조약문이므로 이 조약의 정본(正本)은 라틴어 조약문이었다고 간주할 수 있겠는데, 이는 조약 체결을 위한 협상이 예수회 선교사들의 라틴어 통역에 의해 진행되었다는 사실과 깊은 관계가 있다 하겠다. 그러나 여기서 특히 주목하고 싶은 사실은 조약문이 한문으로는 작성되지 않았다는 점인데, 이는 언어의 측면에서 '한문의 배제'가 관철되고 있었다는 사실을 말해준다고 하겠다.

이번에는 〈캬흐타조약〉의 경우를 보자. 이 조약의 체결을 위한 회담은 블라디스라비치가 1725년 10월 북경에 도착하면서 시작되었다. 이듬해 4월까지 30차례 이상의 회담을 마친 블라디스라비치는, 국경을 확정하기 위해 1727년 6월 부라(Bura)에 도착해서 隆科多(Longkedo)와의 회담에 임했다. 부라의 회담은 모두 48차례 개최되었고, 8월에 이르러 마침내 〈부라조약〉이 조인되었다. 이어 10월에는 이른바 〈캬흐타조약〉이 조인되었는데, 〈부라조약〉의 내용은 이 조약의 제3조에 포함되었다. 〈캬흐타조약〉의 비준·교환은 1728년 6월 캬흐타에서 이루어졌다. 그런데 이러한 일련의 교섭 과정에 임한 청의 대표는 북경과 부라에서 각기 달랐다. 먼저 북경에서 진행된 회담에 임한 청의 대표는 査弼納(Cabina), 特克忒(Tegut), 圖理琛(Tulišen)이었다. 이어 국경에서 벌어진 교섭에는 隆科多(Longkedo), 圖理琛(Tulišen), 策凌(Ts'ereng), 四格(Sy ge) 등이 참여하였다.[38] 이들 가운데 1727년 8월 초 교섭에서 배제된 隆科多를 제외한 나머지 다섯 명의 이름은 〈캬흐타조약〉의 조약문에 등장하고 있다.

즉 조약의 전문이,

hebei amban, hafan i jurgan i aliha amban, dorgi baita be uheri

---

37) 吉田金一, 앞의 책, 1984, 94쪽.
38) 野見山溫, 앞의 책, 42~58쪽.

kadalara yamun i booi amban, Cabina(查弼納)

　hebei amban, tulergi golo be dasara jurgan i aliha amban, gulu fulgiyan i gūsa be kadalara amban, Tegut(特克式)

coohai jurgan i ashan i amban Tulišen(圖理琛)³⁹⁾

그리고 조약의 제3조가,

　aisilara jiyanggiyūn jasak doroi giyūn wang, hošoi efu Ts'ereng(策凌)

　hiya kadalara dorgi amban, be, Sy ge(四格)

coohai jurgan i ashan i amban Tulišen(圖理琛)⁴⁰⁾

라고 체약대신의 관직과 이름을 밝히고 있다. 또한 1728년 6월 조약을 비준·교환할 때에는 圖理琛을 대신해서 納延泰(Nayantai)가 서명하였는데, 당시 納延泰는 이번원(理藩院)의 액외시랑(額外侍郎)이었다.⁴¹⁾

　이상의 체약대신 중에서, 隆科多는 만주 양황기,⁴²⁾ 查弼納와 圖理琛은 만주 정황기,⁴³⁾ 策凌(＝策棱)은 할하의 왕공 출신으로, 모두 『淸史稿』에 입전된 인물들이다.⁴⁴⁾ 特克式(＝特古式)은 당시 만결인 이번원의 좌시랑(左侍郎)으로 "管尙書事"를 맡고 있었다.⁴⁵⁾ 四格은 만주 정황기 소속의 귀족(伯爵)이었다.⁴⁶⁾ 끝으로 納延泰는 옹정(雍

---

39) 위의 책, 66~67쪽.
40) 위의 책, 68쪽.
41) 위의 책, 44~45쪽.
42) 「隆科多傳」, 『淸史稿』 卷295, 10353쪽.
43) 「查弼納傳」, 『淸史稿』 卷298, 10411쪽 ; 「圖理琛傳」, 『淸史稿』 卷283, 10182쪽.
44) 「策棱傳」, 『淸史稿』 卷296, 10378쪽.
45) 錢實甫 編, 『淸代職官年表』, 中華書局, 1980, 206~207쪽. 이하 『淸代職官年表』는 『職官年表』로 약칭한다.

正) 10년(1732) 만결인 이번원시랑에 임명되었음이 확인된다.47) 따라서 지금까지 거명된 7명 가운데 한인 관료는 한 명도 없었다고 할 수 있다.

그런데 〈캬흐타조약〉과 관련해서 양국이 벌인 교섭 과정에 참여한 청의 관료는 지금까지 언급된 사람들에 국한되지 않았다. 왜냐하면 국경의 확정과 관련해서 1727년 10월에 성립된 두 조약, 즉 〈아바가이투조약〉과 〈셀렝가조약〉에 등장하는 인물들이 있기 때문이다. 〈아바가이투조약〉에는 "蒙古喀爾喀郡王□□□"와 "總理界務官□□□"이 청의 대표로 언급되어 있는데,48) 전자는 할하의 왕공이므로 한인이 아님이 분명하지만, 후자는 신원이 불확실하다. 그러나 맨콜(Mancall)에 따르면 전자는 "Khubitu", 후자는 "Nayantai"임을 알 수 있고,49) 여기서 "Nayantai"는 위에서 언급한 納延泰를 가리키는 것으로 판단된다. 〈셀렝가조약〉에는 "內務府大臣 伯 四格, 員外郎 寶福, 二等台吉 額爾布坦" 등이 청의 대표로 열거되었는데,50) 四格은 앞서 등장한 인물이고, "二等台吉"는 몽골 왕공의 지위를 표시하므로 "額爾布坦"이 한인 관료일 수는 없다. "寶福"은 관직만으로 출신을 알 수 없으나 한인의 이름일 가능성은 거의 없어 보인다. 한편 隆科多를 대신해서 克什圖라는 인물이 국경 교섭에 참여했던 적이 있는 듯한데, 그의 당시 관직이 "領侍衛內大臣"이었던 것으로 보아 역시 한인이 아니었음을 알 수 있다.51) 따라서 지금껏 등장한

---

46) 『淸史稿』 卷171, 5562쪽.
47) 錢實甫 編, 앞의 책, 774쪽.
48) 「中俄阿巴哈依圖界約」, 海關總署 ≪中外舊約章大全≫ 編纂委員會 編, 『中外舊約章大全』, 中國海關出版社, 2004, 25쪽.
49) Mark Mancall, op. cit., p.286.
50) 「中俄色楞額界約」, 海關總署 ≪中外舊約章大全≫ 編纂委員會 編, 앞의 책, 54쪽.
51) 野見山溫, 앞의 책, 46쪽.

인물 가운데에는 한인이 한 사람도 없었다고 할 수 있다.

한편 조약 제11조는, 러시아가 러시아어 조약문과 라틴어 조약문을, 청이 만주어 조약문, 러시아어 조약문, 라틴어 조약문을 각각 작성하여 상대방과 교환하도록 규정하였다.52) 즉, 〈캬흐타조약〉의 조약문 역시 〈네르친스크조약〉과 마찬가지로 라틴어, 만주어, 러시아어 등 세 가지 언어로 작성되었으며, 한문은 이번에도 교환 조약문의 언어에서 배제되었다.

이처럼 청의 대표 가운데 한인의 모습이 보이지 않고 조약문의 언어에서도 한문이 배제되고 있는 현상은 1768년과 1792년에 각각 체결된 〈캬흐타조약추가조약〉과 〈캬흐타시약〉에서도 관찰된다. 전자의 경우 청의 대표는 "理藩院右侍郞·喀喇沁貝子 瑚圖靈阿"와 "理藩院左侍郞 慶桂"였다.53) 이 두 사람의 관직은 이번원 소속이므로 그들이 한인이 아니었음을 알 수 있다. 후자는 "庫倫辦事大臣 松筠"(몽고 정람기)과54) 러시아의 이르쿠츠크 지사가 조인한 조약이었다.55) 조약문을 보면, 전자는 청이 몽골어 조약문을, 러시아가 러시아어 조약문을 각각 작성하여 서로 교환하였고,56) 후자는 청이 만주어 조약문과 몽골어 조약문을, 러시아가 러시아어 조약문, 만주어 조약문, 몽골어 조약문을 각각 작성하여 서로 교환하였다.57) 〈네르친스크조약〉이나 〈캬흐타조약〉과 달리 이 두 조약에서는 라틴어 조약문이 작성되지 않았다는 사실이 눈길을 끌기도 하지만, 역시

---

52) 위의 책, 80쪽.
53) 「中俄修改恰克圖約第十條」, 田濤 主編, 앞의 책, 32쪽. 瑚圖靈阿는 『淸史稿』 卷209, 8356쪽에서 출신이 확인되는 몽골 왕공 생(生)이다. 慶桂(만주 양황기)는 「慶桂傳」, 『淸史稿』 卷341, 11095쪽 참조.
54) 「松筠傳」, 『淸史稿』 卷342, 11113쪽.
55) 吉田金一, 앞의 책, 1984, 179쪽.
56) 「中俄修改恰克圖約第十條」, 田濤 主編, 앞의 책, 33쪽.
57) 吉田金一, 앞의 책, 1984, 179쪽.

청의 대표 가운데 한인이 보이지 않는다는 점과 아울러 한문 조약문이 만들어지지 않았다는 점에 특히 주목할 필요가 있다.

요컨대 청이 강희·옹정·건륭 연간에 걸쳐 러시아와 체결한 여러 조약의 체약대신 가운데 한인 관료는 전혀 보이지 않으며, 라틴어를 비롯해서 만주어, 러시아어, 몽골어 등 모두 네 가지 언어가 조약문의 작성에 이용되었지만 한문은 전혀 사용되지 않았다. 즉, '한인과 한문의 배제'라는 특징이 지속적으로 관찰되고 있는 것이다. 이처럼 〈네르친스크조약〉과 〈캬흐타조약〉의 체결 과정에 한인 관료가 관계하지 않았으며 조약의 원문이 한문으로 작성된 적이 없었기 때문에 청조의 '은폐' 전략이 비로소 가능했던 것이 아닐까?[58]

---

[58] 18세기 초에 청은 전후 세 차례에 걸쳐 러시아에 사절을 파견한 바 있다. 먼저 1712년 청은 볼가 강 유역에 자리하고 있던 토르구트 부의 아유키 칸에게 사절을 파견한 적이 있다. 당시 러시아는 청의 요청을 받아들여 사절단의 시베리아 통과를 허가하였다. 이에 1712년 북경을 떠난 사절단은 셀렌긴스크(Selenginsk), 토볼스크(Tobolsk), 카잔(Kazan) 등을 거쳐 1714년에 아유키 칸의 막영(幕營)에 도착하였다. 이 사절단은 1715년에 귀국하였다. 그런데 이 사절단 일행을 이끌었던 인물은 圖理琛이었고, 그가 이 여행의 기록으로 『異域錄』을 저술했다는 사실은 널리 알려져 있는 대로이다(Perdue, op. cit., pp.214~220). 또한 1729년에는 托時를 비롯한 다섯 명의 모스크바행 사절단이 북경을 출발했다. 이 사절단에는 만다이(Mandai)를 포함한 다섯 명의 토르구트행 사절단이 동행하였다. 이들은 1731년 1월 모스크바에 도착하였고, 3월에 임무를 모두 마치고 귀로에 올랐다. 만다이 일행은 6월에 볼가강 유역의 토르구트 부에 도착, 옹정제의 칙서를 전달한 후 귀로에 올랐다. 두 일행은 토볼스크에서 합류하여 귀국길을 같이하였는데, 1732년 1월 톰스크(Tomsk) 부근에서 세 명으로 구성된 모스크바행 사절단과 조우하였다. 이들은 1731년 2월 북경을 출발하였는데, 본래 來保과 塞楞額 등 세 명으로 구성된 토르구트행 사절단이 함께 출발하였지만, 후자는 캬흐타에서 러시아에게 입국을 거부당하였다. 하지만 모스크바행 사절단은 1732년 4월 말 뻬쩨르부르끄에 도착해서 안나 여제를 알현하였다. 이들은 7월에 귀로에 올라, 1733년 1월 캬흐타에 도착하였다(吉田金一, 앞의 책, 1974, 149~157쪽 ; 野見山溫, 앞의 책, 103~147쪽). 세 차례 사절 파견에 참여한 사람들의 신원을 명확하게 밝혀낼 수는 없지만, 적어도 한인 출신임이 확인되는 자는 보이지 않는다. 아마도 사절의 파견에 있어서도 '한인의 배제'가 관철되었던 듯하다.

게다가 '한인과 한문의 배제'는 조약의 체결과 같은 특별한 상황에서만 나타나는 현상이 아니었다. 사실 청의 대러시아 관계 운영 전반에 걸쳐 이러한 현상이 관찰된다. 〈캬흐타조약〉 제6조는 양국 사이의 외교문서 처리에 관한 규정을 담고 있다. 여기에서 청이 러시아에 보내는 외교문서는 청의 이번원이 러시아의 원로원에, 러시아가 청에 보내는 외교문서는 러시아의 원로원이 토볼스크의 지사를 경유하여 청의 이번원에 보내도록 규정되었다. 또 국경에서 도망자 문제 등이 발생하는 경우, 청에선 할하 몽골 투시예투 칸 부의 왕공들이, 러시아에선 국경 부근 도시의 지사들이 서로 문서를 주고받도록 규정되었다.59) 그런데 널리 알려진 대로 이번원의 관직은 한인 출신의 관원이 맡을 수 없는 '만결'이었으며, 국경에서 발생한 현안을 취급하도록 규정된 투시예투 칸 부의 왕공들은 모두 몽골인이었다. 그러므로 〈캬흐타조약〉 제6조는 청과 러시아의 일상적 외교 사무 처리의 절차를 규정하면서 청에서 한인 관료의 개입을 명문상 배제하였다고 볼 수 있다.

하지만 실제 양국의 외교 현안이 줄곧 〈캬흐타조약〉 제6조의 규정대로 처리되었던 것은 아닌 듯하다. 1785년부터 8년 동안 고륜판사대신(庫倫辦事大臣)을 지냈던 松筠이 남긴 기록에 따르면, 사소한 현안의 경우엔 고륜판사대신이 이르쿠츠크 지사에게 공문을 발송하였고, 중대한 현안이 발생하면 이번원이 러시아 원로원을 향해 공문을 작성하여 고륜에 보내고, 여기서 몽골의 태길(台吉) 두 사람을 이르쿠츠크에 보내어 공문을 러시아에 전달하였다고 한다. 또한 캬흐타는 고륜판사대신의 관할 구역에 속하였는데, 여기에는 이번원이 판사사관(辦事司官)을 파견하였고 그 임기는 3년이었다. 한편 고륜판사대신이 작성한 공문의 언어는 만주어와 몽골어였고, 이번원

---

59) 野見山溫, 위의 책, 74~75쪽.

에서 작성된 공문의 언어는 만주어, 러시아어, 라틴어 등이었다.[60]

松筠의 기록은 적어도 1780년대 이후 청의 대러시아 관계 현안 처리에 이번원, 고륜판사대신, 몽골의 태길 등이 관계하고 있었음을 알려준다고 하겠다. 여기서 고륜으로부터 이르쿠츠크에 공문을 전달하는 역할을 맡은 몽골의 태길들은 〈캬흐타조약〉 제6조에 언급된 몽골의 왕공에 속하는 자들이었다. 또한 고륜판사대신은 이번원의 관직과 마찬가지로 만결이었다. 게다가 이번원이든 고륜판사대신이든 대러시아 외교문서를 작성할 때에 사용한 언어에는 한문이 포함되어 있지 않았다. 그러므로 청의 대러시아 외교에서 '한인과 한문의 배제'는 조약의 체결은 물론, 대러시아 외교 업무 전반에 걸쳐 관철되었던 원칙이었다는 결론을 내릴 수 있다고 하겠다.

4. 19세기 후반 대러시아 외교의 성격 변화

1792년의 〈캬흐타시약〉 이후 1851년에 이르기까지 청과 러시아 사이엔 새로운 조약이 체결되지 않았다. 이는 가경에서 도광(道光) 연간에 이르기까지 두 나라의 관계가 대단히 안정적이었다는 사실을 반증한다고 할 수 있다. 그러나 주지하듯이 1840년 아편전쟁이 터지면서 청의 대외관계가 엄청난 변화의 소용돌이로 빠져들기 시작하였다. 청과 러시아의 관계도 이러한 변화로부터 언제까지나 자유로울 수만은 없었다. 아편전쟁에서 패한 청은 1842년에 영국과 〈남경조약〉을 체결하였다. 이어서 서양의 여러 나라들이 청과 조약을 체결하였지만, 이 무렵의 러시아는 이러한 변화의 흐름에서 한발 벗어난 태도를 취하여, 당장은 청에 대하여 〈남경조약〉과 같은 종류의 조약 체결을 요구하지는 않았다. 그것은 서양의 다른 나라들

---

60) 吉田金一, 앞의 책, 1984, 160쪽.

과 달리 오랫동안 '네르친스크-캬흐타조약체제'의 틀 속에서 청과 안정적인 관계를 유지하고 있었고, 캬흐타무역도 번영을 구가하고 있었기 때문이다. 그러나 무역의 확대를 원하던 러시아는 얼마 지나지 않아서 개항장을 통한 무역을 청에 요구하기 시작했으며, 아울러 일리·타르바가타이·카슈가르에서 육로무역을 개방해 달라고 요구하였다.61) 청은 처음에는 이 두 가지 요구를 모두 받아들이지 않았지만, 1851년 8월 일리에서 전문 17개조의 〈일리타르바가타이통상장정(通商章程)〉을 체결함으로써 캬슈가르를 제외한 일리와 타르바가타이 두 곳을 육로무역에 개방하였다.62)

이 조약에서 청은 러시아에 자유무세무역권(自由無稅貿易權), 영사임명권, 영사재판권, 거주권, 신교권(信敎權) 등을 포함한 광범위한 권리를 인정하였다. 겉으로 보기엔 청이 〈남경조약〉과 같은 성격의 '불평등조약'을 러시아와 맺은 것처럼 보이지만, 〈일리타르바가타이통상장정〉에 규정된 특권들은 청이 자발적으로 부여한 것일 뿐만 아니라 자유무세무역이나 치외법권 등은 이미 〈캬흐타조약〉과 〈캬흐타시약〉에서도 인정되었던 것이다. 그러므로 네르친스크-캬흐타조약체제는 〈일리타르바가타이통상장정〉의 체결에도 불구하고 파괴되지 않았을 뿐만 아니라, 오히려 그 체제의 적용 범위가 신강 일대까지 확대되었다고 보는 편이 사실에 가까울 듯하다. 이는 조약의 체결 과정에서 '한인과 한문의 배제' 원칙이 여전히 관철되고 있다는 측면에서도 확인이 된다. 조약 교섭은 일리에서 이루어졌으며 청의 체약대신은 "伊犁將軍 奕山"과 "參贊大臣 布彦泰"였다.63) 또한 청이 만주어 조약문을, 러시아가 러시아어 조약문을 각

---

61) 러시아가 이러한 요구를 제기한 배경에 대해서는 Fletcher, op. cit., pp.318~330 참조.
62) Ibid., pp.325~332.
63) 奕山은 종실 출신이고(「奕山傳」, 『淸史稿』 卷372, 11537쪽), 布彦泰는 만

각 작성하여 상호 교환하였다.64)

　이렇듯 청과 러시아 두 나라는 아편전쟁 이후 청의 개항과 '불평등조약체제'의 형성에도 불구하고, 한동안 과거의 관계를 근본적으로 변화시키지는 않고 있었다. 하지만 애로호사건이 전쟁으로 비화되는 상황 속에서 러시아가 영국과 프랑스 및 미국과 공동의 보조를 취하게 되면서 양국의 관계는 중대한 변화의 국면으로 접어들게 되었다. 러시아의 태도 변화를 낳은 요인 가운데에는 흑룡강 항행에 대한 러시아의 오랜 욕구가 자리하고 있었다. 1854년 동부시베리아 총독 무라비요프(Muraviev)는 청에 국경 획정을 위한 교섭의 개시를 요구함과 동시에, 크리미아 전쟁의 교전 상대국이었던 영국과 프랑스 함대의 진출에 대비한다는 명분으로 흑룡강을 항행하여 병력을 이동시켰다. 이어서 1857년에는 아무르주와 연해주를 설치함으로써 흑룡강 지역을 사실상 러시아의 영토로 만들어 버렸다. 한편 1855년에 처음 열린 흑룡강 지역의 국경 획정을 위한 교섭은 아무런 성과 없이 결렬되었다. 이에 러시아는 1857년에 푸탸틴(Putiatin)을 청에 파견하였다. 푸탸틴은 천진을 거쳐 북경에 들어가려 했으나, 청은 그의 입경(入境)을 허가하지 않았고 흑룡강의 국경 문제는 현지에서 교섭하겠다는 입장을 밝혔다. 이에 푸탸틴은 홍콩으로 이동하여 영국·프랑스와 행동을 같이하기 시작했고, 국경 문제는 무라비요프에게 맡겼다. 1858년 5월 아이군(Aigun, 璦琿)에서 국경 획정을 위한 양국의 회담이 열렸다. 흑룡강 좌안과 우수리강 우안을 모두 러시아 영토로 인정하라는 러시아의 요구에 청의 대표들이 강력한 반대 의사를 밝히자 무라비요프는 무력으로 위협하여 그들을 굴복시키고 조약의 조인을 이끌어내었다. 이렇게 해서 체결된 조약이

　　주 정황기 출신이다(錢實甫 編, 앞의 책, 3143쪽).
64)「中俄伊犁塔爾巴哈臺通商章程(伊塔通商章程)」, 田濤 主編, 앞의 책, 147~148쪽.

바로 〈아이군조약〉인데, 이 조약의 결과 흑룡강 좌안은 러시아의 영토가 되었고, 우수리강 동쪽은 양국의 공유지가 되었다.[65]

러시아는 1689년 〈네르친스크조약〉에서 '미획정'으로 남겨둔 지역을 최대한으로 확대해석함과 동시에 태평천국과 애로호사건으로 안팎 모두 위기 상황에 몰려있던 청을 무력으로 위협함으로써 〈아이군조약〉에서 원하는 바를 실현하였다. 1689년엔 청이 힘의 우위를 점하고 있었다고 한다면, 1858년엔 러시아가 힘의 우위를 점한 정반대의 상황이 전개되고 있었다고 할 수 있겠다. 또한 〈네르친스크조약〉으로 명시적 혹은 묵시적으로 설정되었던 양국의 국경선이 〈아이군조약〉으로 완전히 무시되었던 만큼, 〈아이군조약〉의 내용은 네르친스크-캬흐타조약체제를 정면으로 부정한 것이었다고 볼 수 있다.

하지만 조약 교섭에 임한 청의 체약대신과 교환 조약문의 언어라는 측면에서 보면, 〈아이군조약〉에서도 청은 여전히 '한인과 한문의 배제'라는 원칙에 충실했다고 하지 않을 수 없다. 왜냐하면, 〈아이군조약〉의 체약대신은 "黑龍江將軍 奕山"이었으며, 양국이 교환한 조약문은 청이 만주어와 몽골어를, 러시아가 러시아어와 만주어를 사용해서 작성하였기 때문이다.[66] 따라서 〈아이군조약〉은 내용적으로는 네르친스크-캬흐타조약체제를 부정한 획기적인 조약이었지만, 체약관원과 조약문의 측면에서는 청이 여전히 '한인과 한문의 배제' 원칙을 준수하고 있었다고 볼 수 있다.

그러나 1858년 6월 체결된 〈천진조약〉은 내용에서는 물론이거니와 오랫동안 청이 대러시아 외교에서 고수해 온 '한인과 한문 배제'의 원칙에서도 실로 중대한 변화를 가져왔다. 영국과 프랑스는 1857

---

65) Fletcher, op. cit., pp.332~350.
66) 「中俄璦琿和約(璦琿條約)」, 田濤 主編, 앞의 책, 155쪽 ; 吉田金一, 앞의 책, 1974, 225~226쪽.

년 봄, 청과 전쟁을 벌이기로 결정하고 미국과 러시아에 공동의 보조를 취할 것을 제안하였다. 미국과 러시아는 참전을 거부하였지만 조약의 개정을 위한 교섭에는 참가하겠다는 방침을 정했다. 이에 따라 푸탸틴은 홍콩으로 가서 각국의 전권대표와 합류하였다. 이로써 러시아는 〈네르친스크조약〉이래 약 170년 동안 지속되어온 청과의 '특수' 관계를 청산하고 영·불·미의 대오에 동참하기로 결정하였다고 할 수 있겠는데, 이는 곧 네르친스크-캬흐타조약체제의 붕괴를 의미하는 것이었다. 이 시기 교묘한 외교 술책을 구사한 푸탸틴은 1858년 6월 13일 〈천진조약〉의 조인을 이끌어내었다. 전문(全文) 12개조의 〈천진조약〉은 러시아가 우위에 선 명실상부한 '불평등조약'이었다. 이로써 청과 러시아의 관계는 질적인 변화를 겪게 되었다. 〈천진조약〉은 비준의 과정에서 우여곡절을 겪어야 했지만, 결국에는 1860년 11월 14일 〈북경조약〉이 체결되었다. 이로써 네르친스크-캬흐타조약체제가 완전히 붕괴되고 이를 대신하는 천진-북경조약체제가 성립되었다.[67]

〈북경조약〉은 〈네르친스크조약〉과 〈캬흐타조약〉을 공식적으로 무효화하였으며, 우수리강 동쪽 지역마저 러시아의 영토로 확정지었다. 1861년부터는 이번원이 아닌 총리각국사무아문(總理各國事務衙門)이 대러시아 외교를 담당하기 시작했다. 러시아에서는 원로원이 아닌 외무성이 총리아문의 상대가 되었다. 북경에는 러시아의 공사가 파견되어 상주하기 시작하였다. 청도 러시아에 상주 사절을 파견하게 되었지만, 실제 러시아에 청의 공사관이 개설되고 공사가 파견된 것은 1878년의 일이었다.[68]

이처럼 이 두 조약의 내용은 다름 아닌 '네르친스크-캬흐타조약

---

67) 吉田金一, 앞의 책, 1984, 230~240쪽.
68) 위의 책, 237쪽.

체제'의 붕괴를 의미하였을 뿐만 아니라, '한인과 한문 배제'의 원칙에도 의미 깊은 변화를 가져왔다. 〈천진조약〉의 교섭을 맡은 청의 대표는 桂良과 花沙納이었고, 조약의 비준서 교환은 肅順과 瑞常이 맡았으므로, '한인 배제'의 원칙은 여전히 관철되었던 것으로 보인다.69) 하지만 교환 조약문의 언어로는 종래의 러시아어와 만주어에 더해서 한문이 처음으로 사용되었다. 비록 만주어 조약문이 정본으로 명시되긴 하였지만, 지금까지 러시아와 체결한 조약에서 청이 일관되게 한문 조약문을 작성하지 않았다는 사실에 비추어볼 때, 이는 매우 의미심장한 변화라고 하지 않을 수 없다.70) 게다가 공친왕(共親王) 奕訢이 전권대표가 되어 체결한 〈북경조약〉의 경우는 쌍방이 모두 오직 한문으로 작성된 조약문을 교환하였다.71) 이로써 한문 배제의 원칙은 완전하게 무너져 버렸다. 〈북경조약〉은 그 내용에서만이 아니라 조약문의 언어라는 측면에서도 네르친스크-캬흐타조약체제의 완전한 부정이었던 것이다.

〈북경조약〉 이후 청과 러시아는 국경의 획정과 관련되는 몇몇 조약을 더 체결하였다. 먼저 만주 지역에서는 〈북경조약〉 제1조와 제3조에 의거해서 국경의 획정을 위한 작업이 진행되어, 1861년에 〈흑룡강정계기문(黑龍江定界記文)〉이 체결되었다. 한편 〈북경조약〉 제2조에서 대강이 결정된 서쪽 국경의 획정과 관련해서는, 1864년에 〈타르바가타이국경획정의정서(國境劃定議定書)〉가 조인되었다. 그리고 양국은 경계비를 세우기 위한 작업을 진행하여, 〈우리야스타이계약(界約)〉(1869)과 〈홉도계약(界約)〉(1870), 그리고 〈타르바가

---

69) 桂良은 만주 정홍기(錢實甫 編, 앞의 책, 3200쪽), 花沙納은 몽고 정황기(같은 책, 3181쪽), 肅順은 종실(같은 책, 3249쪽), 瑞常은 몽고 양홍기 출신이다(같은 책, 3246쪽).
70) 「中俄天津和約(天津條約)」, 田濤 主編, 앞의 책, 162~165쪽.
71) 「中俄續增條約幷烏蘇里河東界約」, 위의 책, 248·251쪽.

타이계약(界約)〉(1870)을 체결하였다. 이들 국경조약에서의 청의 체약대신과 교환 조약문을 정리해 보면 〈표 1〉과 같다. 여기서 확연하게 드러나는 것은 체약대신과 교환 조약문에서 보이는 '한인과 한문의 배제' 현상이다. 〈천진조약〉과 〈북경조약〉에도 불구하고 네르친스크-캬흐타조약체제의 '흔적'이 여전히 남아있는 것이다.

〈표 1〉 1860년대의 청-러시아 국경조약

조약명칭	체결년도	청의 체약대신	교환 조약문의 언어	
			청 → 러시아	러시아 → 청
黑龍江定界記文	1861	成琦(倉場侍郎) 景綸(吉林將軍)	만주어 러시아어	러시아어 만주어
타르바가타이 國境劃定議定書	1864	明誼 錫霖 博勒果索	러시아어와 만주어	
우리야스타이界約	1869	榮全	러시아어와 만주어	
홉도界約	1870	奎昌(參贊大臣)	러시아어와 만주어	
타르바가타이界約	1870	奎昌(參贊大臣)	러시아어와 만주어	

* 근거자료: 『條約全集』, 274・408・410・498~499・548~549・558~559쪽.
* 成琦(滿洲 正黃旗: 『職官年表』, 3161쪽), 明誼(蒙古 正黃旗: 『職官年表』, 3179쪽), 榮全(滿洲 正黃旗: 『職官年表』, 3253쪽) 등은 소속 기가 확인되며, 景綸(吉林將軍), 錫霖(參贊大臣), 博勒果索(領隊大臣), 奎昌(參贊大臣) 등은 관직과 이름으로부터 한인 관료가 아님을 알 수 있다.

그러나 이런 현상은 국경조약의 특수한 성격에서 비롯된 것으로 보는 쪽이 온당할 듯하다. 〈북경조약〉의 체결로 양국의 국경이 새롭게 확정되는 과정에서 성립된 이들 조약의 체결에는 국경 현지에 대한 지리 지식이 필수적이었고 경계비를 세우기 위해선 현지답사가 요구되었다. 그런데 1860년대에 이들 국경 지역(만주와 신강)의 관직은 아직 한인 관료에게 개방되어 있지 않았다. 따라서 이 시기 국경조약에서 여전히 한인이 '배제'되고 있는 것은 조약이 다루고 있는 문제의 성격으로부터 자연스럽게 파생된 것으로 파악해야 옳을 것 같다. 반면에 국경조약이 아닌 경우를 보면 '한인과 한문의 배제' 원칙이 더 이상 지켜지지 않고 있음을 어렵지 않게 확인할 수 있다. 양국은 1862년에 〈육로통상협정〉을 맺었고, 1869년에는 이에 대한 〈개정협정〉에 조인했다. 이 두 조약에서 청의 대표는 총리아문의 왕대신(王大臣)이었고, 조약의 조약문은 한문과 러시아어로 작성되었다.[72]

국경조약 이외의 주요 조약에서 더 이상 '한인과 한문의 배제'가 적용되지 않게 되었다는 사실은 1881년 〈페테르부르크조약〉에서 더욱 분명한 형태로 관찰된다. 이보다 앞선 1871년에 러시아는 야쿱 벡 정권이 동 투르키스탄을 장악한 상황에서 일리 지역을 점령하였다. 당시 러시아는 청이 일리 지역의 질서를 회복하면 철병하겠다고 밝혔다. 그러나 1877년 좌종당(左宗棠)의 원정군이 야쿱 벡 정권을 완전히 진압하였음에도 불구하고 러시아가 일리를 반환하지 않자, 청은 1879년에 숭후(崇厚)를 러시아 공사로 파견함과 동시에 일리 반환 교섭을 하게 하였다.[73] 1879년 가을 숭후는 〈리바디아(Livadia)조약〉에 조인했다. 그러나 이 조약은 러시아의 요구를 그대로 수용한 것이었으며, 그 가운데 영토의 할양과 무역 특권의 확대 등은 명백한 훈령 위반이자 월권행위였다. 때문에 1880년 초에 귀국한 숭후는 훈령 위반과 월권행위 등의 이유로 재판에 회부되어 '참감후(斬監候)'의 처분을 받았다. 그 때문에 양국 관계가 악화되어 전운이 감도는 상황에까지 이르렀다. 하지만 결국에는 숭후에 대한 사면이 이루어진 뒤 주영공사(駐英公使) 증기택(曾紀澤)이 페테르부

---

72) 「中俄陸路通商章程暨續增稅則」, 田濤 主編, 앞의 책, 315~316쪽 ; 「中俄改訂陸路通商章程」, 같은 책, 487쪽.
73) 숭후는 만주 양황기 출신이다. 錢實甫 編, 앞의 책, 3215쪽.

르크에서 러시아 외무대신과 재교섭을 벌일 수가 있었고, 그 결과 1881년 2월에 〈페테르부르크조약〉이 조인되었다. 동시에 〈개정육로통상협정〉도 체결되었다.74)

이 조약은 청이 러시아와 맺은 조약에서 한인이 전권대표를 맡은 최초의 조약이었다. 또한 러시아어, 한문, 프랑스어의 세 언어로 조약문이 작성되었는데, 프랑스어 조약문을 정본으로 삼았다는 점에서 양국이 체결한 조약의 역사에 있어 획기적인 의미를 갖는다.75) 특히 주목되는 사실은, 여기에서 만주어가 조약문의 언어에서 배제되어 버렸다는 점이다. 이제 네르친스크-캬흐타조약체제에서 뚜렷했던 '한인과 한문의 배제'라는 현상이 완전히 자취를 감추었다고 해도 과언이 아니게 된 것이다.

단, 여기서도 단서는 존재한다. 〈페테르부르크조약〉에서 청은 러시아에 신강 지역의 일부 영토를 할양하였고, 이에 따라 1884년까지 7개의 국경조약이 체결되었다. 〈표 2〉에서 보듯이, 1860년대의 경우와 마찬가지로 이들 국경조약에서 청의 대표에는 한인 관료가 없었으며 조약문도 러시아어와 만주어로 작성되었다. 하지만 이 경우도 1860년대와 마찬가지로 국경조약의 특수성에서 비롯된 것으로 해석하는 것이 타당할 것이다.

1880년대 전반에 체결된 일련의 국경조약 이후, 청과 러시아가 체결한 여러 조약에서는 오히려 만주어를 조약의 언어로 사용한 경우를 찾기가 어렵게 되었다. 만주어가 사용된 경우는 세 부류에 그친다. 첫째는 1886년의 〈혼춘계약(琿春界約)〉과 〈우수리하동계약(河

---

74) Immanuel C.Y. Hsu, "Late Ch'ing Foreign Relations, 1866~1905", John K. Fairbank, eds., *The Cambridge History of China Volume 11 Late Ch'ing, 1800~1911, Part II*, Cambridge University Press, 1980, pp.88~96.

75) 「中俄改訂條約及陸路通商章程(光緒七年中俄改訂條約)」, 田濤 主編, 앞의 책, 662쪽.

〈표 2〉 1880년대 초의 청-러시아 국경조약

조약명칭	체결년도	청의 체약대신	조약문의 언어	
			청 → 러시아	러시아 → 청
重訂일리界約	1882	長順	만주어	러시아어
重訂캬슈가르 東北境界約	1882	沙克都林札布	만주어와 러시아어	
續訂캬슈가르 西北境界約	1884	沙克都林札布	만주어와 러시아어	
重訂홉도界約	1883	升泰 額爾慶額	만주어와 러시아어	
홉도 新界牌博記	1883	額爾慶額	만주어와 러시아어	
타르바가타이 北段牌博記	1883	升泰	만주어와 러시아어	
重訂타르바가타이 西南界約	1883	升泰	만주어와 러시아어	

* 근거자료: 『條約全集』, 677~678・686~688・705~707・711~716・720~730・734쪽.
* 長順(滿洲 正白旗: 『職官年表』, 3183쪽)과 升泰(蒙古 正黃旗: 『職官年表』, 3131면)는 소속 旗가 확인되며, 沙克都林札布(領隊大臣)와 額爾慶額(科布多幫辦大臣)은 관직과 이름으로부터 한인 관료가 아님을 알 수 있다.

東界約〉의 경우이다. 이 두 조약은 국경조약인 데다가 1861년의 〈흑룡강정계기문〉의 연장선상에 있는 조약이었기에 만주어가 사용된 것으로 보인다. 게다가 비록 만주어 조약문이 정본으로 지정되었으나, 한문 조약문도 함께 작성되었다는 사실은 눈여겨볼 대목이다. 또한 당시 청의 수석 대표는 한인인 오대징(吳大澂)이었다.[76] 둘째는 〈회정(會訂)타르바가타이합살극귀부조약(哈薩克歸附條約)〉(1884)과 〈수회파이로극산문약(收回巴爾魯克山文約)〉(1893), 그리고 〈관할

---

[76] 「中俄續增條約幷烏蘇里河東界約」, 田濤 主編, 앞의 책, 252~253쪽 ; 「中俄琿春東界約曁交界道路記」, 같은 책, 785~786쪽.

합살극등처조관(管轄哈薩克等處條款)〉(1893)이다. 이들 조약에서 청은 만주어 조약문과 한문 조약문을, 러시아는 러시아어 조약문과 '회문(回文)' 조약문을 각각 작성하여 교환하였다. 청의 대표에는 한인 출신이 아무도 없었다.[77] 신강의 카자흐족의 귀속 문제와 관련하여 체결된 조약임에도 불구하고 한문 조약문이 작성되었다는 사실이 오히려 눈길을 끈다. 셋째는 1892년의 〈변계육전상접조약(邊界陸電相接條約)〉이다. 이 조약의 조약문은 만주어, 한문, 러시아어, 프랑스어 등 네 가지 언어로 작성되었다. 하지만 프랑스어 조약문이 정본으로 지정되었으며, 이 조약에서 청의 대표는 한인인 이홍장(李鴻章)과 성선회(盛宣懷)였다.[78]

이상 세 부류의 조약에서는 비록 만주어 조약문이 작성되긴 하였지만, 과거처럼 한인과 한문이 동시에 배제되지는 않았으며, 대부분이 국경조약의 성격이었다. 이들 조약을 제외한다면 1890년대 이후 청과 러시아가 체결한 조약들에서는, 첫째 조약의 조약문은 한문, 러시아어, 프랑스어 등으로 작성되었고 만주어는 조약의 언어로서 완전히 자취를 감추었다는 사실, 둘째 거의 대부분 한인 관료가 청의 대표가 되어 교섭과 조인을 맡았다는 사실을 그리 어렵지 않게 발견할 수 있다.

5. 맺음말

'네르친스크-캬흐타조약체제' 아래에서 청의 대러시아 외교 운영

---

[77] 「中俄塔爾巴哈臺哈薩克歸附條約曁管轄哈薩克等處條款」, 田濤 主編, 위의 책, 743~745쪽 ; 「中俄巴爾魯克收山文約曁續立善後事宜文約」, 같은 책, 865~867쪽.

[78] 「中俄邊界陸電相接條約曁陸路電約續訂知照又陸綫續約」, 위의 책, 852~855쪽.

에서 교섭의 주체는 만주인이었으며, 만주어를 중심으로 러시아어, 몽골어, 라틴어 등의 언어가 교섭의 언어로 사용되었다. 즉, 청은 대러시아 외교 운영에서 '한인과 한문의 배제'를 원칙으로 삼고 있었다. 이 원칙에 의한 '네르친스크-캬흐타조약체제'는 청의 입장에서 볼 때 중요한 특징 가운데 하나였다고 할 수 있다. 그러나 1858~1860년에 걸쳐 '천진-북경조약체제'가 성립하면서 '한인과 한문의 배제' 원칙은 형해화(形骸化)의 운명을 맞이하였다. 다만 국경조약들이 예외가 되었을 뿐, 천진-북경조약체제 아래에서 교섭의 언어는 만주어로부터 한문으로 바뀌었으며, 1881년 〈페테르부르크조약〉 이후 교섭의 주체는 만주인이 아니라 한인 관료로 변화되었다.

이러한 변화는 19세기 후반 청 내부의 권력 구조 변화, 나아가서는 국가 성격의 변화, 즉 한인 관료의 정치적 성장과 밀접한 관계가 있는 것이다. 하지만 시각을 좁혀서 청의 대러시아 외교의 성격 변화라는 측면에서 보자면 다음과 같은 설명이 가능하지 않을까 한다. 17~18세기의 청조는 대러시아 관계를 넓게 보아서 몽골 문제의 일부로 다루었고, 따라서 한인과는 기본적으로 무관한 문제로 취급하였다. 네르친스크-캬흐타조약체제 아래에서 청의 대러시아 외교 운영에 나타나는 '한인과 한문의 배제'라는 현상은 이런 시각에서 이해가 가능할 것으로 보인다. 반면에 19세기 '서세동점'의 상황 속에서 청에게는 몽골 문제가 더 이상 과거와 같은 무게를 지니지 못하였다. 또한 러시아 역시 영국을 필두로 한 서양 열강의 대오에 합류하였다. 청의 입장에서 19세기 후반의 대러시아 외교는 열강을 상대로 한 외교의 일부가 되지 않을 수 없었다. 이 시기 청의 열강에 대한 외교에서는 증국번·이홍장과 같은 한인 관료들이 주도적인 역할을 하였다. 그리고 천진-북경조약체제 아래에서 청의 대러시아 외교는 한인 관료가 교섭을 담당하였고, 만주어가 아닌 한문이 교섭의 언어로 사용되었다.

19세기의 러일관계와 동아시아 질서*
- 삼국간섭 이전 일본의 러시아 위협론과
  대아시아정책론의 연관성을 중심으로

박 영 준**

1. 문제의 제기

러일전쟁은 20세기 전반기 동아시아 질서에 크게 영향을 미친 일대 사건이었다. 19세기 들어 동북아 지역에서 영향력을 확장해 오던 유럽의 강국 러시아와 명치유신 이후 부국강병정책을 통해 국력을 증강시켜 오던 일본이 서로 자웅을 겨룬 이 전쟁은 20세기 전반기 동북아의 패권전쟁이었다고 할 만하다. 그렇다면 러일전쟁 이전의 시기에 일본과 러시아는 과연 상대방에 대해 어떻게 인식하고 있었으며, 그에 따른 대외정책은 어떠하였는가? 양국이 서로를 안보정책 및 군사전략상의 위협으로 인식한 기점은 언제였으며, 그러한 위협인식이 대외정책에는 어떠한 영향을 주었는가? 이 글에서는

---

* 이 글은『일본연구논총』제25호(2007년 여름)에 "근대 일본의 국제질서관과 대외정책론: 명치기의 러시아 위협론과 아시아 정책론의 연관성을 중심으로"의 제목으로 발표된 바 있다.

이러한 문제의식에서 명치유신 이후 청일전쟁에 이르는 시기 동안 일본에서 나타난 대러시아 인식의 변화를 추적하고, 그에 따라 대외정책론이 어떻게 전개되었는가를 조망하고자 한다.

이 글은 우선 러일전쟁의 발발 배경의 일환으로서 일본의 대외관, 대러시아 인식에 대한 연구로서의 성격을 갖게 될 것이다. 이미 명치유신기 일본의 대외관 및 러일전쟁에 대해서는 일본 내외에서 상당한 연구가 이루어진 바가 있다.[1] 이 글에서는 명치기 대러시아 위협론의 형성과 변천이 어떻게 러일전쟁 발발 요인으로 작용하게 되는지에 초점을 맞추면서 기존 연구를 보완하고자 한다.

이 글은 또한 19세기 일본의 아시아정책, 특히 대(對)조선정책에 대한 연구로서의 성격도 갖는다. 일본의 아시아정책과 조선정책에 관해서는 예컨대 征韓論, 강화도사변, 조선 개국, 갑신정변, 청일전쟁, 을미사변 등에 관한 연구들에서 적지 않은 성과들이 이루어진 바 있다.[2] 그러나 종래의 연구는 이 주제들을 주로 일본과 조선, 혹은 일본과 청국 간의 양자관계에 초점을 맞추어 다루어 왔다. 그런데 19세기 일본의 아시아정책과 대조선정책은 명치유신 이후 일본 정책결정자들의 변화된 국제질서관과 대외정책론의 연장선상에서

** 국방대학교 안보대학원 교수

1) 이 분야의 주요 연구로는 岡義武, 「日淸戰爭と當時における對外意識」, 『國家學會雜誌』 68卷 3·4號(1953.8) 5·6號(1955.2) ; 植手通有, 『日本近代思想の形成』, 岩波書店, 1974) ; 芝原拓自, 「對外觀とナショナリズム」, 芝原拓自·猪隆飼明·池田正博 編, 『對外觀: 日本近代思想大系12』(岩波書店, 1989)(이하 『對外觀』으로 약칭) 등이 있고, 개인별 대외관을 다룬 연구로는 安岡昭男, 「岩倉具視の外交政略」, 『法政史学』 21(1969.3) 등이 있다.

2) 근대 일본의 아시아 인식 및 정책에 대한 기존 연구로는 本山幸彦, 「アジアと日本」, 橋川文三·松本三之介 編, 『近代日本政治思想史1』(有斐閣, 1971) ; 坂野潤治, 『明治·思想の實像』(創文社, 1977) ; 咸東珠, 「明治期 일본의 아시아주의와 國權意識」, 『日本歷史硏究』 제2집(일본역사연구회, 1995.9) 등을 들 수 있다.

결정된 것임이 분명하다. 따라서 근대 일본의 아시아정책과 조선정책의 의미를 명확히 파악하기 위해서는 동시대 일본의 글로벌 레벨에서의 국제질서관과 위협인식을 상호연관지어 파악할 필요가 있다.[3)]

이 같은 문제의식 아래 이 글에서는 명치기 일본 지식인과 관료들의 국제질서관과 대외정책론을 검토하면서, 러시아 위협론이 근대 일본에 연면히 이어졌고, 러시아 위협론에 대한 대응 정책론으로서 아시아정책과 조선정책이 추진되었음을 밝힐 것이다.

2. 근대 일본의 국제질서관과 그 특성

1) 구조적, 계층적 국제질서관

1868년, 서남웅번 및 조정의 공경들이 주도하는 가운데 도쿠가와 막부가 무너지고 천황에게 정권이 이양되었다[王政復古]. 명치 신정부의 주도세력은 그들의 존황(尊皇) 슬로건에 따라 도쿠가와 막부를 대체하여 천황 중심의 정치체제를 구축하는 데에 성공하였지만, 그들이 주창해 온 또 다른 슬로건인 양이(攘夷)의 주장이 그들이 파악하고 있던 국제질서의 현실과 부합되지 못하는 공허한 것임을 이미 알고 있었다. 명치 정부 수립 직후 발포한 일종의 천황의 통치방침인 5개조 서문 가운데 "널리 세계로부터 지식을 구한다."는 내용이 포함된 것은 이미 새로운 지식과 문명의 생산지가 일본이 아닌 서구 세계에 있음을 신정부 자신이 인정하고 있었음을 드러내고 있

---

3) 근대 일본의 아시아정책을 연구함에 있어서 동아시아에 있어 서구 열강의 존재를 포함하여 고려해야 한다는 문제제기에 관해서는 大沢博明, 「明治前期の朝鮮政策と統合力: そのアジア主義的傾向を中心に」, 日本政治学会編, 『年報政治学1998: 日本外交におけるアジア主義』, 岩波書店, 1999 등을 참조.

다. 그렇다면 명치 신정부하의 관료들과 지식인들은 국제질서의 구조와 그 속에서 일본의 위상을 어떻게 파악하고 있었던 것일까.

명치시대의 개명 지식인과 관료들은 국제질서를 시스템적으로, 계층적(階序的)으로 파악하는 특성을 보여주고 있었다. 논자들에 따라 계층을 가름하는 기준으로서는 문명의 발달 정도, 혹은 정치적 독립 여부 등의 변수가 중시되었다. 명치 정부의 실력자였으며, 문부상 등을 역임하게 되는 모리 아리노리(森有禮)는 1874년에 『明六雜誌』에 발표한 글에서 "국내의 정치를 전치(專治)하고 외국과 교제를 약속할 수 있는" 독립의 단계를 자유독립, 약속독립, 공납(貢納)독립의 3가지 유형으로 나누고 각 유형에 해당하는 국가들을 계층화시키고 있다. 그에 따르면 "내정을 전치(專治)하고 외국과 어떤 모양의 조약을 체결해도 자유로이 독립을 얻는 바의 권력있는" 국가를 가리키는 자유독립 국가로서 러시아, 독일, 오스트리아, 이태리, 프랑스, 네덜란드, 덴마크, 스웨덴, 스페인, 포르투갈, 리베리아, 미국, 일본을 포함시키고 있다. 그리고 "외국의 약속에 의거하여 그 독립 보증을 얻거나 혹은 압제됨을 어찌지 못하고 외국과 조약을 체결하여 그 속박을 받아 영구히 그것을 벗어나지 못하는" 약속독립 국가로서는 중국, 태국, 터키, 그리스, 벨기에, 스위스 등을 들고 있다. 그리고 "공(貢)을 외국에 납부하여 그 형태가 비록 부속되는 상황이지만 다만 그 실(實)이 내정을 전치(專治)하고 또 외국과 조약을 잘 체결하는 권력을 가진" 공납독립의 국가로서 아시아의 조선, 티베트, 유럽의 塞爾維亞, 아프리카의 摩洛哥, 突尼斯, 的利波里 등을 들고 있다.[4] 이 글에서 모리는 일본이 자유독립의 단계에 있다고 설명하고 있지만, 일본의 문화가 아직 미흡하고 병력이 강하지 못하고, 정치와 법령이 아직 정해지지 못해서 자유독립의 행사가 어려

---

4) 森有禮, 「獨立國權義」, 『明六雜誌』 제7호, 1874년 5월.

운 면이 있음을 실토하고 있다.

독립의 기준에서 국제질서를 계층화하는 사고방식은 역시 명치정부의 실력자이면서 1880년대에 외무상을 역임하는 이노우에 카오루(井上馨)에게도 나타난다. 그는 1887년에 내각에 회람시킨 글에서 아프리카 및 아시아 여러 나라들이 유럽에 병탄되고 있음을 지적하면서, 비서구 지역에서 이론상으로나 실제상으로 독립의 지위를 지키는 국가로서는 일본과 중국 2개국이 있을 뿐이라고 주장한다.5)

국가들 간의 계층을 구분하는 기준으로 보다 널리 적용된 것은 문명개화의 발달단계였던 것으로 보인다. 명치시대의 대표적인 계몽사상가 후쿠자와 유키치(福澤諭吉)는 1875년 발간된 『文明論之槪略』에서 국제질서를 문명개화의 발달단계에 따라 야만, 반개(半開), 그리고 문명의 단계로 계층화한다.6) 그에 따르면 야만이란 "자연의 힘을 두려워하고 인위적인 은위(恩威)에 의존하고 우연의 화복(禍福)을 기다릴 뿐 스스로 궁리하는 자가 없"는 상태로서, 아프리카·호주 등이 이에 해당한다고 본다. 반개(半開)의 상태란 "농업의 길이 크게 트이고 의식(衣食)이 구비되며 집을 지어 도읍이 생겨 그 외형은 버젓한 나라이지만 그 내실을 살펴보면 부족한 것이 대단히 많"은 상태, 혹은 "모방에는 능란하나 새로운 물건을 만드는 창의력이 부족하며 옛것을 터득할 줄만 알고 그것을 고쳐나갈 줄을 모르며", "인간 교제에 규칙이 없는 것은 아니나 관습에 압도되어 규칙의 체제를 갖추지 못하는" 상태를 말하는데, 지역적으로는 터키·중국·일본 등 아시아의 여러 나라가 이에 해당된다고 지적한다. 그에 의하면 야만 및 반개보다 앞선 문명의 단계란, "세상의 모든 사

---

5) 그는 아프가니스탄, 쿠바, 페르시아, 태국, 조선 등은 유럽 각국의 식민정략에 대항할 수 있는 힘을 갖고 있지 못하다고 본다. 井上馨, 「條約改正問題意見書」(1887.7.9), 『對外觀』.

6) 이하는 후쿠자와 유키치(福澤諭吉), 『文明論의 槪略』, 1875, 제2장을 참조.

물을 규칙의 틀 안에 편입시키지만 그 틀 안에서 스스로 다부진 활동을 전개하고, 기풍이 발랄하여 구습에 빠지지 않고 스스로 일신을 다스려 남의 은위(恩威)에 의지하지 않는" 상태, "과거를 섬기지 않고 현재에 만족하지 않으며", "학문의 길은 공허하지 않고 발명의 기초를 닦으며 상공업은 나날이 번창하여 행복의 근원을 이루고 인지(人智)는 오늘 사용해도 그 여분이 남아돌아 후일의 계획을 짜는 듯이 보이는" 상태를 말하며, 지역적으로는 유럽의 여러 나라와 미합중국이 최상의 문명국이라고 하였다.

문명발달 단계에 의한 국제질서 구분론은 동시대에 널리 공유된 사고양식이었던 것으로 보인다. 『朝野新聞』 기자였던 쿠사마(草間時福)도 1875년에 기고한 칼럼에서 개화진보의 정도에 비추어 볼 때 일본은 구미제국에는 뒤떨어지지만, "완고우둔(頑固愚鈍)한 지나(支那)"와 "고루(固陋)한 조선"에는 능가한다고 자부하고 있다.7) 1879년 6월 『橫浜每日新聞』에 실린 칼럼은 문명개화의 정도에 있어 일본이 인도, 페르시아, 안남, 버어마, 조선 등에 우월한 "동양(東洋)의 상등국(上等國)" 지위가 되었을 뿐 아니라 포르투갈, 스페인, 벨기에, 네덜란드 등 유럽의 어지간한 나라들과 어깨를 나란히할 정도가 되었다는 국제질서관을 피력한다.

> 제국 외교 이래 정체(政體) 정법(政法)이 진보함은 독일과 러시아에 비교해도 부끄러움 없고, 학술 문예 진보함은 포르투갈과 스페인에 비교해도 양보함이 없고, 민업물산(民業物産)의 성대함은 터어키와 이집트에 비교하면 그 앞에 서고, 육해군을 진흥하고 항해를 내외에 열어 都府邑里가 宏壯淸麗 함은 동방제국이 미치지 못하는 바이

---

7) 쿠사마는 일본이 중국 및 조선에 비해 개화진보의 정도가 앞서게 된 이유가 명치 초년의 개혁에 기인한다고 분석하고 있다. 草間時福,「變革を論ず」,『朝野新聞』(1875.9.29),『對外觀』, 96쪽.

어서 우리 제국은 실로 전 아세아의 쟁쟁한 나라가 되었다. 이를 유럽의 포르투갈과 스페인, 벨기에와 네덜란드 사이에 위치한다는 것은 우리 개진가(開進家)들 간에 보증하는 바이다.8)

전쟁수행능력, 군비의 보유 여하 등 군사적 관점에서 문명의 단계 및 대국과 약소국을 구분하는 사례도 나타나고 있다. 나카에 초민(中江兆民)의 『三醉人經綸問答』(1887)에 등장하는 호걸군(豪傑君)은 현대의 문명국이란 전쟁을 훌륭하게 치를 수 있는 나라를 가리키며, 구체적으로 영국·프랑스·독일·러시아가 가장 진보한 문명국이라고 주장하고 있다.9)

이같이 명치기의 관료들과 지식인들은 독립의 형태, 문명개화의 발달단계, 혹은 전쟁수행능력 등의 기준에 따라 국제질서를 구조적·계층적으로 파악하였고, 그 속에서 일본의 위상이 어디에 위치하는가에 각별한 관심을 기울였다. 이러한 계층적 국제질서의 구조 속에서 일본의 위상이 어디에 위치하는가에 관해 약간씩 견해의 차이는 존재하였다. 다만 대체로 일본이 영국, 러시아, 프랑스, 프러시아, 미합중국 등의 문명 국가들에 비해서는 상대적으로 반개(半開)의 지위에 처해 있으나, 명치유신 이후 개혁의 수행에 의해 아시아 여러 나라들에 비해서는 '상등국'의 지위에 있다고 간주하는 인식이 보편적으로 통용되고 있었던 것으로 보인다.10)

---

8) 「東洋諸國の形勢」, 『橫浜每日新聞』(1879.6.27~6.28), 『對外觀』, 140쪽.
9) 나카에 초민(中江兆民) 지음, 연구공간 수유너머 일본근대사상팀 옮김, 『삼취인경륜문답(三醉人經綸問答)』(1887), 소명출판, 2005, 91~92쪽. 같은 책에 등장하는 양학신사(洋學紳士)는 학술의 정밀성, 농공상업의 번창, 군사력 보유, 자유화의 정도에 따라 유럽의 영국, 프랑스, 독일, 러시아 등 4개국이 가장 강대하며, 일본은 이에 대해 소국이라고 진단하고 있다. 50~51쪽.
10) 마루야마 마사오는 태평양 전쟁 직후에 쓰여진 논문에서, 태평양전쟁기 일본의 초국가주의란 "모든 나라의 종주국인 일본에 의해서 각 국가들이

2) 쟁탈세계(爭奪世界)와 강병부국(强兵富國)

국제질서를 계층적으로 파악하는 인식이 지배적인 한 주권국가 간 평등의 관념은 정착되기 힘들다. 그런 점에서 근대 일본에 국가 평등관념이 뿌리를 내리지 못하고, 그에 대체하여 약육강식적 권력정치관이 비대해졌다는 지적은 정당하다.11) 주권국가 간 평등의 관념이 정착되지 않는 한 보편적 국제법, 즉 만국공법(萬國公法)의 효력과 위상에 대해서도 신뢰가 형성되기 힘들다. 명치기의 일본에서 만국공법에 대한 관심이 약했던 것은 아니지만, 대부분의 관료와 지식인들은 국제질서의 규율을 관장하는 궁극적인 척도는 만국공법보다는 자주와 부강의 권력에 있다고 보았다.

명치유신의 주역 가운데 하나였던 기도 다카요시(木戶孝允)는 1868년 11월 8일부의 일기에서 "병력이 조달되지 않을 때에는 만국공법도 원래 믿을 수 없는 것"이며, "때문에 만국공법은 약한 국가를 탈취하는 하나의 도구"에 불구하다고 지적하고 있다.12) 왕정복

신분적 질서 속에 위치 지워지는 것이 세계평화"라는 의식에 다름아니었다고 분석한 바 있다. 마루야마 마사오, 김석근 옮김, 「초국가주의의 논리와 심리」, 『현대정치의 사상과 행동』, 한길사, 1997, 63쪽. 명치기 일본 지식인들의 국제질서 인식은 일본이 종주국이 되기 이전의 원형적인 상태를 가리킨다고도 할 수 있다.
11) 植手通有, 『日本近代思想の形成』, 岩波書店, 1974, 272쪽. 우에테 미치아리는 근대 일본에서 약육강식적 권력정치관이 현저해진 이유로서, 첫째 일본이 서양제국의 압력에 의해 개국하면서 대외적 위기감이 고양된 것, 둘째 명치유신 전후의 시기에 서양 열강의 대외정책이 팽창주의 경향을 띠기 시작한 점, 셋째 전통 동양의 세계에서 문명의 통일성과 국제적 상호관계가 결여되어 있었던 점, 넷째 개인의 자유나 권리 관념이 불철저했던 점 등을 들고 있다. 같은 책, 273~275쪽. 이러한 요인에 더해 본문에서 지적하고 있는 것처럼 명치기 지식인과 관료들이 국제질서를 계층적으로 구조화하여 파악하고 있었던 점도 배경의 하나가 될 수 있을 것이다.
12) 芝原拓自, 「對外觀とナショナリズム」, 『對外觀』, 467쪽.

고 당시 조정 공경세력의 실질적 리더였고, 명치유신 이후에도 대외정책에 깊숙이 관여했던 이와쿠라 토모미(岩倉具視)도 1875년에 제출한 상서(上書)에서 공법(公法)에 대해 다음과 같은 인식을 피력하고 있다.

> 今日의 世態는 비유하자면 一大 바둑(碁局)과 같습니다. 列國 星羅하여 碁布하고 어긋남을 서로 連하여 一着을 그르치면 黑白 승패가 갈라지는 것이 순식간인 것처럼 보입니다. 그렇다고 해도 邦國이 서로 교제하는 交和를 보호하고 治安을 보호하는 公法이 있기 때문에 그 事를 統하고 訴를 斷합니다. 소위 公法은 公義의 大道로서 이를 情에 헤아리고 이를 理에 규정하여 그 理는 精微하고 그 道는 廣大 不偏不黨하여 치우침이 없습니다. 그렇다면 즉 貧國이 弱兵하고 政治가 이루는 바 없어도 믿음으로써 염려하지 않아도 되는 것입니까. 크게 보아 그렇지 않습니다. 公法에 말하기를 나라의 上權은 自主 自護보다 큰 것은 없다고 합니다. 또 말하기를 強國이 서로 竝立하는 것은 勢를 均하고 衡을 齊하여 一國으로 하여금 전횡하지 못하도록 하는 것이라고 해도 (強國이) 公法에 編入되지 않는다고 합니다. 때문에 政紀를 振立하고 國律을 확정하고 富強을 스스로 갖추는 것이 自護의 핵심이고 交際를 整理하고 對等한 權을 점하는 것이 自主의 최상의 것입니다.[13]

즉, 기도와 이와쿠라는 만국공법이 국가들의 교제와 안보를 규율하는 기능을 하고는 있지만, 각국의 자주적인 보호능력과 국가 상호 간의 세력균형[均勢]이 보다 근본적인 국제질서 규율원리임을 강조하고 있는 것이다. 명치 정부의 정책결정가들은 현실의 국제질서를 규율하는 것이 주권국가 간 평등의 관념에 입각한 만국공법보다

---

13) 岩倉具視, 「外交ニ關スル上書」(明治8年 4月), 『岩倉具視關係文書 1』, 1927, 389~390쪽.

도 힘의 우열에 기반한 권력정치의 적나라한 구조임을 일찍부터 간파하고 있었던 것이다.

이러한 권력정치에의 인식은 주요 지식인들 간에도 공유되고 있었다. 후쿠자와 유키치도 1870년대 후반기 이후에 발간한 일련의 저서들에서 만국공법이 "예수교를 믿는 종파의 제국에 통용되는" 제한성을 가지며, "백권의 만국공법이 있다 해도 수문의 대포에 미치지 못"한다고 그 한계를 지적하고 있다.14) 후쿠자와의 문하생으로 『郵便報知新聞』의 기자였던 미노우라 가츤도(箕浦勝人)는 1879년에 쓴 논설을 통해 "만국공법이 때때로 그 소용이 없는 것이 아니라 해도 결코 의뢰할 것은 아니다. 어느 때 비상사태가 되면 그 功을 다할 수 있는 것은 오로지 兵馬의 힘이다. …… 의지할 수 없는 도의(道義)를 믿고 의뢰할 수 없는 만국공법에 의뢰하는 것은 흡사 나무아미타불을 외면서 도적을 방어하려는 것과 같다."라고 하여, 스승과 마찬가지로 만국공법의 유효성에 대해 부정하는 인식을 보이고 있다.15) 명치기의 관료들과 지식인들에 비친 국제질서란 힘과 문명발달의 정도 등에 따라 계층화된 국제질서였으며, 이러한 질서인식 속에서 그들은 만국공법이나 주권국가 간 평등의 관념에 대한 기대를 애당초 갖지 않았던 것이다. 시바하라 다쿠지(芝原拓自)가 명치기 관료들의 대외관을 검토하면서 이들이 공통적으로 "국제적인 권력정치에의 조숙한 관심"을 보였다고 평가한 것은 정곡을 찌른 평가라고 생각된다.16)

이들이 파악한 국제질서는 만국공법이 규율하는 질서라기보다는 오히려 군웅할거의 '전국시대(戰國時代)'이고, '쟁탈세계(爭奪世界)'

---

14) 福澤諭吉, 『通俗國權論』, 1878.9 및 『時事小言』, 1881.7 참조. 安岡昭男, 「岩倉具視の外交政略」, 『法政史學』 21, 1969.3, 10쪽에서 재인용.
15) 箕浦勝人, 「强兵富國論」, 『郵便報知新聞』(1879.4.9~4.10), 『對外觀』, 139쪽.
16) 芝原拓自, 「對外觀とナショナリズム」, 『對外觀』, 469쪽.

에 다름아니었다. 독일, 프랑스, 오스트리아의 유럽 강국들은 터키 내란 시 모하메드 토병이 불가리아의 기독교민을 살육하듯이 그보다 약한 지역과 국가를 정략(政略)전쟁으로서 병탄하고 있다.17) 여러 나라 간에 통용되는 맹약이 있고, 만국공법이 각국 간 교제를 규율한다고 해도, 서구 열강 간에는 러시아-터키 간의 전쟁이나 폴란드 멸망의 사례에서 나타나듯이 "타인의 강토를 침식병탄하여 부강을 꾀하려고 하는 야심"이 끊이질 않는다.18) 이러한 세계인식의 결과 도출되는 국가정책의 방향이란 자명하다. 서구 국가들과 마찬가지로 국가를 부강하게 하는 것[富國强兵]이 국제질서에서 지위를 부상시키고 나름의 역할을 하기 위한 최소한의 전제조건에 다름 아니었던 것이다. 이 시기에 슬로건처럼 유행했던 부국강병(富國强兵)의 어순을 바꾸어, 오히려 군사력을 강하게 하고 그 연후에 부국을 도모하는 강병부국(强兵富國)의 방향이 되지 않으면 안된다고 주장하는 논설이 쓰여질 수 있었던 것은 이 시대의 이러한 국제질서 인식과 밀접히 연동되어 있던 것으로 보인다.19)

---

17) 「歐洲諸國は群雄割據に外ならず」, 『東京日日新聞』(1877.10.10), 『對外觀』.
18) 杉山繁, 「各國交際の形勢を論ず」, 『郵便報知新聞』(1878.2.16), 『對外觀』, 118쪽. 杉山繁은 "강권을 동원하여 약소한 나라를 침탈하지 않고 타방의 권리를 존중하면서 그 국가를 부강하게 하"여, "이 爭奪세계와 분리하여 별도의 천지를 이루고 있는 것은 홀로 聯邦共和國 있을 뿐"이라고 하여 미국의 대외정책이 유럽국가들과 차별되고 있음을 높게 평가하고 있다. 그러나 그는 그러한 미국조차도 페리제독에 의한 일본 개항 시 강압적인 수단을 썼음을 지적하고 있다.
19) 箕浦勝人, 「强兵富國論」, 『郵便報知新聞』(1879.4.9~4.10), 『對外觀』, 139쪽.

3. 명치 초기 러시아 위협론과 대외정책론

1) 대외인식과 러시아 위협론

명치기의 일본 관료들과 지식인들은 국제질서가 강국과 약소국들이 계서적으로 존재하면서, 강국들이 약소국을 잠식병탄하는 약육강식적인 성격을 가진 것으로 보았다. 그리고 러시아는 영국, 프랑스, 프러시아 등과 더불어 국제질서상 강국의 하나로 각별하게 인식하고 있었다. 본 장에서는 명치 초기의 시기를 중심으로 일본의 식자들이 전개한 러시아 인식을 위협론을 중심으로 검토하기로 한다.[20]

일본 지식인들에게 러시아가 소위 쟁탈세계를 대표하는 위협적인 강국으로 인식된 것은 언제부터였을까. 근대 일본의 관료들이 러시아위협론[恐露論]을 갖게 된 것은 개항 이후 영국의 지적 영향권하에 들어갔기 때문이라는 견해가 기존 연구들에는 적지 않다.[21] 그러나 서구 국가들에 개항되기 훨씬 이전부터 일본 식자들 사이에 러시아 위협론이 자생적으로 배태되고 있었음을 주목할 필요가 있다. 시베리아 지역을 개척해온 러시아가 일본과 본격적으로 접촉하기 시작한 것은 18세기 중엽부터이다. 1739년 캄차카를 출항한 스펜베르크 원정대가 일본 아와테 지방에 항행해온 이후 19세기 초반에 이르기까지 수차례에 걸쳐 러시아 사절단이 나가사키 등을 방문했다. 그리고 1800년대 초반에는 통상을 거절당한 러시아 측 파견

---

20) 여기에서 명치 초기란 임의적인 구분으로 1868년 왕정복고 이후 1880년대 초반까지를 가리킨다.
21) 安岡昭男의 경우 岩倉具視, 大久保利通, 木戶孝允, 大隈重信, 山縣有朋 등 명치 정부 실력자들이 러시아 위협론을 갖게 된 것은 현지 관리들의 보고 및 영국 공사 파크스의 영향이 크다고 지적한 바 있다. 安岡昭男, 「岩倉具視の外交政略」, 『法政史學』 21, 1969.3, 15쪽.

대가 홋카이도 연안에 침략하여 약탈을 행한 사건도 발생하였다.22)

이 같은 러시아 측과의 접촉 및 교전 경험은 해금(海禁)체제하에서 외국과의 접촉이 제한되었던 도쿠가와 시대의 식자들에게 깊은 충격을 안겨주기에 충분했다. 양학자 하야시 시헤이(林子平)는 1791년에 저술한 『海國兵談』에서 러시아가 유럽의 가장 강력한 국가가 되어 그 관심이 일본 북방의 쿠릴 열도에 미치고 있음을 지적하면서, 러시아가 침략해올 가능성에 대해 우려를 보이고 있었다.23) 1810년대에 『防海策』을 저술한 사토 노부히로(佐藤信淵)는 아시아 지방으로 진출하고 있는 러시아와 영국에 대한 국방상의 대책이 필요함을 역설한 바 있다.24) 저명한 미토학자(水戶學)인 아이자와 세이시사이(會澤正志齊)도 1825년에 저술한 『新論』에서 러시아가 궁극적으로 터키와 세계의 자웅을 겨루기 위해 일본을 거쳐 청국을 공략할 것으로 전망하면서 그에 대한 일본의 대응을 촉구한 바 있다.25) 이같이 개항 이전의 도쿠가와 막부 체제하에서 활동하던 식자들은 그들의 양학(洋學)적 지식을 배경으로 러시아의 정세에 대해 비교적 정확하게 파악하면서 러시아위협론을 제기하고 있었던 것이다.

1853년 페리 제독에 의해 막부의 개항이 이루어진 직후 막부는 러시아와도 일련의 조약을 체결하면서 근대적 외교관계를 맺게 되었다. 1854년에는 푸탸틴 제독이 이끄는 러시아 대표단과 막부 사이에 화친조약이 체결되어, 시모다·하코다테·나가사키의 3항구가

---

22) 이 주제에 관해서는 George Lensen, *The Russian Push Toward Japan: Russo-Japanese Relations, 1697~1875,* New York, 1959, 1971이 자세하다.
23) 林子平, 『海國兵談』, 住田正一 編, 『日本海防史料叢書』, 海防史料刊行會, 1932 ; Donald Keene, *The Japanese Discovery of Europe, 1720~1830,* Stanford University Press, 1969, p.41도 참조.
24) 佐藤信淵의 『防海策』에 대해서는 松原晃, 『日本國防思想史』, 天理時報社, 1943, 204~205쪽 참조.
25) 會澤正志齊, 「新論」, 今井宇三郎·瀨谷義彦·尾藤正英 編, 『水戶學: 日本思想大系53』, 岩波書店, 1973, 92~93쪽.

개항되었고, 1858년에는 수호통상조약이 체결되었다. 그러나 근대적인 외교관계가 수립된 이후에도 일본의 식자들은 러시아에 대한 위협론을 버리지 않았다. 막말기의 대표적 식자 중 한 사람인 요코이 쇼난(橫井小楠)은 1860년에 저술한 『國是三論』에서 러시아가 아프가니스탄을 둘러싸고 영국과 쟁패를 벌이고 있고, 투르크를 공략하여 지중해 및 대서양으로 진출하려고 함을 소개하면서 이러한 러시아가 아시아 방면에 대해서는 다음과 같은 동향을 보이게 될 것이라고 전망하고 있다.

러시아는 남하계획을 포기하지 않고, 스파이를 인도에 보내어 각지의 왕을 부추기어 반란을 일으키고, 그 혼란을 틈타 영국령이 되어 있는 지역을 취하려고 하였다. 또 청조 중국과도 조약을 체결하여 흑룡강 지방을 빌리고, 블라디보스토크 항을 개항하고, 일본해에 나오는 항로를 확보하고, 조선해에서 남태평양에 향하여 남하하는 염원을 성취하려고 하고 있다. 이 방침은 이미 결정되어 페테르스부르크에서 흑룡강에 걸친 7천여 리에 이르는 철도를 부설 완료하였다고 전해진다. 러시아는 일본과 접촉을 밀접히 하여 에조지의 경계에 관해 까다롭게 말해왔으나 그것은 그와 같은 의도를 기반하고 있는 것이다. 흑룡강은 일본의 북(北)에조의 사할린에 인접해 있다. 블라디보스토크가 번영한다면 여러 나라의 배들이 일본해에 모여 영국과 러시아의 전쟁도 수년 내에 일본 해상에서 격투하게 될지도 모를 형세이다. 일본은 이 일본해의 목구멍을 누르고 있는 것이기 때문에 일본의 향후 진로(出方)는 이 전쟁의 승패에 관계되어 있는 것이고, 당연 양국이 같이 일본을 취하려 하기 때문에 일본으로서는 극히 위험한 경우에 처해 있다.[26]

---

26) 橫井小楠, 「國是三論」(1860), 佐藤昌介·植手通有·山口宗之 編, 『日本思想大系 55』, 323쪽.

즉, 요코이 쇼난은 영국과 러시아가 아시아대륙을 놓고 세력경쟁을 벌이고 있으며, 이 와중에 일본이 위험한 상태에 처할 수 있음을 경고하고 있는 것이다. 쇄국시대의 사토 노부히로(佐藤信淵)나 아이자와 세이시사이(會澤正志齊)가 품고 있던 러시아 위협론, 혹은 러·영 대결론이 개국 이후의 시점에서도 계승되고 있음이 주목할 만하다.

이 같은 러시아 위협론은 왕정복고 이후의 명치 정부 실력자들에게도 이어지고 있다. 이와쿠라 도모미(岩倉具視)는 명치 정부 수립 직후인 1869년에 제출한 외교관련 의견서에서 "에조(蝦夷)지방에 러시아가 害가 되는 것은 생각건대 一朝一夕의 일이 아니다. 잠식(蠶食)하고 병탄(併吞)하는 기세가 충분하여 참으로 큰 우환이라고 이를 만하다. 지금 마땅히 조정의 계획을 세워 단연히 행하는 바가 없다면 그 큰 우환에 이르는 일은 10년을 기다리지 않으니 어찌 깊이 생각하고 멀리 헤아리지 않을 수 있겠는가."라고 하여 러시아의 위협에 대한 대비 필요성을 역설하였다.[27]

신정부의 외교관계를 담당하는 관료들 간에도 러시아 위협론이 공유되고 있었다. 외무권대승(外務權大丞) 야나기하라(柳原前光)는 1870년 이와쿠라에게 제출한 조선정책 관련 보고서에서 "이미 러시아는 만주 동북을 잠식하고 그 형세가 조선을 삼킬려고 한다. ······ (러시아는) 원래 호랑(虎狼)의 국가성격을 갖고 있어서 유럽 동란(보불전쟁)의 틈을 타서 아시아 지역을 약탈하려는 기운이고, 반드

---

27) 岩倉具視,「會計外交等條條意見」(1869年 2月),『岩倉具視關係文書 1』, 317~330쪽. 岩倉은 1875년에 제출한 외교관련 상서에서도 동일한 러시아 위협론을 피력하고 있다. "魯國과 같은 나라는 우리의 樺太에 雜居하여 彼我 交諍이 끊이지 않았고 이전에는 幕府의 遣使 會同했으나 約이 달라以來 經堺의 담판이 이루어지지 못하는 勢가 되었습니다. 魯人들이 세월이 지나 南侵하여 北門의 쇠자물쇠 嚴然하지 않기 때문에 후일 침략도 예방하기 어려울 것입니다." 岩倉具視,「外交ニ關スル上書」(1875年 4月),『岩倉具視關係文書 1』, 1927.

시 진출해 올 것이다."라고 전망하였다.28) 1875년에 러시아와의 치시마-사할린 교환조약 체결의 실무를 담당하였던 에노모토 다케아키(榎本武揚) 러시아 공사도 외무대신 테라시마(寺島宗則)에게 제출한 보고서에서, "노국(魯國)의 기량은 모든 일을 화려하게 하지 않고, 서서히 접근하면서 해낸다. 때문에 새로운 영토인 연해주 지방도 페테르 대제 및 에카테리나 대제가 이미 착목하여 1860년에 이르러 점진적으로 이를 점거하게 된 것이지만, 지금부터 수십년 내에는 아세아주에 위권을 행세할 것은 필연이 아닐 수 없다."라고 하여 러시아의 아시아 팽창 가능성을 우려하고 있다.29)

명치 정부 초기의 핵심 관료들이 인식한 러시아위협론이 가장 결정적인 형태로 표명된 것은 1870년과 1871년에 걸쳐 병부성이 해군건설의 필요성을 건의한 문서를 통해서이다.

옛날 러시아의 표트르(伯德兒) 황제는 傭工으로 변장해 네덜란드에 들어가 스스로 조선의 기술을 배우고, 크게 해군의 기초를 세운 것은 時勢의 사정을 멀리 살펴본 大功業이라고 이를 만하다. 이후 그 원대한 뜻을 이어받아 점차 해군을 증가시키고, 근래에 더욱 강대하게 되어 애써 영국, 프랑스에 필적할 것으로 보여진다. 러시아가 해군을 겸비하는 것은 속담에 소위 호랑이에 날개를 더해준 것으로 그 큰 욕심을 멀고 가까운 곳에 호령하니 어찌 한도가 있을 수 있겠는가. …… 러시아의 품은 뜻이란 아시아와 유럽의 두 대륙을 하나로 합쳐 스스로가 보유하려는 것이다. 그런데 그 손을 대는 것은 가까운 곳을 먼저 먼곳을 나중에, 어려운 곳을 미루고 쉬운 것을 취하여 점차로 국토를 확대했다. 따라서 유럽의 동쪽 변경과 아시아의 북부에서 러시아와 경계를 접한 나라는 하나라도 그 侵蝕을 받지 않을 수 없다. 그런데 아직 크게 그 뜻을 펼치지 못한 곳은 아시아이

---

28) 柳原前光, 「朝鮮論稿」(1870.7.28), 『對外觀』, 14~15쪽.
29) 榎本武揚, 「樺太問題 朝鮮政策につき意見書」(1875.1.11), 『對外觀』, 43쪽.

다. 해군을 준비하여 根據로 삼을 만한 좋은 지역을 얻지 못했기 때문이다. 그들은 예전부터 터어키(土耳古)를 점령하고 지중해에 돌출하여 아시아와 유럽의 두 대륙을 중간에서 차단하려고 했다. 영국과 프랑스는 힘을 합하여 이에 저항하여 이를 완수하지 못하게 했다. 근년에는 흑룡강에 연한 만주지역을 취하여 우리의 북해도 및 조선과 경계를 접하였고 연이어서 皇國, 支那, 朝鮮의 북쪽 경계를 밀고 들어왔다. 지금 만일 東海에 돌출하여 良港을 얻어 해군을 정비할 때에는 그 큰 욕심을 끝내 制止하지 못하고 두 대륙의 큰 피해가 이에 필적할 만한 것은 없을 것이다. 실로 皇國으로써는 경계해야 할 제일의 사안으로서 단연 이를 억눌러 저지할 큰 방책을 강구하지 않으면 안될 것이다.30)

병부성은 이러한 러시아위협론에 기반하여 1871년 병부대보(兵部大輔) 야마가타 아리토모(山縣有朋)가 병부소보 가와무라 스미요시(川村純義), 사이고 스구미치(西鄉從道) 등과 연명으로 제출한 육해군 건설정책 관련 건의서에서 제1의 가상적국을 러시아로 상정하여 가장 엄중하게 대비해야 할 국가로 지목하게 된다.31)
명치 정부의 주요 관료들에게 공유되고 있었던 러시아위협론은 민간 지식인들 사이에서도 보편적으로 퍼져 있었던 것으로 보인다. 『東京日日新聞』 편집장을 지내던 구보다(久保田貫一)는 러시아-터키 간에 전운이 무르익던 1877년에 기고한 칼럼에서 유럽과 아시아에 강역을 가진 러시아가 세계를 노려보면서 터키의 내분을 틈타 흑해에 진출하려고 하고 있다고 하면서, "러시아 군대는 우선 영국의 금고인 인도의 배후를 공격하고, 나아가 아시아 대주(大洲)를

---

30) 兵部省, 「大ニ海軍ヲ創立スベキノ議」(1870年 5月), 『明治三年公文類纂: 卷之一制度』, 4~10쪽. 이 문서는 『海軍制度沿革: 卷二』, 37~40쪽에는 「해군을 創立해야할 件」(明治3年 5月)으로 실려있다.
31) 外山三郎, 『日本海軍史』, 教育社, 1980, 40쪽에서 재인용.

석권"할 것이라고 예측하였다.32) 『朝野新聞』 기자였던 高橋基一은 당대의 일본인들이 러시아를 최대의 위협요인으로 간주하게 된 경위와 이유를 다음과 같이 설명하고 있다.

세상 사람들이 해외의 강국을 칭할 때 반드시 러시아를 거론하면서 이 나라가 최강이라고 하고, 우리 나라의 守禦를 말할 때 반드시 먼저 北門의 요충지를 굳게 해야 한다고 말한다. 생각건대 러시아의 침탈을 두려워하는 것이다. …… 우리 나라 사람들은 이미 스스로 이 불행을 경험했을 뿐 아니라, 해외의 역사와 신문 등에 의해 러시아 황제 피터의 유훈을 읽고, 이래 수백년간 러시아가 유럽과 아시아에서 병탄 잠식의 거동을 드러내고 있음을 알았다. 이리하여 자기의 경험과 다른 나라 龜鑑을 취해, 끝내 定說을 각인의 흉중에 새기게 되었다, 러시아는 虎狼의 兇國이고, 병탄 鯨食으로써 국시로 하는 나라라고 하는 것을. 이것을 보건대 우리 나라 사람들이 러시아를 꺼리고 두려워하는 것(忌畏)이 일조일석의 일이 아니다. …… 러시아의 이러한 항상 병탄 잠식하는 흉포를 보건대, 우리나라가 아직 그 進路에 부딪치지는 않았다고 하더라도, 미리 이를 경계하지 않으면 안된다는 것은 원래 논할 필요도 없다.33)

이상에서와 같이 명치 초년의 관료와 식자들은 공통적으로 러시아에 대해 위협론을 공유하고 있었다. 그리고 이러한 러시아위협론은 영국의 영향에 의한 것이라기보다도 막부시대부터 일본이 축적

---

32) 久保田貫一, 「トルコの危急は對岸の火事に非ず」, 『東京日日新聞』(1877.1. 11), 『對外觀』, 103쪽. 단 杉山繁은 러시아-터키 전쟁이 러시아의 우세로 귀결된 1878년에 쓴 기사에서 향후 러시아가 동양 방면보다는 유럽의 패권을 장악하기 위해 흑해 및 지중해, 그리고 인도를 영유할 것이라고 전망하면서 동양의 국가들이 이 기회를 살려 국력을 배양할 것을 촉구하고 있다. 杉山繁, 「魯勝土敗は東洋の不利にあらず」, 『郵便報知新聞』(1878. 1.28), 『對外觀』, 113~115쪽 참조.
33) 高橋基一, 「魯國形勢論」, 『朝野新聞』(1878.12.28), 『對外觀』, 127~128쪽.

하고 있던 양학(洋學)지식 및 19세기 초반부터 경험한 직접적인 대러관계에 기인한 바가 크다. 그렇다면 이 같은 러시아위협론은 명치 정부 초기의 대외정책 수립에 어떠한 영향을 미치게 되는 것일까.

2) 대외정책론

명치기의 대외인식을 검토했던 오카 요시타케(岡義武)는 당대의 식자들이 서력동점에 대해 일본의 독립을 지키는 방편으로 제기했던 논의들을 ① 국내정비우선론과 ② 세력균형론으로 유형화하고, 다시 세력균형론에는 ㉮ 일본-청국-조선 제휴론, ㉯ 일본 주도의 청국-조선 제휴론, ㉰ 일본의 대국적 팽창론 등 3가지 유형이 존재했었다고 분석하고 있다.[34] 이 같은 유형화는 러시아위협론과 연관하여 제기된 대외정책론을 구분하는 데 유용한 시사점을 제공한다.

러시아 위협론을 제기한 명치기의 식자들은 그에 대응하기 위한 방책을 강구함에 있어 우선 국내체제 정비론, 즉 부국강병론을 제기하고 있다. 일찍이 막말기에 러시아위협론을 제기하였던 요코이 쇼난은 그에 대비하여 근대적인 해군건설론, 그리고 해군 건설의 재원조달을 위한 산업진흥과 외부 세계와의 교역 발전 등을 주창한 바 있었다.[35] 이 같은 부국강병론은 명치기에도 그대로 이어지고 있다. 러시아를 제1의 가상적국으로 상정하였던 병부성은 "皇化를 東北에 普達하여 皇國의 盡頭에 이르러 東北의 民을 새로이 皇化를 입게 하는 것", 또는 "항로를 통하여 홋카이도(北海道) 및 사할린(樺太)에 이를 수 있고 속히 車道를 보수하여 아오모리(靑森)에 도달하

---

34) 岡義武,「日淸戰爭と当時における対外意識」,『国家学会雑誌』68卷 3·4号 (1953年 8月) 5·6号(1955年 2月). 이 논문은『岡義武著作集』, 岩波書店, 1993에 수록됨.
35) 橫井小楠,「國是三論」, 1860 참조.

기 쉽게 하고 이로써 海陸의 운수를 便達하여 開拓 사업을 진보시키고 이민의 생산을 얻게" 하는 것, 즉 동북지방과 북해도의 개척을 통해 "북문의 경계를 엄중히 하여 러시아(魯)가 감히 우리 北境을 넘보지 못하도록 할 것"을 강조하였다.36) 아울러 "觀音崎와 富津에 견고한 포대를 축조, 대포를 비치"하고, "시나가와(品川) 台場을 개정, 증축하여 內港을 엄비"하며, "樞要의 所에는 水地雷火를 장치"하여 동경만을 포함한 전략적 요충지의 방어를 강화하여 러시아나 영국이 무력으로 개입할 가능성에 대비하여야 한다고 주장하였다. 즉, 병부성은 러시아의 군사적 위협에 대비하여 동북지방 및 홋카이도의 개척과 동경 연안 방어를 강화할 것을 제언하고 있었던 것이다. 에노모토 다케아키(榎本武揚)도 "러시아가 앞으로 대주목하게 되는 것은, 여러 번 말씀 올린 바와 같이, 朝鮮 국경에서 滿洲 해안 신영지이기 때문에, 우리 防邊의 要地는 그 咽喉의 땅인 쓰시마(對馬嶋)와 그에 향해 있는 朝鮮의 대안에 있다. 우리나라 연해의 防禦와 마찬가지로 쓰시마(對馬嶋)에는 엄중한 포대를 쌓고, 이에 더해 九州의 일부에서 해저전선을 부설하는 것이 불가결하다고 생각한다. 대마도의 방어는 佐土嶋보다 우선되어야 한다."고 하여 러시아의 공세에 대비하여 대마도 및 규슈 연안 방어를 강화해야 한다고 주장하였다.37)

민간의 식자들도 대외위협론에 대응한 부국강병을 국가적 과제로 제기하였다. 강력한 러시아가 일본의 북문(北門) 방향으로 잠식해 오고 영국 세력이 아시아에 밀려온다고 경계한 『朝野新聞』은 그 대책으로서 "우리나라로서는 완전한 병제를 요구하는 외에 다른 것이 없다. 외국의 모욕과 능멸을 받지 않도록 더욱 경계할 뿐"이라고

---

36) 兵部省,「皇城ノ體裁ヲ定め海軍場ヲ起スノ議」(庚午 6月, 1870年 6月), 『明治三年公文類纂卷之一: 制度』, 44~52쪽.
37) 榎本武揚,「樺太問題 朝鮮政策につき意見書」(1875.1.11),『對外觀』, 43쪽.

하면서 육군 건설론을 주장하였다.38)

국제정치의 권력정치적 속성을 일찍부터 파악한 명치기의 식자와 관료들은 부국강병론뿐만 아니라 세력균형의 관점에서 러시아로부터의 위협에 대응하고자 하였다. 세력균형론의 한 유형으로는 전통적으로 통신(通信) 및 통상(通商)관계를 맺어 온 청국 및 조선 등과 제휴, 연대하여 러시아 등에 대항해야 한다는 일본-조선-청국 연대론의 논의가 제기되었다. 러시아에 대한 강렬한 위협론을 제기했던 이와쿠라 도모미는 1869년에 작성한 의견서에서, "지나(支那) 및 조선과 같은 나라는 옛날부터 교제를 나누었고, 또 가장 가까운 이웃이었다. 당연히 속히 칙사를 파견하여 우호를 닦고 삼국이 정립하는 세력을 이루어야 한다."고 제언하였다.39) 그런데 아직 '반개(半開)'의 상태에도 도달하지 못하고 '공납(貢納)독립'의 상태를 벗어나지도 못한 조선과 제휴하기 위해서는 조선의 개국과 근대화가 불가결했다. 강화도조약이 체결되기 이전에 조선에 파견되어 초량(草梁) 공관 등에서 사전절충을 벌였던 모리야마 시게루(森山茂)는 조선 관헌들에게 러시아가 조선 국경에 접근하고 있는 정세를 설명하면서 러시아의 위협은 일본과 조선의 공통관심사인데 러시아에 대항하기 위해 조선도 병력을 양성하여 확고하고 튼튼한 방어의 실력을 갖추어야 하며, 이를 위해 조선과 일본 간 수호조규 체결이 필요함을 역설하였다.40) 러시아 주재공사 에노모토 다케아키도 러시아의 남침에 대비하여 일본이 조선과 제휴를 강화하고 영향력을 확대해 갈 필요성을 제기하고 있다.

---

38) 「メール記者の誤謬を正す」, 『朝野新聞』(1879.1.16), 『對外觀』, 130쪽. 이에 반해 동시기의 『曙』신문은 같은 이유에서 해군건설 우선론을 주장하였다고 한다.
39) 岩倉具視, 「會計外交等條條意見」(1869년 2월).
40) 石井孝, 『明治初期の日本と東アジア』, 有隣堂, 1982, 291쪽.

러시아의 남침에 대하여 미리 다음의 2가지 건에 주의해야 한다. 제1, 支那에 앞서서 우리가 朝鮮을 훈도하여, 우리와 교의를 두텁게 하면서 우리의 威德을 힘써 조선 국내에 반향시키도록 한다. 러시아가 이 점에 착목한다 해도 지리상의 어려움과 그 國事에 완급의 순서가 있기 때문에 아직 손을 대지 못할 것이다. 이 건에 대해서 러시아가 선수를 쳐서 만일 러시아가 조선국의 우리 대마도에 대한 지역에 步頭를 점하게 될 때에는, 우리 防海의 대목적을 잃게 될 것이다. 작년에 모리야마 시게루(森山茂)를 조선에 사절 보낸 것은 가장 그 요령을 얻은 것이라고 할 수 있다. 제2, 朝鮮이 만일 우둔하여 우리의 交誼의 증거(驗) 없을 때에는 대마도 대안에 우리가 교두보를 확보해 둘 것.[41]

민간 식자들 사이에도 조선을 포함한 아시아 국가들과의 제휴 및 연대론이 제기되었다. 민권운동가였던 우에키 에모리(植木枝盛)는 운양호사건을 기화로 정한론이 제기되던 1875년에 그에 대한 반대의사를 표명하고, 서양이라는 공동의 적에 대항하기 위해 아시아 각국은 "東亞의 동포"가 되고, "아시아라고 하는 하나의 일가"가 되어 적국인 유럽의 침범을 막아야 한다고 주장하고 있다.[42]

한편 연대와 제휴의 대상으로 간주되었던 조선이 일본의 개국 요청에 소극적으로 나오고, 그 힘이 미약한 것으로 판명되자 명치기의 식자와 관료들은 조선의 복속을 전제로 한 일본-청국 간 제휴론도 제기하기 시작했다. 러시아 제1가상적국론을 제기했던 1870년 병부성의 의견서가 이러한 견해를 전형적으로 보여준다.

---

41) 榎本武揚, 「樺太問題 朝鮮政策につき意見書」(1875.1.11), 『對外觀』, 43쪽. 대마도 대안에 교두보를 확보한다는 것은 조선이 일본의 요구에 불응할 경우 강력외교를 감행할 수 있다는 점을 시사하는 것이다.
42) 咸東珠, 「明治期 일본의 아시아주의와 國權意識」, 『日本歷史研究』 제2집, 일본역사연구회, 1995.9, 122쪽에서 재인용.

러시아 오랑캐(魯虜)의 상태가 특히 이와 같을 때에, 皇國이 오늘날 할 일은 上下가 한마음이 되고, 全國이 협력하여 신속히 강대한 해군을 떨쳐 일으켜 이를 운용하여 수천년간 빛나던 우리 皇國을 지키고, 內地에서 모든 外兵을 몰아내고, 北海를 개척하여 북단까지(盡頭)에 이르르고, 게다가 조선을 회복하여 屬國으로 삼고, 西쪽으로 향해서는 支那와 연결하여 러시아 오랑캐의 강하고 정예로움(強悍)을 눌러 제압하는 외에는 없을 것이다.43)

外務權大丞 柳原前光도 1870년에 이와쿠라에게 제출한 건의서에서 "조선이 북만주에 연해 있으면서 서쪽으로는 청과 접하고 있는" 지형상의 요충이고, "이미 러시아 같은 나라가 만주 東北을 잠식하고 그 형세가 조선을 삼킬려고 하는" 정세이기 때문에 "이를 綏服하게 된다면 실로 皇國 보존의 기초가 되고 이후 萬國經略과 進取의 기본이 될 수 있다."고 하며 조선에 대한 복속론을 주장하고 있다.44) 에노모토 다케아키도 1876년에 외무경 테라시마(寺島宗則)에게 보낸 서한에서 "朝鮮國은 그 지리상 위치로 보나, 政理상 관계로 보나 我邦에서 아세아 근린 간에 대한 威權상 직감하는 일 심대하기 때문에, 호시기를 보아 우리의 威福을 그들에 파급시키는 길을 여는 것은 我邦 폴리시의 일 요건으로서 政家가 마땅히 소홀히 해서는 안되는 곳"이라고 하면서, "일본으로서 부산(釜山) 부두를 확보하는 것 같은 것은 그 전략상 상의 要務임은 재론을 기다리지 않을 것"이라고 주장하고 있다.45) 이 같은 조선복속론이 征韓論과 맥을 같이 하고 있음은 의문의 여지가 없어 보인다. 즉, 명치 초기의 정한론과 조선복속론 등은 일본을 둘러싼 대외정세 인식, 특히 러시아 위협

---

43) 兵部省, 「大ニ海軍ヲ創立スベキノ議」(1870年 5月, 庚午 5月).
44) 柳原前光, 「朝鮮論稿」(1870.7.28), 『對外觀』, 15쪽.
45) 榎本武揚, 「對朝鮮政策につき榎本武揚書翰」(1876.2.10), 『對外觀』, 45~46쪽.

론과 표리를 이루는 것이고, 러시아 위협에 대항하기 위해 제기된 주변국 정책론의 성격을 가지고 있었다고 볼 수 있을 것이다.

다른 한편 조선은 물론이고 청국까지도 복속시켜 아시아에 일본 제국을 건설하자는 팽창론도 호기롭게 제창되었다. 에토 신페이(江藤新平)는 1871년 5월, 이와쿠라에게 건의한 『對外策』을 통해, 당대 세계정세는 러시아·프러시아·프랑스·영국·미국 등 5대국이 좌우하고 있다고 설명하면서, 일본으로서는 이들 국가들과 친교를 맺으면서 5개년 계획으로 將官 1천 명, 士官 2만 명, 精兵 50~60만 명, 군함 30척 정도를 목표로 군비를 갖추고, 연후 대륙진출을 도모하여야 한다고 주장하였다. 이를 위해 그는 "첩자를 보내어 그곳 사정을 얻고, 지리를 상세하게 조사하고, 전략을 정하며, 無禮를 범하는 일이 있을 때 그 이유를 바로잡고자 러시아와 협조하여 힘을 같이하던가, 또는 러시아를 중립에 놓고 우리만으로 하던가 하여 중국을 일거에 정벌"하며, 종국에는 미국·러시아·프로이센 등과 세계를 놓고 경쟁해야 한다고 주장하였다.46) 이 같은 청국과의 쟁패론은 이노우에 고와시(井上毅)에게도 나타난다. 이노우에는 1874년에 작성된 것으로 알려진 대청정책의견서에서 다음과 같은 견해를 피력하고 있다.

---

46) 江藤新平의 『對外策』에 대해서는 松下芳男, 『明治軍制史論』 上卷, 444쪽을 참조. 이 책에 의하면 江藤新平는 당시 다음과 같은 발상도 피력하였다고 한다. "오늘날의 急務는 제국의 판도를 대륙에 확장시키고, 민족의 발전을 도모하여, 제2유신의 열매를 거두는 일이다. 지금 조선이 무례를 우리에게 하는 것은 우리 제국의 武力을 대륙에 사용하여 제국의 팽창을 도모하게 하는 원인으로서 놓칠 수 없는 기회이다. 마땅히 러시아와 제휴하여 조선을 우리가 손에 넣고 나아가 남북 중국을 분할하여 북 중국은 러시아에 주고, 남중국은 우리가 장악하고, 10년의 계획으로서 중국 내부에 철도를 부설하고, 기회를 노려 러시아를 물리치고, 북경을 우리 영원한 수도로 삼는다. 이것이야말로 실로 제2유신의 대업이며 내가 품고 있는 뜻이다." 같은 책, 444~445쪽.

우리나라는 支那와 바다를 두고 대치하고 있고, 따라서 경쟁의 勢가 없을 수 없다. 장래 그들이 점차 병력을 훈련하고 선함과 砲器를 제조하여 全力을 축적하여 그런 후에 호랑이와 이리의 마음을 늠름하게 드러낸다면 우리나라의 이익 없을 것 분명하다. 지금의 시기에 있어서 維新의 壯士 아직 衰廢에 이르지 않았고, 예전의 雄武 아직 모두 땅에 떨어지지 않았다. 그런데 청국은 長毛(太平天國)의 난 이후 水陸병제 조금 개혁을 거쳤다고는 하나, 이전의 유약과 타성의 풍을 면하지 못하고 있다. 만일 과연 일청의 양국이 仇敵이 되어 한 번 전승을 겨루지 않으면 안되는 형세가 된다고 가상하면 오히려 일찍 승기를 던져 일거에 승리를 결정짓고, 그런 후에 다시 양국 영원한 화친과 우호를 도모하는 것이 어떨까 한다. 이것이 안으로는 國勢를 유지하고 밖으로는 각국에 대하여 國權을 떨치기 위한 좋은 계획일 것이다.[47]

즉, 명치 초기에 나타난 대륙팽창론은 단지 왕정복고 이후 불평사족들의 불만을 해외에 전가시키기 위해 제기되었다기보다는, 러시아를 필두로 한 서세동점(西勢東漸)의 상황 속에 일본의 대응전략을 강구하는 논의 속에서 배태된 성격이 강하다. 더 큰 위협에 대한 안보전략의 일환으로 주변국에 대한 침략과 팽창정책이 도모된 것이다.

이상에서 우리는 명치 초기에 일본에서 개진된 러시아 위협론과 대외정책론을 살펴보았다. 이 시기의 식자들과 관료들은 국제질서의 권력정치적 성격에 일찍부터 눈을 떴으며 그러한 관점에서 러시아위협론을 공통적으로 강조하였다. 그리고 러시아를 필두로 한 서구세계의 침탈에 대한 위협인식 속에 그들은 위협을 배제하기 위한 정책론으로서 부국강병론 또는 외부와의 연대를 통한 균세(均勢)의

---

[47] 植手通有,『日本近代思想の形成』, 東京: 岩波書店, 1974, 263쪽의 각주 7에서 재인용.

구상을 강구하였다. 균세의 구상 가운데에는 조선 및 청국과의 연대론도 피력되었지만, 반개(半開)의 상태에도 도달 못한 조선의 힘에 대한 평가 속에 조선 복속을 기반으로 한 일본-청국 연대론 및 나아가 청국과의 대결을 전제로 한 대륙팽창론까지 제기되고 있었다. 아시아연대론, 정한론, 대륙팽창론 등 명치 초기에 나타난 일본의 아시아정책론은 일본과 아시아의 양자 관계 속에서 구상된 것이 아니라, 글로벌 레벨에서의 위협인식에 대한 대응정책으로서 파생되었음을 확인할 수 있다.

4. 명치 중기 러시아 위협론과 대외정책론

1) 대외인식과 러시아 위협론

본 장에서는 명치 중기의 대외인식과 대외정책론을 검토하기로 한다. 명치 중기라 함은 1880년대부터 청일전쟁에 이르는 시기를 염두에 두고 있다. 명치 전기와 중기를 애써 구분하는 이유는 1880년대를 전후하여 명치 정부 주요 정치세력의 세대교체가 나타난 점,48) 그리고 무엇보다 이 시기 조선에서 발생한 일련의 정변, 즉 임오군란과 갑신정변이 일본의 대외인식과 대외정책에 적지 않은 영향을 가한 점을 고려할 필요가 있기 때문이다.

1880년대 접어들어 일본과 청국은 조선을 둘러싸고 영향력 확대를 위한 각축을 벌이기 시작했다.49) 청국과의 대결 양상이 전개되

---

48) 왕정복고의 주역이자 명치 정부 초기 정부의 실력자들이었던 기도 다카요시가 1877년에, 오쿠보 도시미치가 1878년에, 그리고 이와쿠라 도모미가 1883년에 각각 세상을 떠났다. 그리고 이들보다 소장 세대인 이토 히로부미(1841~1909), 이노우에 카오루(1835~1915), 야마가타 아리토모(1838~1922) 등이 1880년대 이후 일본의 정치, 외교, 군사 부문의 실력자로 부상하기 시작했다.

면서 명치 정부도 그에 대비한 외교 및 군사정책을 강구하기 시작했다. 군정의 최고지도자였던 야마가타 아리토모가 1878, 1880년에 가스라 타로(桂太郞), 오가와 마타지(小川又次) 등 10여 명의 청년장교를 주재무관이나 어학연수생 등의 명목으로 청국에 보내어 청국의 현황을 조사하게 한 것도 이와 관련된다. 이 과정에서 야마가타를 중심으로 한 일본 군부에서 청국 위협론이 대두하기 시작하였다. 야마가타는 1880년 11월에 청국의 군사실태를 조사한 보고서「隣邦兵備略表」를 천황에게 제출하고 있는데, 여기에서 인방인 청국이 100만을 상회하는 상비군을 보유하고 있음을 지적하면서 다음과 같이 건언하고 있다.

대저 隣邦의 兵備가 강한 것은 한편으로는 기쁨이 되기도 하지만, 다른 한편으로는 두려움이 될 수 있다. 이것이 아세아 東方의 강력한 원군이 된다면 기쁨이 되기에 족하지만, 이 나라에게 빈틈을 열어준다면 두렵게 삼가지 않을 수 없다. 만일 隣邦이 피폐하고 쇠잔하여 유럽 각국에게 침략을 받는다면 입술과 이의 관계에 있는 우리나라도 역시 이에 따라 그 압박을 받아, 서로 동방에 대치하여 영원히 평화롭게 우호를 갖는 것이 어려워진다. 지금은 만국이 각기 나라의 강역을 지키고, 각기 독립을 유지하고 있다. 隣邦의 兵備가 점차 견고해진다면 우리나라의 兵備도 역시 소홀히 할 수가 없다.50)

야마가타의 청국 위협론은 이후에도 지속적으로 개진되고 있다.

---

49) 이 과정에서 조선 정부는 청국에 영선사를 파견하고 일본에 신사유람단을 파견하였다. 근대적 군사교육을 위해 일본의 군사교관이 조선에 파견되었고, 조선 청년들의 일본 유학이 추진되었다. 이와 관련하여 졸고, 「서재필과 일본군사유학: 조선에 있어 근대군사체제 수용의 한 시도」, 서재필기념회 편, 『서재필과 그 시대』, 서재필기념회, 2003 참고.
50) 中村尚美, 『明治國家の形成とアジア』, 東京: 龍溪書舍, 1991, 129~130쪽에서 재인용.

1882년에는 참사원 의장의 자격으로서 정부에 제출한 건의서에서 최근 청국의 국세가 활발하게 되고 있고 군비도 충실해지고 있음을 지적하면서 이에 대비한 군비확장의 필요를 제기하였다.51) 1883년 6월에는 다시 「對淸意見書」를 작성하여 청국의 위협에 대하여 다음과 같이 설명하고 있다.

　　우리나라가 청과 조약을 체결한 이래 대만출병, 유구처분과 조선사변의 처리에 이르기까지 모두 우리가 부득이하게 당연하게 했다 해도, 실로 그들의 세력을 능멸하고 그 위력을 죽이는 등의 일도 있어서, 그들이 우리나라에 대한 불평을 축적해 놓은 것이 모두 하루 이틀이 아니다. 그들이 武備를 충실히 하고, 내치를 닦아 기회에 편승하여, 혹은 일어서서 동양에 그 강대함을 떨치고 분노를 우리나라에 흘리면서 음모를 꾸미고 있는지는 예측할 수 없다. 52)

이 같은 야마가타의 대청 위협론이 결국 청일전쟁의 배경으로 이어지고 있음은 주지의 사실이다. 그런데 야마가타는 1870년대 초반에는 병부성 내의 의견을 집약하여 러시아 제1가상적론을 제기한 바 있었다. 그런 야마가타가 1880년대 접어들어서는 청국 위협론을 제기하고 있는 것은 명치기 일본 군부의 가상적국론이 러시아에서 청국으로 변화된 것임을 의미하는 것일까? 그렇지는 않은 것 같다. 러시아 위협론은 1880년대에도 야마가타를 포함한 일본 군부에 변함없이 계승되고 있다. 오히려 러시아 위협론은 러시아에 대한 보다 심화된 정보와 이해를 바탕으로 정교화되고 있다. 1888년에 야마가타가 제출한 군사의견서는 특히 러시아의 시베리아 철도 건설

---

51) 야마가타는 군비확장의 재원으로서 연초세와 주류세 신설을 제기하고 있다. 岡義武, 『山縣有朋』, 岩波書店, 1958, 35~36쪽.
52) 中村尙美, 『明治國家の形成とアジア』, 龍溪書舍, 1991, 130쪽에서 재인용.

사실을 주시하며 그 군사적 영향을 우려하고 있다.

> 현재 세계의 형세를 보건대 아세아에서 영국과 러시아 양국이 서로 알력을 빚어 동양에 일대 파란이 장차 수년 내에 일어나지 않을 수 없게 되었다. 사정이 이와 같이 절박하게 됨은 무슨 연유인가. 카나다에 태평양 철도가 놓여지고 시베리아(西伯利) 철도가 부설됨에 따라 영국의 동양항로가 단축되고 러시아 군대가 동쪽으로 향해 신속하게 올 수 있게 됨이 그것이다. 이에 더해 남아메리카의 파나마 地峽에 개통되는 운하는 수년이 안되어 대서양과 태평양의 두 바다를 연결하게 된다. …… 대저 영국은 러시아와 그 이익이 서로 마찰되어 분규와 갈등의 씨앗이 실로 많다. 때문에 영국과 러시아 양국은 아시아에서 전쟁(干伐)을 면할 수 없을 것이다. 그런데 아프가니스탄 및 조선의 사정이 특히 그 충돌의 근원이 된다. 대륙상에 교통과 운수의 길이 점점 편리하게 된다면 그 시기가 촉진되어 점점 절박하게 될 것이다.53)

즉, 야마가타는 1880년대 후반의 시점에서도 글로벌 레벨에서의 영국-러시아 대립이 여전히 존재하며, 러시아에 의한 시베리아 철도 건설과 파나마 운하 및 캐나다 철도 완공에 의해 아시아에 있어 양국의 대립이 일종의 패권전쟁으로 귀결될 수 있음을 전망하고 있었던 것이다. 특히 그는 러시아의 시베리아 철도 건설이 동아시아 및 일본의 안보질서에 미칠 영향에 대해 매우 우려하고 있었다.

이 같은 시베리아 철도 건설의 전략적 영향에 대한 민감한 관심은 이후 러일전쟁 발발 시까지 일본 군부의 최고지도자인 그의 뇌리에서 떠나지 않는 관심사가 되고 있다. 그가 1890년에 총리대신 신분으로 작성하여 각료들에게 회람한 「外交政略論」은 소위 주권선

---

53) 中村尙美,『明治國家の形成とアジア』, 龍溪書舍, 1991, 145쪽에서 재인용.

과 이익선의 개념을 제시하면서 이익선의 초점이 조선에 있음을 밝히고 있다. 그런데 그는 이익선이 시베리아 철도 건설과 캐나다 철도 완성에 의해 위협에 처할 수 있음을 경계하고 있다.

우리나라 利益線의 초점은 실로 조선에 있다. 시베리아 철도는 이미 중앙아시아에 이르렀고, 수년이 지나지않아 준공되기에 이르른다면 러시아 수도를 출발하여 십수일 내에 흑룡강에서 말에게 물을 먹일 수 있을 것이다. 우리들은 시베리아 철도가 완성되는 날이 곧 조선이 多事하게 되는 때가 될 것임을 잊어서는 안될 것이다. 또한 조선이 多事하게 되는 때는 즉 동양에 일대 변동이 발생하는 시기가 됨을 잊어서는 안될 것이다. …… 다른 일방에 카나다 철도의 新線 완성이 통고되어 영국에서 동양에 이르는 거리가 단축되어 실로 9,250리로서, 우리 요코하마에 닿는다. 구 항로의 수에즈를 경유하는 13,750리에 비교하면 실로 4,500리의 減差를 얻게 된다. 대저 西歐가 무사할 때에는 그들 각국이 遠略을 東洋에 진출할 시기로서, 동양의 이익과 財源은 바로 호랑이들 사이에 있는 것과 같다. 변란이 아프간에 있지 않다면 반드시 朝鮮海에 있을 것이다.54)

심지어 그는 청일전쟁 발발 직전의 시기까지도 청국에 대한 경계론보다는 오히려 아시아에 대한 러시아, 영국, 프랑스의 개입과 침략 가능성을 우려하면서, 특히 러시아에 의한 시베리아 철도 개통이 영국과 프랑스의 대아시아정책에 미칠 전략적 영향을 경계하고 있었다. 그는 1893년 10월에 명치 정부에 제출한 군사의견서에서 다음과 같이 시베리아 철도 개통의 전략적 영향을 우려하고 있었다.

러시아는 침략으로서 자신의 대외정책으로 삼고 있는데, 현재 시베리아 철도의 전면개통에 노력하면서, 완성될 때에는 반드시 몽고

---

54) 山縣有朋, 「外交政略論」(1890.3), 『對外觀』, 82쪽.

를 침략하려고 할 것이다. 혹은 支那 내륙에까지 손을 뻗칠지도 모른다. 프랑스도 이를 방관하지 않고, 廣西, 雲南 가까운 지방에까지 손을 뻗치리라는 것은 의심할 바 없다. 영국은 청나라와 이해를 같이 하고 있지만, 러시아, 프랑스의 침략을 좌시할리는 없고, 이미 이미 시선을 雲南에 두고, 重慶에 나아가 양자강의 이권을 제압하고 시베리아 철도에 맞서려 한다. 그 때문에 동양의 화근은 10년 이내에 파열될 것이라고 상상하지 않으면 안된다. 그때 우리의 적이 되는 것은 청과 조선이 아니라 영국, 프랑스, 러시아의 3국이 된다.[55]

즉, 1880년대의 야마가타를 필두로 하는 일본 군부는 청국 위협론을 새롭게 제기하면서도 1870년대에 이어 러시아 위협론을 지속적으로 계승하고 있었던 것이다. 특히 시베리아 철도 건설은 러시아 위협론을 보다 정교화 내지 강화하는 유력한 근거로서 받아들여졌다.

시베리아 철도 건설에 대해서는 군부만이 군사적 위협을 느낀 것은 아니고, 외무성이나 민간식자들도 그 전략적 영향에 대한 우려를 감추지 않고 있었다. 예컨대 외무경 이노우에 카오루는 1887년에 내각에 제출한 조약개정 관련 의견서에서 영국, 프랑스, 이태리, 독일, 러시아 등 유럽 각국이 아시아 및 아프리카에 팽창하면서 식민지 개척에 전념하고 있음을 지적하면서, 특히 러시아의 시베리아 철도 건설이 군사전략적으로 미칠 영향에 대해 민감한 관심을 보이고 있다.

러시아황제도 자극되어 러시아 황제는 西 시베리아를 개척하고 이를 번영의 토지로 만들려고 하고 있다. 즉 중앙아시아에 철도를 부설하려는 계획을 정하고, 바론 코르푸(미상)의 요청에 따라 3년간

---

[55] 藤村道生, 『山縣有朋』, 東京: 吉川弘文館, 1961, 158쪽에서 재인용. 岡義武, 『山縣有朋』, 東京: 岩波書店, 1958, 56~58쪽도 참조.

세인트 페테르부르크(聖彼得堡)에서 시베리아 전국을 관통하여 블라디보스토크(浦潮斯德)항에 철도를 부설하여 운하를 개발하려는 칙령을 발하였다. 이 철도는 3, 4년 내에 완성되지는 못하겠지만 10년 내지 15년 내에는 끝내 완성될 수 있을 것이다. 일단 완성되기에 이른다면 러시아는 페테르부르크에서 西시베리아를 거쳐 블라디보스토크 항에 軍器兵糧을 겨우 수일 내에 수송할 수 있을 것이다.56)

민간 식자들도 러시아에 의한 시베리아 철도 건설을 예의 주시하면서 이 철도 건설에 의해 중국, 조선, 일본이 그 군사적 영향을 받게 될 것이라고 우려하고 있다. 1887년 8월에 『朝野新聞』에 게재된 칼럼은 시베리아 철도 건설이 미치게 될 군사적 영향에 대해 다음과 같이 분석하고 있다.

아세아에서 영국-러시아 2국 혹은 러시아-청국 2국 간에 충돌하게 될 것은 필연적인 형세로서 세상사람들이 모두 예기하는 바이다. 특히 멀지 않은 시기에 부설된다는 풍설이 있는 시베리아(西伯利亞) 대철도 같은 것은 러시아-청국 관계에 있어 점차 위급하게 되는 결과가 될 것이다. …… 러시아 수도 센트페테르스부르크에서 동쪽 아세아 방면으로 향하는 철도를 연장하여 시베리아 만리의 평원을 횡단하여 블라디보스토크(浦鹽斯德)항에 도달하여 러시아 수도에서 직접 일본해에 나올 수 있다. …… 그 목적은 오로지 용병상의 편리를 개척하는 데 있다. …… 이 철도가 완성되게 된다면 러시아는 병사와 양식을 시베리아 지방에 운반하는 데 추호도 종전과 같은 불편을 느끼지 않을 것이고, 한번 청국과 유사시가 되는 경우는 대병력을 러시아 수도에서 출발시켜 14, 15일 이후에 만주, 몽고 국경선에 임하게 할 수 있을 것, 그 동양함대도 전보가 한번 전달되면 20일 내외에 블라디보스토크 항에서 병사와 양식의 응원을 받을 수 있을 것. 그

---

56) 井上馨, 「條約改正問題意見書」(1887.7.9), 『對外觀』, 62쪽.

렇다면 이 철도로 인해 직접으로 영향을 받을 수 있는 것은 지나, 조선, 일본의 3국으로서 지나가 제일이고, 조선이 다음 가고, 일본이 그 다음에 간다. 영국도 간접으로 지대한 영향을 받을 것이다.57)

이같이 보면 1880년대 일본의 대외관은 임오군란과 갑신정변에 의해 군부에서 새롭게 청국 위협론을 제기하고 있는 변화가 생겨났지만, 이전부터 주창되었던 러시아위협론이 이와 병행하여 유지되고 있었다고 할 수 있다. 특히 1880년대의 러시아위협론은 러시아의 내정과 외교에 관한 보다 정확한 정보와 이해,58) 무엇보다도 시베리아 철도 건설과 같은 러시아의 새로운 동향이 분석되면서 더욱 정교한 형태로 개진되고 있다고 할 수 있다. 청국과의 군사적 대결을 목전에 둔 일본의 군사지도자들이 청일전쟁 개전 직전까지도 시베리아 철도 건설이 파급시킬 러시아의 군사적 위협에 대한 대비를 강구하고 있었음은 러시아위협론이 명치 중기의 시대에도 얼마나 뿌리깊은 것이었는가를 반증하는 사례이기도 하다.

2) 대외정책론

1880년대 일본의 관료와 식자들은 청국위협론과 러시아위협론 등에서 나타나듯이 일본을 둘러싼 국제환경을 중층적인 위기구조로 인식하고 있었다. 그러면 이러한 위기구조에 대해 일본이 취해야 할 대외정책으로서 그들은 무엇을 구상하고 있었을까? 나카에 초민(中江兆民)은 1887년에 저술한 『三醉人經綸問答』에서 양학신사(洋

---

57) 「シベリア大鉄道と東亜三国との関係」, 『朝野新聞』(1887.8.12~13), 『對外觀』 2, 42~243쪽.
58) 이 시기 러시아의 내정에 대한 치밀한 분석을 볼 수 있는 글로서는 「魯國虛無黨の景狀」, 『朝野新聞』(1879.10.28~10.29), 「魯國內外の事情を論ず」, 『朝野新聞』(1883.5.11, 5.13, 5.15) 등을 들 수 있다.

學紳士), 호걸군(豪傑君), 그리고 남해선생(南海先生) 등 3명의 경세가를 등장시켜 일본이 취해야 할 국가구상을 발언케 하고 있다.

이에 따르면 양학신사는 일본을 "민주와 평등의 제도가 확립"되고, "요새를 부수어 군비가 철폐"되고, "타국에 살인을 범할 의지가 없음을 표명"하는 "민주, 평등, 도덕, 학문의 실험실"로 만들어야 한다고 주장한다.59) 호걸군은 아시아에서 생존을 도모하기 위해서는 "나라 안의 장정을 죄다 모아" "매우 광활하고 자원이 풍부한" 인접의 대국으로 건너가서 "그 땅을 우리 영토로 삼아 조국을 소국에서 대국으로 만들고, 약한 나라에서 강한 나라로 만드는" 외국정복의 책략을 제시한다.60) 한편 남해선생은 호걸군의 계획처럼 하게 되면 그 나라의 원한을 살 뿐이기 때문에, "큰 나라가 아시아에 있다면 서로 동맹을 맺고 형제국이 되어서 위급할 때 서로 돕고 그럼으로써 각각 자국의 위기에서 벗어나"는 방책을 제안한다. "외교상의 훌륭한 정책이란 세계 어느 나라와도 평화우호 관계를 돈독히 하고, 어쩔 수 없는 경우라도 어디까지나 방위전략을 채택하여 멀리 군대를 출정시키는데 드는 노고와 비용을 피해서 인민들 어깨의 무거운 짐을 가볍게 하려 진력하는 것"이라고 남해선생은 갈파한다.61) 이같은 양학신사, 호걸군, 남해선생이 제시하는 국가전략 및 대외정책론은 각각 평화국가 건설론(국내체제 정비론), 외정론(外征論), 평화적 연대론으로 불리울 수 있는 것으로, 앞서 소개한 오카 요시타케의 대외관 유형론과도 상응하고 있다. 이러한 기준에 따라 이하에 1880년대의 대외정책론을 유형화해보기로 하겠다.

일본을 정치, 외교, 경제 측면에서 평화국가로 만들어 구미국가들

---

59) 나카에 초민(中江兆民) 지음, 연구공간 수유너머 일본근대사상팀 옮김, 『삼취인경륜문답(三醉人經綸問答)』(1887), 소명출판, 2005, 73~74쪽.
60) 위의 책, 97~98 · 117쪽.
61) 위의 책, 137~140쪽.

의 야심을 억제해야 한다는 구상은 관료 레벨에서는 이노우에 카오루(井上馨)에게서 많이 나타난다.62) 이노우에는 외무대신으로 재직하던 1887년에 내각에 제출한 의견서에서 러시아를 포함한 서구 열강이 아시아 아프리카를 식민지로 침탈하는 추세를 지적하면서, 일본으로서는 "유럽적 신제국 건설", 즉 "일본 제국 및 인민을 흡사 유럽의 국가들과 같이, 유럽 인민들과 같이 만드는 것"에 의해 "萬世不拔의 기초"를 세울 수 있을 것이라고 주장한다. 이를 위해 구체적으로 그는 "인민의 자치제도"를 확대하여 용감하고 활달한 기풍을 양성하고, 일본을 외국에 보다 개방하며(내지개방) 법전을 서구식으로 개편하고, 재판소에서도 외국인 사법관을 임용할 것을 주장하였다.63) 이노우에는 아시아에 대한 외교 및 군사정략에 있어서도 일본 정부 내의 온건파를 대변하였던 것으로 평가된다. 청일전쟁 직후 조선공사를 자원한 이노우에는 조선의 내정개혁을 시도하는데, 이것은 독립된 조선의 존재가 서구 열강의 조선 내 개입 가능성을 억제할 것이라는 기대에서 비롯된 것이다. 그런 생각을 갖고 있던 그에게 조선에 진출한 군인 및 상인들이 배타적 국가이익을 추구하는 모습들을 보이는 것은 일본 정부의 기본 구상에 위배된다고 보았다. 1895년 2월, 무츠(陸奧宗光) 외무대신에게 보낸 의견서에서 그는 "本官이 아국의 이익을 증진시키는 것을 희망한다고 해도 유일 일본 인민의 이익만을 꾀할 때에는 조선의 이익은 전부 일본인에게 돌아가는 결과가 될 것이다. 이러할 때 조선독립의 열매는 무엇에 의해 성립할 것인가. 이것은 즉 일본 정부가 조선독립을 시킨다고

---

62) 井上馨이 명치유신 직후부터 부전론자, 청국과의 협조론자, 내치우선론자의 성향을 지녔으며, 이러한 입장에서 정한론에 반대하고, 대만정벌 및 임오군란시의 출병 논쟁에서도 반대입장을 취해 왔음을 논증한 글로서는 安岡昭男, 「井上馨論」, 日本國際政治學會 編, 『日本外交史硏究: 外交指導者論』, 有斐閣, 1967 참조.
63) 井上馨, 「條約改正問題意見書」(1887.7.9), 『對外觀』, 64~65쪽.

공언한 것과 모순되는 것이다. …… 상호 이익을 병진한다는 방침을 취해야 할 것"이라고 말하면서, 조선독립 방침의 철저화와 상호 이익 균점의 방침을 주장하고 있다.64)

민간 레벨에서는 나카에 초민이 양학신사의 입장과 가까운 견해를 갖고 있었던 것이 아닌가 생각된다. 나카에 초민은 『三醉人經綸問答』을 저술한 다음 해인 1888년에 『東雲新聞』에 기고한 글을 통해 서력동점의 시세 속에 국가독립의 방책으로서 일본 내에서 러시아, 영국, 독일, 미국 등과의 동맹제휴론이 각각 주창되고 있지만, "멸망을 두려워하여 타국에 의뢰하는 것은 모욕을 불러오는 길이고, 의뢰의 마음을 버리지 않는 한 국가의 독립을 바랄 수 없다."고 단언하고 있다.65) 대안으로 그는 "우리나라 3천여만의 남아들이 서로 의지하면서 일체를 이루고 仁義를 취하면서 다른 나라들이 무례(無禮)를 우리에 가해온다면 우리 3천만의 대남아가 모두 죽을 각오로 결심하고 전국 초토가 될 것을 불사하고 탄환이 비오듯 쏟아지는 것도 피하지 않고 이익과 편의를 하나도 흉중(胸中)에 담지 않는다면 여러 나라의 흉폭을 어찌 두려워 할 수 있겠는가"라고 하고 있다. 서양 열강과의 제휴구상을 반대하고, 일본인들 스스로의 仁義 함양과 단결을 강조하고 있다는 점에서 나카에 초민 자신은 양학선생(洋學先生)의 면모를 갖고 있지 않았나 생각된다.66)

---

64) 岡義武, 「日清戦争と当時における対外意識」, 『岡義武著作集』, 岩波書店, 1993, 169~170쪽에서 재인용. 岡義武는 이러한 井上馨의 입장을 山縣有朋 등의 주전파, 적극파와 대치시키고 있다.
65) 中江兆民, 「外交論」, 『東雲新聞』(1888.8.26~28), 『對外觀』, 248~252쪽.
66) 三醉人 가운데 나카에 초민의 사상이 어느 유형에 속하는가는 일본정치사상사에서 흥미로운 문제 가운데 하나이다. 기존 연구들에서는 ① 3자의 견해가 부분적으로 나카에 초민의 면모를 반영하고 있다, ② 南海선생이 나카에 초민의 입장을 대변한다는 견해들이 제기되어 있으나, 이 글에서는 나카에 초민이 연대론을 부정하고 있다는 점에서 양학신사의 면모를 갖고 있다고 보았다.

서세동점에 대항하여 세력균형의 관점에서 여타 국가들과 연대해 위기를 극복하자는 구상도 활발하게 제기되었다. 그런데 1880년대의 연대론은 1870년대에 나타났던 연대론과 사뭇 다른 양상으로 나타났다. 첫째, 1870년대의 연대론은 그 대상이 주로 조선과 청국으로서 이들 국가들과 대등하게 연대를 맺거나 혹은 일본이 주도하여 청국 및 조선과 연대하자는 입장이 제기된 바 있다. 그런데 1880년대 연대론에는 청국위협론 및 조선 약소국론 등이 작용하여 일본 주도적인 조선 문명화 및 독립지원론이 특징적으로 나타나고 있는 점이다.[67] 예컨대 임오군란 발발 이전의 후쿠자와 유키치는 강대하고 문명국인 일본이 약소하고 미개국인 조선을 인도하고 깨우쳐 이웃 나라의 문명화를 도울 책임이 있다고 주장하였다.

지금 서양의 여러 나라가 위세를 떨치면서 동양에 다가오는 그 모양은 불꽃이 만연하는 것과 다를 바 없다. 그런데 동양 여러 나라, 특히 우리와 가까운 이웃인 지나와 조선 등은 느리고 둔해서 그 세력에 맞설 수 없음은 木造板屋의 집이 불에 견딜 수 없는 것과 같다. 그래서 우리 일본의 무력으로써 이를 응원하는 것은 단순히 다른 나라를 위해서가 아니라 우리 자신을 위하는 것임을 알 수 있다. 武로써 이들을 보호하고, 文으로써 이들을 誘導하여 빨리 우리들의 본을 받아 가까운 시일에 文明에 들어가지 않을 수 없게 한다. 혹은 어쩔 수 없는 경우에는 힘으로써 그 진보를 협박하는 것도 가능하다. 輔車가 서로 의존하고 脣齒가 서로 돕는 것은 동등한 나라와 나라의 사이에는 통용할 수 있는 것이라 하더라도, 지금의 지나와 조선에 대해 서로 의지함을 바라는 것은 물정에 어두운 것이라고 말할 수 있다. 무엇으로 이를 輔로 삼고, 또 脣으로 삼기에 족할 것인가. 금일

---

[67] 1880년대에도 일본-조선-청국 간의 대등한 삼국협력을 주장한 인물로는 임오군란 직후 외교론을 집필한 오노 아즈사(小野梓, 1852~86)를 들 수 있다. 井上淸, 『日本帝國主義の形成』, 岩波書店, 1968, 14쪽 참조.

의 요체는 어떤 무엇을 방편으로 사용하더라도, 단지 이들을 유도하여 우리와 같이 運動을 부여하는 정도의 국력을 부여하여 이로써 그 輔가 되고 脣이 되는 實效를 갖추게 함에 있을 뿐이다.(68)

참사원 의관 이노우에 고와시(井上毅)는 1882년에 정부에 제출한 보고서를 통해 러시아가 조선을 탈취하려는 가능성에 대비하여, 일본과 청국은 "동양의 균세를 위해 힘을 다하여 조선의 독립을 보호하고 러시아의 남침을 방어하지 않으면 안"된다고 주장하였다.(69) 그리고 이를 위한 구체적인 방안으로써 "일본, 청국, 미국, 영국, 독일의 5개국이 회동하여 조선의 문제를 논의하고, 조선으로써 하나의 중립국으로 삼고 벨기에 및 스위스의 사례에 따라 타국을 침략하지 않고 또 타국에서 침략받지 않는" 중립국으로 만들고 5개국이 이를 보장하는 방안을 제시하였다. 이 같은 조선 독립지원구상 및 중립화안은 이익선으로 간주되었던 조선의 안정화를 도모하고 그럼으로써 러시아를 비롯한 서구 열강의 개입 구실을 차단하기 위해 강구된 일종의 일본안보전략이었다. 그러나 조선의 개혁을 담당하리라고 기대되었던 정치세력들이 갑신정변 이후 제거됨으로써 조선 독립지원구상 및 중립화안은 일본 내에서 약화되기 시작했다.

이러한 분위기 속에서 1880년대 연대론의 두 번째 특징으로 나타난 것은 세력연대의 대상이 아시아 국가들을 떠나[脫亞] 아예 영국, 러시아, 미국, 프랑스 등 서구 국가들로 확대되고 있는 점이다. 후쿠자와 유키치는 1885년에 발표한 『脫亞論』에서 청국과 조선에서 고풍스런 관습과 유교주의가 남아있는 한 양국은 세계 문명국에 의

---

68) 福澤諭吉, 『時事小言』, 1881년 9월 칼럼 참조. 升味準之輔, 『日本政治史1: 幕末維新, 明治國家の成立』, 東京大學出版會, 1989, 217~218쪽에서 재인용. 福澤諭吉, 「朝鮮の交際を論ず」, 『時事新報』(1882.3.11)도 참조.

69) 井上毅, 「朝鮮政略意見案」(1882.9.17), 『對外觀』, 52~54쪽.

해 분할되어 멸망할 것이라고 전망하면서, 이들 국가들이 문명화되기를 기다리는 것보다 일본이 아시아의 대열에서 이탈하여 서구 문명국과 진퇴를 같이 해야 한다고 주장하였다.70) 시베리아 철도 건설이 동아시아에 가져올 군사적 영향을 우려하는 논조를 전개한 『朝野新聞』은 이에 대항하여 일본이 ① 영국 및 청국과 합종하여 러시아에 대항하거나, ② 고립적인 입장을 취하면서 영국, 청국, 러시아 간의 항쟁을 방관하거나, ③ 러시아와 제휴하여 자위의 방책을 강구하는 3가지 정책대안이 있을 수 있음을 제시하고 있다.71) 영일동맹의 구상이 처음 제기된 것도 이러한 시대정세 속에서였다. 탈아론을 표방하였던 후쿠자와 유키치는 청일전쟁의 승리가 확실시된 1895년 6월의 시점에서 서구 열강, 특히 러시아가 아시아침략의 위험한 정책을 취하게 될 가능성에 대비하여 영국과 동맹을 체결하도록 제언하고 있다.72)

그렇다면 1880년대 이후의 일본에서 나카에 초민이 유형화한 호걸군처럼 군비확장과 해외팽창이 러시아 등 서구로부터의 위협에 대항하기 위한 자위책이라고 주장한 인물들은 누구였겠는가? 정부 레벨에서는 야마가타 아리토모가 호걸군의 역할을 담당하였다고 생각된다. 야마가타는 군부의 실력자로서 줄곧 청국 및 러시아 위협론을 제기해 왔고, 특히 러시아 시베리아 철도 건설에 대하여 예민한 경계감을 피력해 왔었다. 그는 1893년에 제출한 의견서에서 러시아, 프랑스, 영국 등이 일본이 겨루어야 할 대상이며 이들 국가들에 의해 향후 10년이 지나지 않아 동양에 화기(禍機)가 파열될 것을

---

70) 福澤諭吉, 「脫亞論」(1885.3.16), 田中浩 編 『近代日本と自由主義』, 岩波書店, 1993, 136~137쪽에서 재인용.
71) 「シベリア大鉄道と東亜三国との関係」, 『朝野新聞』(1887.8.12~13), 『對外觀』, 248쪽.
72) 福澤諭吉, 「日本と英國の同盟」(1895.6.21), 혹은 「日英同盟說に就いて喜ぶ可き一事」(1895.6.30). 田中浩 編, 앞의 책, 146쪽에서 재인용.

예상하였다. 이에 대비하여 일본으로서는 향후 8~9년에 걸쳐 군비 확장을 도모해야 하며, 특히 해군의 확장이 최대의 급무라고 강조하였다. 그에 따르면 해군은 일본 본토의 요충지를 방어하기 위해서도 필요하지만, 동양이 위기에 처할 경우 천하의 요충을 제압하기 위해서도 대확장을 필요로 한다고 주장하였다.73) 1894년 청일전쟁이 발발하자 야마가타는 직접 제1군 사령관으로 자원하여 한반도에서 청국과의 전쟁을 진두지휘하게 된다. 직접 대륙을 체험하게 된 그는 1894년 11월, 야전에서 천황에게 제출한 보고서를 통해 조선 "인민이 暗愚하여 산업에 힘쓰지 않고 순박한 기풍이 결여"되어 있음을 볼 때 조선의 독립을 바란다는 것은 곤란하다고 주장하였다.74) 이러한 현실인식에 바탕하여 그는 일본이 취해야 할 대책으로서 ① 평양 이북에 일본 이주민을 보내어 이 지역의 상업, 농업상의 실권을 장악시킴과 동시에 현지인을 교도하여 문명에 이끌게 할 것과, ② 부산에서 경성을 경유하여 의주까지 철도를 부설할 것을 건의하였다. 특히 경의선 철도는 일본이 한반도의 운수 및 교통에 관한 권리를 장악하게 할 뿐 아니라 장래 동양에 사변 있을 때 일본이 이 길을 통해 지나를 횡단하여 인도에 이르면서 일본의 패권을 동양에서 떨치기 위한 동아대륙의 대도(大道)가 될 수 있다고 역설하였다.75)

민간 레벨에서는 1880년대 후반 이후 일본의 대륙진출을 통하여 서양으로부터 아시아를 지켜야 한다는 대아시아주의가 적극 표방되기에 이르렀다.76) 대륙낭인들과 玄洋社, 黑龍會 등의 단체는 서양

---

73) 岡義武, 『山縣有朋』, 岩波書店, 1958, 58쪽에서 재인용.
74) 위의 책, 61~62쪽 참조.
75) 1895년 시모노세키조약 조인 직후에 야마가타는 참모본부 차장 가와카미(川上操六)에게 보낸 서한을 통해 大連에서 金州로 이어지는 철도를 부설할 것을 제안하고, 이 철도는 장래 지나 및 인도 등과 접속되기 위해 廣軌로 해야 한다고 주장하였다. 위의 책, 62쪽.

열강의 아시아 침략에 대항하기 위해 일본이 대륙팽창을 통해 아시아를 보호해야 한다고 주장하였다. 대표적인 아시아주의자인 아라오 세이(荒尾淸)는 중국을 부강하게 하기 위해 일본이 중국을 정복하고 훌륭하게 통치하는 것이 중국을 부강하게 하고 아시아를 부흥시키는 길이라고 주장하였다. 스기타 테이이치(杉田定一)는 서양의 세력은 성하고 동양은 쇠퇴해 있으나, 일본이 아시아 지배를 통해 아시아가 쇠퇴의 길에서 벗어나 세력을 회복해야 한다고 주장하였다. 미야케 세츠레이(三宅雪嶺)는 일본이 러시아나 영국에 앞서 중국 경영을 맡아, 황색인종을 쇠퇴와 능멸로부터 구해 동양의 독자적 발전을 꾀해야 한다고 주장하였다.

명치기의 대표적인 지식인으로 평가되는 후쿠자와 유키치가 청일전쟁 전후의 시기에 아시아에 대해 어떤 입장을 취했는가에 대해서는 논쟁의 여지가 있다. 그러나 임오사변 발생 직후 후쿠자와가 조선 척화당에 대한 견제조치로 부산과 한성 점령을 주장하였고, 갑신정변 이후에는 청국과의 전쟁에 대비하여 군사비 확충의 필요성을 주장하였으며, 청일전쟁 이후에는 러시아와의 전쟁에 대비하여 군비를 확대할 것과 그 재원마련을 위한 증세를 주장했음은 기존 연구에서 이미 지적되고 있는 사항이다.[77] 즉, 청일전쟁을 목전에 둔 1880~1890년대의 시공간에는 서구 열강의 아시아 침략 위협, 특히 시베리아 철도 건설 등을 추진하고 있던 러시아의 위협에 대비하여 일본이 조선 및 중국 대륙에 팽창하는 것이 일본의 주권과 국가이익을 보호하는 유력한 정책대안이 될 수 있다고 믿는 숱한 호걸군들이 일본의 대외정책론을 주도하고 있었음을 알 수 있다.

---

76) 1880년대 이후 일본의 대아시아주의에 대해서는 咸東珠, 「明治期 일본의 아시아주의와 國權意識」, 『日本歷史硏究』 제2집, 일본역사연구회, 1995.9, 124~125쪽 참조.
77) 田中浩, 『近代日本と自由主義』, 岩波書店, 1993, 129~145쪽 참조.

5. 맺는 말

국제정치의 세계에서 인식의 요소는 결코 부차적인 대상이 아니다. 인식은 행위를 낳게 하는 원천이며, 정책을 결과시키는 출발점이다. 따라서 인식의 형성과 변천, 그리고 그 영향에 대한 관찰은 정치세계를 추동하는 내면의 논리를 파악하게 해주는 연구영역이 될 수 있다. 명치기 일본의 식자들과 관료들에 의해 개진된 대외관을 추적하는 연구는 근대 일본의 대외정책이 결정된 내밀한 속살을 파헤치는 연구영역이 될 수 있다. 정책의견서들과 신문의 칼럼란에 실린 논설들을 중심으로 근대 일본의 대외관을 추적한 본 연구를 통해 우리는 다음의 사항들을 확인할 수 있었다고 생각된다.

우선, 명치기 식자와 관료들은 국제질서를 계층적·구조적인 체제로 파악하고 있었다. 즉, 국제질서란 동일한 정치주권체가 서로 동등한 권리를 갖고 존재하는 상태가 아니라, 문명과 야만, 독립국과 종속국, 군사적 강국과 약소국 등 여러 기준에 의해 계층화된 국가들이 계서적으로 배열된 쟁탈세계라는 것이다. 이 같은 국제질서 파악방식은 도쿠가와 막부와의 정치적 거리, 혹은 코쿠다카(石高)에 따라 대번(大藩)과 소번(小藩), 중심과 주변으로 자신들을 계서화하였던 막번(幕藩)적 세계관의 외연을 글로벌 레벨로 확대시킨 것과 유사하다. 이 같은 구조적·계층적 국제질서관하에서 일본은 애초에 문명에 대한 반개(半開), 군사적 강국에 대한 약소국의 지위로 인식되어졌다. 이 같은 명확한 자기인식을 공유했기 때문에 오히려 명치 초기부터 중심에의 귀속, 강국에의 지향전략이 국가적 차원에서 합의를 이룰 수 있었던 것으로 보인다.

자신이 반개(半開)이고 약소국이었기 때문에 문명과 중심에 속한 타국에 대한 관심이 강렬하게 경주되었다. 러시아도 이 중 하나였다. 다만 막말기 이래 네덜란드를 경유한 양학적 지식의 영향, 혹은 일본과의 직접적인 접촉을 배경으로 러시아에 대해서는 우호와 협력적인 이미지보다는 위협과 경계의 시각으로 파악하는 경향이 초기부터 존재하였다. 따라서 공로론(恐露論)은 개국 이후 서양 여론 전파의 영향하에 수입된 담론이 아니라 막말기부터 형성된 자생적인 시각으로 보아야 한다.

명치 전기와 중기를 통하여 러시아 같은 대외적 위협에 대항하기 위하여 국내체제 정비론, 세력균형론, 혹은 대외팽창론이 일종의 외교안보전략으로 제기되었다. 다만 세력균형론의 대상으로서 초기 단계에서는 청국과 조선이 유력한 대상국으로 간주되었으나, 양국의 힘에 대한 재평가가 이루어진 명치 중기 이후에는 오히려 서구 강국을 연대와 제휴의 대상으로 간주하는 변화가 나타났다. 후쿠자와 유키치의 탈아론이 이러한 경향을 반영한다. 자신의 억지력을 강화하기 위하여 오히려 위협으로 인식된 상대적 강국과 제휴하여 당면한 대외적 위기를 극복하려는 현실주의적 감각이 연대대상의 변화 과정에서 발견되고 있다.

따라서 근대 일본에 나타났던 대외정책론, 즉 아시아팽창론 및 청한 연대론, 그리고 조선독립론이나 조선중립론은 아시아 국가들과의 양자관계에서 도출된 대외정책론만이 아님을 유의해야 할 것이다. 이러한 아시아정책론은 글로벌 레벨에서의 위협인식과 정세판단에 따라 자국의 힘과 방어태세를 보다 강화하려는 냉정한 현실주의적 계산하에 제출된 것이다. 이러한 아시아정책론을 호의적인 성격의 것만으로 보거나, 혹은 내재된 침략주의의 반영으로만 보는 것은 근대 일본의 대외정책이 이루어진 내면에 대한 이해의 부족을 드러내는 것이 될 것이다. 근대 일본의 아시아정책은 러시아위협론을 핵심으로 하는 쟁탈(爭奪)세계에 대한 대외관의 소산이며, 그러한 위협으로부터 자신을 보호하고자 하는 안보전략의 일환으로 연관성을 갖고 형성되었다고 보아야 할 것이다.

정치 경제적 관계

19세기 후반
러시아의 조선정책과 조러수호통상조약

민 경 현*

1. 머리말

   19세기 후반은 서양의 강대국들이 유럽의 경계를 넘어 세계 전역으로 영향력을 확대하던 시기이다. 러시아가 태평양 지역에 제국주의 국가로 등장했을 무렵, 이미 오랜 기간 이 지역에 적극적인 침투를 주도했던 국가는 전통적인 자본주의 질서를 대표했던 영국과 프랑스였다. 영국과 프랑스의 궤적을 따라 자본주의 신생 국가인 미국이 이 대열에 합세했다. 미국은 서유럽 열강들이 이미 중국에서 차지한 특혜를 분점하려고 시도했고, 일본을 조약체제에 편입시키기도 했다. 서양의 제국주의 열강들은 팽창 과정에서 무력을 동원했고, 불평등 조약을 강제했으며, 영토를 병합하기도 했다. 영국과 프랑스 그리고 미국의 뒤를 이어 극동에 진출한 러시아 제국주의는

---

* 고려대학교 사학과 교수

이들 열강들의 제국주의보다 더 선하지도, 더 악하지도 않았지만, 그들과는 다른 점이 있었다. 우선 러시아는 다른 서양 국가들과는 달리 해로가 아니라 육로를 통해 동아시아에 도달했고, 중국의 중심 지역이 아닌 변경 지역을 공략했다. 해상을 통해 중국에 접근했던, 산업과 정치에서 선진적이었던 서양 국가들이 중국의 이데올로기와 사회 체제를 문제 삼았던 것과는 달리 중국에 대한 러시아의 영향력은 상업과 군사 분야에 국한되었다. 이는 러시아의 정치 체제가 중국처럼 전제정이었고, 중국인들처럼 러시아인들은 무역과 자본가들을 경멸했으며, 중국에서와 같이 러시아인들에게 중요한 것은 예식과 예의와 명예였기 때문이다.

러시아 제국은 비록 경제적으로 다른 서양 열강들에 뒤쳐져 있었지만 동아시아 지역 국가들과 인접했다는 지리상의 장점을 이용할 수 있었다.[1] 그러나 1891년 시베리아횡단철도가 착공되기 이전까지 태평양에서 아직 확고한 군사력을 보유하지 못한 러시아가 극동에서 자국의 이권을 관철하는 방법으로 의존할 수 있었던 것은 외교 수단을 통해 중국, 일본 그리고 조선과의 이해관계를 조정하는 것으로 제한될 수밖에 없었다.

조약 체제에 편입되기 전 조선의 전통적인 대외관계는 사대와 교린에 바탕을 둔 중화 체제라 할 수 있다. 조선은 조공국으로서 국왕의 책봉을 중국에 요구하고, 중국의 역을 사용하며 조공을 바치는 데 반해, 중국은 종주국으로서 국왕을 책봉하고 조공에 대해 회사했다. 일본에 대해서 조선은 통신사를 파견했고, 조선과 일본 양국은 대마도주를 통하여 교류했다. 전통적으로 조선은 중국의 속국이었으나, 실제로는 조공제도의 틀 안에서 중국의 내정 간섭을 받지

---

1) 1870년 러시아의 선철 생산력은 40만 톤이었고, 영국은 600만 톤, 프랑스는 120만 톤이었다. A.J.P. Taylor, *The struggle for Mastery in Europe, 1848~1918*, London, 1954, pp.24~30.

않았다. 즉, 조선 정부의 친중국 성향이 전제되는 한 중국은 조선의 내정을 간섭하지 않았다. 그러나 강화도조약 체결 이후 일본 세력의 조선 침투는 조선에서 중국의 위기감을 크게 조성하기에 이르렀다. 이러한 중국의 위기위식이 1880년대 이르러 임오군란을 계기로 조선에 대해 적극적인 개입정책을 추진하게 만들었다. 중국이 이 시기에 조미수호조약이나 조영, 조독조약을 추진한 것은 바로 일본을 견제하려는 시도라 할 수 있다. 그러나 중국이 조선에서 추진한 적극적인 개입정책은 자연스럽게 조선에서 또 다른 차원의 이이제이정책을 대두시켰다. 1884년 체결된 조러수호통상조약은 이 두 차원의 관점에서도 설명될 수 있다.

19세기 러시아 제국 극동정책의 토대를 이루는 사건은 아무르강 지역과 연해주의 합병이었다. 그 결과 러시아 제국은 1858~1860년에 아무르강 주변 그리고 우수리강과 동해에 프랑스와 독일의 영토를 합한 면적에 해당하는 40만 평방 마일의 광활한 영토를 획득함으로써 극동 지역에서 확고한 발판을 구축할 수 있었다.[2] 이 사건으로 러시아는 조선의 인접국이 되었고, 기존의 세계관으로 러시아를 포괄할 수 없었던 조선은 새로운 대외질서를 설정해야 했다.

본 연구에서는 조선과 러시아가 새로운 이웃국가가 된 19세기 후반 조선과 러시아가 체결한 조러조약의 배경과 내용을 분석하고자 한다.

2. 러시아의 관망정책

조선과 러시아가 인접국가가 된 1860년부터 두 나라가 공식적인 외교관계를 수립하는 시기까지 조선과 러시아의 주된 관계는 러시

---

2) D.J. Dallin, *The rise of Russia in Asia*, New Haven, 1949, p.23.

아 정부와 러시아로 이주하는 조선인과의 관계라 할 수 있다.3) 러시아 제국의 조선이주민정책은 몇 단계를 거치면서 점점 러시아 중앙정부의 중요한 문제로 부각되었다. 첫 단계는 조선인 이주민 관리를 포시에트에 설치된 경비대에서 주도한 시기이다. 러시아 제국의 조선인정책은 노브고로트 경비대장-연해주 군무지사-동시베리아 총독-외무성이라는 라인에서 결정되고 추진되었다고 할 수 있지만, 대부분의 일은 경비대장과 군무지사의 협의를 통해 방향이 정해졌다. 둘째 단계는 조선인 이주민들이 남우수리 지역을 벗어나서 한인촌을 건설하는 시기이다. 1869년 이후 러시아 정부는 조선인 이주민을 제한하기 위한 여러 방책을 시도했다. 첫째는 조선 정부에 협조를 구하는 것이었고, 둘째는 접경 지역인 남우수리 지역을 벗어난 연해주의 내륙 지역과 아무르 지역에 조선인을 다시 한번 이주시키는 일이었다. 이 시기 조선인 문제는 이전 시기보다 러시아 제국에 있어 더욱 중요한 것이 되었고, 연해주 군무지사 또는 아무르 군무지사-동시베리아 총독-외무성이 이를 관할했다. 이 시기는 1884년까지 지속된다. 1884년은 동시베리아로부터 프리아무르 지역이 분리되는 시기이고, 그 이후의 조선인 문제는 연해주 군무지사 또는 아무르 군무지사-프리아무르 총독-외무성이 관장한다. 그러나 그때는 러시아와 조선 사이에 외교관계가 수립되는 시기였고, 조선과 러시아의 관계가 조선 이주민과 러시아 정부의 관계를 뛰어넘는 질적인 도약을 하는 시기였다. 1860년 연해주를 획득한 러시아 제국에게, 무역과 이주민 문제와 더불어 한반도가 지닌 또 하나의 중요성은 부동항 획득에 관한 문제였다. 당시까지 러시아 제국이 지닌 모든 항구가 기후가 혹독하거나 대양으로부터 멀리 떨어져 있고 러시아의 모든 해군력이 내해에 갇혀 있었다는 점

---

3) 민경현, 「19세기 후반 러시아의 대조선 정책」, 『한국러시아문학연구논집』 23, 한국러시아문학회, 2006, 330~331쪽.

을 감안하면, 한반도 주변 태평양의 항구들은, 특히 러시아 제국의 해군부에 대단한 매력이 아닐 수 없었다.[4] 러시아 해군 소장 리하체프의 보고서에 따르면, 당시 러시아 제국이 연해주를 통해 태평양으로 진출할 수 있는 길은 세 갈래였다. 세 길은 사할린과 마테마이섬 사이의 라페루즈해협, 마테마이와 일본 중간의 산가르시키해협 그리고 일본과 조선 사이의 대한해협이다. 그중에 대한해협이 가장 중요하다는 것이 러시아 해군성의 분석이었다. 이 통로를 잃게 되면 동태평양에서 해군력을 증대하기 위한 모든 시도가 무위로 돌아갈 것이라고 판단한 해군부는 러시아 제국을 위해서는 연해주와 태평양을 잇는 이 길들이 항상 중립상태로 남아있어야 한다고 판단했다. 그를 위해서 러시아 제국의 당면 과제는 영국은 물론, 어떤 다른 국가도 이 지역에서 러시아에 적대적인 영향을 끼칠 정도로 기반을 강화하지 못하게 하는 것이었는데, 그 방법은 우선 당시로서는 교섭과 평화적 수단에 의존해야 했다. 그들은 러시아와 태평양을 잇는 이 해협이 보스포로스해협과 같은 의미를 지닌다고 판단했다. 즉, 보스포로스 해협을 다른 나라가 소유한다면 러시아의 모든 해군력이 러시아 내부에 갇히는 것처럼 이 해협이 중요하다고 보았다.[5] 그러나 러시아 정부는 동아시아령에 대한 식민화가 결국 전반적으로 실패하면서, 조선인에 대한 정책을 소극적으로 전개했을 뿐만 아니라, 조선 정부와 동아시아에 대한 관심도 점차 퇴조하

---

4) РГАВМФ, ф.410, оп.2, д.2385, л.1.
5) 예컨대, 러시아 해군부는 쓰시마섬을 관리하는 방법에 관해 세 가지 안을 계획했다. 하나는 러시아 제국이 섬 전체 또는 일부를 점령하는 것, 둘째는 섬의 일부에 러시아 제국이 창고와 병원 등을 건설할 수 있도록 허락을 받고 선박과 함대가 왕래하는 것, 그리고 셋째 방법은 이 섬이 모든 유럽인들에게 개방되지 않도록 하는 것이다. 그중 러시아 해군부는 당시 가장 적절한 것으로 셋째 방법을 선택하도록 보고했다. РГАВМФ, ф.410, оп.2, д.2385, лл.2~6.

기 시작했다. 1860년부터 시베리아횡단철도가 부설되기 이전까지 혹독한 기후, 적은 인구, 불안한 교통수단, 식량 기지의 부족, 방위의 어려움 등은 많은 사람들이 이 광활한 지역을 경제적 가치가 없는 것으로 여기게 했다. 1860년 조선이 러시아와 국경을 접한 시기부터 조선과 러시아의 국교가 수립되는 1884년에 이르기까지 조선에 대한 러시아의 태도야말로 동아시아에 대한 러시아의 외교정책이 방치되었음을 입증하는 가장 눈에 띄는 사례라고 할 수 있다. 이 시기 러시아는 조선을 무역에 개방시키거나 조약을 통해 기존의 무역을 합법화하려고 시도하지 않았다.[6]

영국, 프랑스, 미국 그리고 일본 등의 제국주의 국가들이 조선과의 조약 체결을 강요하던 시기 러시아의 대조선정책과 극동정책의 기조는 현상 유지와 관망정책(Выжидательная Политика)이었다. 프랑스가 조선을 침공했던 1866년에도, 다른 제국주의 국가들은 이 기회에 조선과 조약을 체결하려고 했지만 러시아는 달랐다. 당시 중국 주재 러시아 공사였던 블랑갈리(А.Е. Влангали)는 1866년 10월 고르차코프(А.М. Горчаков) 외무대신에게 "시베리아 동부 지역의 상황을 고려하면, 지금 조선 문제를 제기하는 것은 시기상조이며, 우리가 만약 그렇게 하면 오히려 우리보다 다른 나라들이 유리할 것"이라는 의견을 전달했고, 이에 대해 알렉산드르 2세는 타당하다는 견해를 표명했다.[7] 프랑스의 조선 침략이 실패한 이후, 중국 주재 미국 공사인 벌린게임(A. Burlingame)이 조선에서 "프랑스, 영국과 함께 조약을 체결하자."고 권유했을 때에도 고르차코프 외무대신은 그 제안을 거절하고, 프랑스와 영국이 해군 원정을 해도 러시아는 현재의 국경에 만족할 것이라고 답변했다.[8]

---

6) A. Malozemoff, *Russian Far Eastern Policy*, California, 1958, p.15.

7) В.Д. Пак, *Россия и Корея, Москва*, 1979, с.44.

8) В.Д. Пак, там же, с.45.

극동 지역과 조선에 대해 러시아 정부가 이러한 관망정책을 선택한 데에는 중앙과 극동 간의 거리(отдаленность)가 중요하게 작용했다. 그 이유 때문에 극동 지역은 중앙정부와 통신이 제대로 이루어질 수 없었고, 따라서 군사력도 이 지역에 집중시킬 수 없었다. 그러한 연장선상에서 러시아 정부는 조선뿐만 아니라 중국과 일본에 대해서도 적극적인 외교정책을 시도하지 않았다. 이러한 상황에서 러시아 정부가 우려했던 것은, 러시아 정부와 적대적인 제국주의 국가가 조선의 항구들을 봉쇄함으로써 러시아 해군의 통로를 차단하는 일이었다. 그러한 이유로 러시아 정부에게 조선의 독립은 중요한 문제였다. 그러나 조선의 개항은 또 다른 문제였다. 그것은 조선의 개항으로 조선에 진입할 서방의 정부와 기업을 러시아의 정부와 기업이 통제할 수도 없었고, 경쟁하기에도 불리하다고 판단했기 때문이다.[9]

1873년 일본 정부가 조선 정복을 기도하면서 러시아 정부에 이를 통보하고, 일본이 5만여 명의 군사로 조선을 침공할 것이고 러시아가 이 전쟁에서 일본에게 호의적인 입장을 보여주기를 기대한다고 했을 때에도 러시아 외무부의 반응은 회의적이었다. 일본의 외무상 소에지마 타네오미(副島種臣)로부터 직접 러시아 정부의 견해를 묻는 질문을 받았던 러시아 중국 대리대사 뷰초프(Е.К. Бюцов)는 이에 대해 "일본의 조선 정복 기도가 성공한다면 그 후 일본 정부가 원하는 것은 무엇인가? 과연 일본 정부는 조선의 독립을 보장할 수 있는가?"라고 반문했다. 결국 1873년 8월 말 소에지마는 뷰초프에게 조선 정벌을 위해 일본 군대가 러시아 해안에 상륙하는 것을 허용해 달라고 요청했지만, 러시아 외무부는 이를 거절했다. 뷰초프를 통해 러시아 외무부가 밝힌 이유는 일본 군대가 러시아 해안에 상

---

9) В.Д. Пак, там же, сс.44~45.

륙하면 다른 열강들의 주목을 받게 될 것이고, 러시아와 일본 사이에 중국이나 다른 유럽 열강들에 적대적인 비밀 조약이 존재하는 것처럼 인식될 수 있다는 점이었다.[10]

3. 조러수호통상조약

조선과 러시아의 수호조약에 관한 최초의 언급은 김옥균과 로젠의 대화에서 찾을 수 있다. 임오군란 이후 사절단으로 일본을 방문한 김옥균, 민영익, 박영효 등은 당시 일본의 러시아 공사였던 로젠과 만난 자리에서, 연해주로 이주한 조선인들에게 러시아 정부가 제공하는 지원에 감사하며 조선과 러시아가 우호관계를 맺을 것을 희망했다. 그들은 중국의 지나친 내정간섭을 성토하고, 조선의 독립을 위하여 러시아와 조약을 체결하고 싶다는 의사를 러시아 정부에 전달해 줄 것을 요청했다. 김옥균 등은 로젠에게 임오군란의 책임은 이홍장에게 있다고 하며 그를 비판했고, 중국인들이 조선을 배신하여 대원군을 납치했다고 분노했다. 그 자리에서 당시 조선 공사였던 박영효는 조선은 완전한 독립국으로, 중국의 속국이 아니라고 설명했다. 중국과 조선의 관계는 단지 정신적인 것으로, 양국은 종교와 문자, 연호가 같고, 중국 황제에게 조선이 공물을 보내는 이유는 단지 중국을 손위 형제 국가로 생각하기 때문이지 조선이 중국의 속국을 의미하는 것은 아니라고 해명했다. 사절단은 조선의 자주와 독립을 보장받기 위해 조선 정부가 선택한 방법은 중국의 중재나 협조 없이 열강들, 특히 러시아와 조속하게 조약을 체결하는 것이라고 설명했다.[11]

---

10) АВПРИ, ф.1, оп.8, д.183, л.66.
11) РГАВМФ, ф.410, оп.2, д.4122, лл.168~171.

조선이 다른 구미 국가와 조약 관계에 들어가지 않는 한 관망정책을 고수한다는 러시아 정부의 조선을 향한 소극적인 정책은 조선이 외국의 무역에 개방되면서 전기를 맞는다. 한반도가 지니는 지정학적 중요성에 대해 러시아 제국은 "조선의 위치가 중국, 일본 그리고 러시아 사이에서 중심이고 지배적이라고" 평가하고, 러시아와 중국 사이에 위치한 조선에서 우세한 영향력을 행사하는 국가가 향후 동아시아 정세를 결정할 것이라고 인식했다.[12]

그러나 1876년 조선과 일본 사이에 첫 통상조약이 체결되었을 때만 해도 조선에 대한 러시아정책의 기조는 조선의 개방을 반대하는 것이었다.[13] 그러나 서방 국가인 미국과 조선 정부가 수교 조약을 체결하려 한다는 소문을 북경 주재 외교관(코얀데르, Кояндер)을 통해 보고받아[14] 러시아 제국의 조선정책은 소극적인 관망에서 적극적인 개입으로 변화했다. 러시아 외무부는 북경의 대리공사에게 조선의 개항에 협력하기보다는 조선이 개항하지 않는 것이 러시아뿐만 아니라 중국을 위해서도 이익이 될 수 있다는 것을 중국 대신들에게 설득하라는 비밀 전문을 전달했다.[15] 이 전문에서 러시아 외무부는 조선의 개방은 미국과 유럽 국가들에게는 이익이 될 수 있지만 러시아나 중국에게는 그렇지 않다는 것을 강조했다. 즉, 러시아 제국은 마지막 순간까지 조선이 서방 국가들에 개방되는 것을 반대했고, 그것을 관철하기 위해 중국과 친선 관계를 유지하려고 노력했다. 물론 이를 위해 조선과 직접 수교를 기획하는 것도 유보했다.

조선의 개방을 우려하는 러시아 제국의 정책 기조는 1882년 5월

---

12) РГАВМФ, ф.23, оп.1, д.52, л.33.
13) РГАВМФ, ф.410, оп.2, д.4122, л.3.
14) РГАВМФ, ф.410, оп.2, д.4122, л.4.
15) РГАВМФ, ф.410, оп.2, д.4122, л.5.

중국 정부의 주재하에 미국과 조선이 조약을 체결했고, 영국과 프랑스가 조선과의 교섭을 위해 외교관을 파견할 것이라는 보고를 확인한 이후에야 근본적으로 변화했다.16) 이때를 기점으로 러시아 제국은 미국과 조선이 체결한 것과 유사한 조약을 체결하기 위해 노력했다.

1882년 조선과 미국이 조약을 체결했다는 사실이 알려지자 러시아 외무성은 중국 주재 대리대사 뷰초프에게 조선 정부와 교섭하려면 중국을 통해야 하는지, 직접 추진할 수 있는지를 문의했다. 뷰초프는 미국과 조선 사이에 진행되는 조약 체결 과정에 대해 상세히 보고했다. 미국의 외교관이 서울에 체류할 것이고, 개방된 항구들에서는 영사에게 재판권이 부여될 것이라는 것과, 수출품과 수입품의 관세율에 관해서도 자세한 정보를 제공했다.17) 뷰초프는 조선과 조약을 체결하기 위해서는 중국의 중개가 필요함을 알렸고, 미국과 회담이 끝난 후 조선과 러시아의 조약이 체결되도록 중국이 중개하겠다고 약속했음을 보고했다.18) 이에 대해 러시아 외무부는 조선과 미국의 조약에서 육로통상이 언급되지 않았으므로 그와 같은 조약은 러시아의 국익에 부합되지 않는다고 판단했다. 이에 따라 뷰초프 공사는 중국 정부에 러시아가 조선의 접경국임을 감안해 육로무역에 관한 합의를 조러조약에 포함시키는 것을 허용해 줄 것을 요청했다. 그러나 이홍장은 이를 거부했다.

러시아 측 조약안을 조선 정부에 전하기 위해 파견된 마건창은 육로무역 조항이 조러조약에 포함되어서는 안 된다고 조선 정부를 설득했다. 이에 따라 조선 정부는 북경으로 보낸 회신에서 육로무역 조항을 불허했다.

---

16) РГАВМФ, ф.410, оп.2, д.4122, л.11.
17) РГАВМФ, ф.410, оп.2, д.4122, л.13.
18) В.Д. Пак, там же, с.52.

1882년 7월 러시아 외무부는 조러조약을 준비하기 위해 천진 주재 러시아 영사인 베베르를 블라디보스토크로 파견했다. 러시아 외무부가 조러조약을 위해 베베르를 블라디보스토크로 파견한 것은 러시아 정부가 조선과 국교를 체결하는 데 있어 육로 무역을 얼마나 중요하게 인식했는지를 짐작하게 해준다. 베베르는 이후 조선과의 조약체결에 관해 전권을 위임받았으나 임오군란으로 서울 파견이 연기되었다. 러시아 외무부는 일본 주재 공사인 다비도프와 중국 주재 공사인 포포프(В. Попов)에게 조선을 외세의 음모와 무력으로부터 보호하면서 영국과 독일이 조선과 조약을 체결할 때까지 기다리라는 훈령을 보냈다.[19]

영국과 독일이 보다 유리한 조건을 확보하기 위해 조선과 새로운 회담을 진행한다는 사실이 알려지자 기르스 외무대신은 1883년 한편으로는 기존의 현상유지정책을 견지할 것을 요구하면서 다른 한편으로는 영국과 독일의 시도가 성공할 경우 러시아가 누릴 수 있는 특권에 관해 보고했다. 그러나 1884년 이홍장은 고종에게 보낸 서한을 통해 조선과 러시아 간에 육로무역이 발전하면 불가피하게 분쟁이 일어나고 러시아인들이 이를 이유로 삼아 조선을 강점할 수 있으리라 암시하고, 조선은 러시아에 해로무역만을 허용하는 조약을 체결해야 한다고 권유했다. 이홍장은 조선과 러시아의 육로무역이 중국 국경 근처에서 실시되므로 그 무역을 허용하기 위해서는 사전에 중국 정부와 협의해야 한다는 것을 러시아 사절단에게 설명할 것을 요청했다.[20]

미국과 영국 등 제국주의 국가들과 조선과의 교섭을 세밀히 관찰하던 러시아는 1883년 조선과 영국이 조약을 체결하자 본격적으로 조

---

19) В.Д. Пак, там же, с.56.
20) В.Д. Пак, там же, с.57.

선과의 수교를 시도했다. 그리고 프랑스가 1884년 중국과 전쟁을 벌이면서 안남 북부를 점령하는 등 세력을 확장하자 러시아 역시 동아시아에 대해 적극적인 관심을 나타냈다. 러시아의 동아시아에 대한 관심은 우선 극동 지역의 중요성을 역설하는 코르프(А.Н. Корф)를 1884년에 프리아무르 총독으로 부임시키는 것으로 표현되었다. 그 시기에 조선 정부는 다시 한 번 김옥균 등 여러 개화파 인사들을 러시아 외교 당국에 보내 조선의 자주 독립과 러시아와의 우호 관계 강화를 희망한다는 메시지를 전달했다. 러시아는 조선이 자주독립을 유지하기 위해 중국의 세력을 물리치고 러시아의 지지를 받으려 한다는 사실을 알게 되었다. 러시아 정부는 조선이 남우수리 지역 주민에게 가축과 식량을 제공할 수 있는 유일한 시장이라는 사실을 인정하고 다른 열강들과 동일한 조건에서 조선과의 조약 체결을 희망하였다. 그리고 이 목적을 위해 베베르를 조선에 파견하였다. 1884년 7월 7일 서울에서 베베르와 조선의 외무대신 김병시는 조러수호통상조약(русско-корейский договор о дружбе и торговле)을 체결하였다.[21]

조러수호통상조약은 조영조약 등을 모델로 하여 만들어졌으며 조영조약처럼 13개 조항과 부속통상장정으로 구성되었다. 이 조약의 2조에 의해 조선과 러시아 양국은 정식으로 양국의 수도에 외교 대표를 영구히 또는 일시적으로 주재시킬 수 있었다.[22] 그러나 총영사, 영사 혹은 부영사는 오직 다른 국가의 영사관이 주재하는 개항장에 한해서만 주재시킬 수 있다(Консульские агенты могут

---

21) Б.Б. Пак, *Российская дипломатия и Корея, 1861~1888*, Москва, 1998, с.97.
22) 1884년 7월 7일 조인되고 1885년 4월 14일 러시아 짜르가 비준하고 10월 14일 서울에서 교환된 한러수호통상조약 본문 2조. 『구한말의 조약』 하, 국회입법조사국, 1989, 1~55쪽 참조.

быть назначаемы лишь в те место в которые допускаются агенты других дежав)23)는 조항 때문에 조선은 블라디보스토크에 영사관을 설치할 수가 없었다. 이 조항은 기존의 조영조약과는 내용이 다르다. 소영조약에서는 외국무역을 하는 지방의 항구 또는 장소에 총영사, 영사 혹은 부영사를 주재시킬 수 있다고 기술되었다 (The High Contraction Parties may each appoint a Consul-general, Consuls, or Vice-Consuls, to reside at any or all of the ports or places of the other which are open to foreign commerce).24)

3조는 당시 서양 강대국들과 조약을 체결했던 약소국들에게 불평등하게 적용되었던 영사재판권에 관한 내용이다. 즉, 조선에 거주하는 러시아인의 생명과 재산에 관한 소송사건은 오직 러시아 영사관 또는 이에 관해 전권을 지닌 러시아 관리만 주재할 권한을 갖고, 조선 정부의 간섭은 받지 않는다는 내용이다.25) 이에 따라 조선의 러시아인들은 러시아 제국의 백성으로 조선의 법률에 구애받지 않고 일종의 치외법권 신분을 취득할 수 있었다. 조선에 거주하는 러시아 관리 혹은 러시아인에 대하여 조선 정부 또는 조선인이 소송을 제기할 때에는 조선인의 참여나 조선 법률의 적용 없이 러시아 관리가 러시아 법률에 의거하여 판결하도록 하였다. 그러나 반대의 경우, 즉 조선에서 조선인에 대해 러시아 정부 또는 러시아인이 소송을 제기했을 때에는 조선의 관리가 조선의 법률에 의거하여 판결하도록 하였다. 이처럼 조러수호조약은 완전한 영사재판권을 향유하면서, 러시아인이 조선에서 치외법권의 특권을 누리도록 하였다. 조러조약에 나타난 러시아인의 치외법권을 정당화하기 위해 조러조

---

23) 위의 문서.
24) 1883년 11월 26일 조인되고 1884년 4월 28일 비준교환된 한영수호통상조약 본문 2조.『구한말의 조약』하, 308~370쪽 참조.
25)『구한말의 조약』하, 1~55쪽 참조.

약의 선후속약(先後續約)의 제1항은 본문의 3조에 관해 부언 설명하면서 조선에서 러시아인이 누리는 치외법권은 향후 조선의 법률 재판법 등이 현저하게 개정되고, 조선의 재판관 또한 러시아 재판관처럼 독립적인 권리를 지니게 되어 러시아인이 조선의 재판에 복종하는 것이 당연할 정도로 인정되면 러시아 정부는 치외법권을 철폐한다고 설명했다.26)

조러조약은 개항장에 관해서는 제4조에서 설명했다. 조약에 따르면 조선 정부는 제물포, 원산, 부산, 서울 그리고 양화진을 러시아와 통상을 위해서(정확히는 러시아의 무역을 위해, для русской торговли) 개방하고,27) 각 개항장에서 러시아인들은 토지와 가옥을 임차하거나 구매할 수 있고, 주택이나 창고 그리고 공장을 건축할 수 있는 권한이 있었다. 그와 함께 그들은 그곳에서 그들의 종교를 자유롭게 향유할 수 있었다. 이를 위해 조선 정부는 그 기지를 원래의 소유주로부터 구매하여 러시아인들이 점유할 수 있도록 준비해야 했다. 그 경영 비용은 토지 매각 소득에서 우선 부담하도록 했고, 조선 정부가 러시아 당국과 협정한 연리세(年利稅)는 조선 정부에 지불하도록 했다. 조선 정부는 개항장 이외의 지역에서도 개항장으로부터 10리 이내의 지역에서 러시아인이 토지와 가옥을 임차, 구매하는 것을 허용했다. 러시아인들은 여권 없이 개항장으로부터 100리까지 이동할 수 있고, 여권을 소지한 경우에는 조선 전역을 이동할 수 있었다. 그러나 조선 정부가 허용하지 않는 서적이나 인쇄물을 러시아인이 소지하는 것은 금했다. 여권은 러시아 영사가 발행하되 조선 지방 당국이 이에 날인해야 했다. 러시아인은 조약이 금지하지 않은 상품을 반입하거나 반송할 권리가 있고, 조선인

---

26) 『구한말의 조약』 하, 1~55쪽 참조.
27) 『구한말의 조약』 하, 1~55쪽 참조.

또는 다른 외국인과 사업을 할 수 있는 권한이 있었다.

조러조약에서 가장 중요한 내용은 무역과 관세에 관한 규정이라 할 수 있다.[28] 조약에 의하면 조선의 개항장에서 러시아인은 조약이 금시하지 않은 모든 상품을 조약의 부록에 규정된 관세율에 따라 관세를 지불한 후에 조선에서 판매할 수 있었다. 러시아인은 조선 정부의 간섭 없이 상업거래를 할 수 있고, 공업에도 자유롭게 종사할 수 있었다. 수입뿐만 아니라 수출도 조선의 개항장에서 자유롭게 허용했다. 조러조약의 관세 문제는 다른 분야처럼 조영조약이 모델이었다. 1882년 6월 체결한 조영조약 비준안에서 수입관세율은 일반상품이 10%이고 사치품이 30%였다. 그러나 1882년 10월에 체결된 조청장정의 통상 규정은 수입품에 대한 관세율이 5%였다. 이를 근거로 영국 정부는 조영조약 비준을 거부하고 조약의 개정을 요구했다. 결국 1883년 개정된 조영조약은 영국이 중국에서 시행 중인 7.5%의 수입관세율을 기준으로 영국이 일본에 제출했던 조약개정안에 첨부된 세분화된 수입관세율을 적용시켜 세칙에 반영했다.[29] 1883년 비준된 조영조약의 세칙과 세율은 조러수호통상조약에도 준용되었다. 그러나 품목을 면밀히 관찰하면, 조영조약의 관세 세칙에 포함된 상품이 조러조약에는 생략된 것들이 다수 있고, 조영조약과 비교하여 하향조정된 품목도 발견된다. 예컨대 조영조약에서 5%의 수입관세율을 적용했던 목화와 밀가루 그리고 7.5%의 종이와 모시 등은 조러조약에서 항목이 삭제되었고, 조영조약에서 7.5%의 관세율을 적용받았던 해초는 조러조약에서는 5%의 관세율을 적용받았다.

조러수호통상조약에서 중요한 또 하나의 분야는 러시아 군함에

---

28) 『구한말의 조약』 하, 1~55쪽 참조.
29) 한승훈, 「조영조약과 불평등조약체제의 재정립」, 고려대 석사학위논문, 2004, 39쪽.

관한 조항이라 할 수 있다. 이에 따르면 러시아 군함은 개항장뿐만 아니라 조선의 모든 항구에 자유롭게 입항할 수 있고, 선박 수선이나 보급의 편의를 제공받으며, 무역 규칙이나 항구 규칙으로부터 자유롭고 항구세도 면제받았다.30) 조약은 난파선에 관해서도 규정하고 있다. 조선의 해안에 난파한 러시아 선박에 대해 조선 정부는 의무적으로 원조를 제공해야 했다. 그 외에도 조약은 최혜국 대우에 관한 조항을 포함했다. 러시아는 계약 안에 최혜국 대우를 명문화함으로써 조약 당시에 얻지 못한 이익일지라도 추후 타국과의 조약에서 그것이 해결될 때 그것을 균점할 수 있도록 사전에 면밀한 조치를 취했다.31)

다른 열강들과의 조약들과는 달리 조선과 러시아의 수교를 위한 조약은 실질적인 이유가 있었다. 하나는 국경에서 이뤄지고 있는 밀무역을 정상화하는 일이었고, 다른 하나는 조선인들의 러시아 이주 문제를 해결하는 일이었다. 그러나 1884년의 조러수호조약은 밀무역을 합법화하는 데에는 나아가지 못했다.

러시아 외무대신인 기르스는 1884년 초에 베베르에게 조러조약 체결이 조선과 영국, 조선과 독일의 조약체결과 같은 조건에서 진행되어야 한다는 사실을 강조했다. 또한 개항된 모든 항구에 총영사, 부영사와 영사들을 임명한다는 내용을 첨가하였다. 그러나 조-러 간의 육로무역개설에 관한 문제는 유보되었다. 베베르에게 전달된 더욱 중요한 지시사항은 조선 정부와의 조약 체결 시 중국인들의 참여를 철저히 배제하라는 것이었다. 이는 당시 중국이 조선과 미국, 영국과의 조약을 체결하는 데 깊이 관여하면서 조-러 간에 긴밀한 관계가 발전하는 것을 방해했기 때문이다.32) 중국은 조선과

---

30) 『구한말의 조약』 하, 1~55쪽.
31) Б.Б. Пак, там же, с.98.
32) Б.Б. Пак, там же, с.57.

1882년 청상민수륙무역장정(淸商民水陸貿易章程)을 체결함으로써 조선과 중국의 육로통상을 합법화한 뒤 러시아가 조선과 육로무역에 관한 조약을 체결하려는 요청을 강력히 반대했다.33)

러시아 정부는 조러수호조약으로 다른 서방 열강들과 유사한 권리를 부여받았으나 러시아 상선대가 극동에는 거의 없었고, 블라디보스토크와 유럽 본토 사이의 교통도 발달되지 못했을 뿐만 아니라 태평양 해안에 있는 러시아 항구들 사이에도 직통 해상 수송편이 거의 없었으므로 러시아가 해로통상의 권리를 갖게 되었다고 해도 경제상의 의미는 거의 없다고 판단했다. 따라서 조러조약 체결에 대한 러시아 정부의 반응은 부정적이었다. 러시아 재무부에서도 조러조약에서 육로통상이 필수적인 사항임을 강조하였다. 동시베리아 총독인 아누친(Д.Г. Анучин)은 "러시아가 해로를 통해 조선으로 가져갈 것도 조선으로부터 가져올 것도 거의 없는 상황에서 조선 항구의 개방은 러시아에게 유익이 되지 못하며, 조선 정부가 다른 열강들의 압력에 의해 러시아에게 육로를 차단한다면 결과적으로 남우수리 지역에서 필수적인 조선의 가축과 식량공급은 불가능하게 된다."고 우려했다. 따라서 그는 조선과의 조약체결을 수정하여 일정한 조건하에서 육로통상에 대한 허락을 얻어내야 한다고 주장하였다.34)

1884년 조러수호통상조약에 대한 비판은 정계에 한정되지 않았다. 1886년 포포프는 『관찰자(Наблюдатель)』라는 잡지에 게재된 「조선 문제(Корейский вопрос)」라는 논문을 통해 러시아와 조선의 관계에 관한 자신의 견해를 발표했다. 그는 조선에 대한 러시아의 지나친 관심의 증대를 경계하면서, 조선에 대한 러시아의 관여

---

33) 김정기, 「1876~1894 청의 조선정책 연구」, 서울대 박사학위논문, 1993, 64쪽.
34) АВПРИ, ф.9, оп.8, д.18, л.147.

는 영국과 일본이 지지하는 청국과 적대적인 관계를 초래할 것이며, 영국과의 관계도 더욱 악화될 것이고, 이러한 상황을 독일이 악용할 수 있을 것이라고 경고했다. 극동으로의 진출로 인해 러시아 정부는 영국과 적대적인 관계를 심화시켜서는 안 된다는 것이 그의 결론이었다.35)

1884년의 조약으로 조선의 항구가 러시아의 무역에 개방되었지만, 조선에 대한 러시아의 정책은 다시 한 번 적극적이고 공세적이라기보다는 소극적이었다. 조선 문제에 대한 정책을 결정하기 위해 열린 1888년 5월 8일의 회의에서 아무르주 총독 코르프와 외무부 아시아 국장 지노비에프는 다음과 같은 견해를 피력했다.

> 조선의 획득은 러시아에 전혀 이득이 되지 않고, 오히려 상당히 불리한 결과를 가져다 줄 수 있다. 매우 가난한 국가인 조선은 러시아에게 유익한 시장이 될 수 없다. 그것은 태평양에 인접한 러시아령의 산업이 발전하지 못한 것을 고려한다면 더욱 그렇다. 만주 옆에 위치한 조선을 특정 상황에서 우리의 중요한 전략 기지로 전환시킬 수는 있다. 그러나 조선은 방어의 어려움 때문에 전략 기지로서 중요성이 떨어진다. 조선은 너무 멀리 떨어져 있다. 결국 우리가 조선을 획득하는 것은 청국뿐 아니라 영국과의 관계를 손상시킬 것이다.36)

4. 맺음말

19세기 후반 후발 제국주의 국가인 러시아는 동아시아 지역에서 서양의 열강들과 아직 정면으로 대결할 수 없었다. 차선의 대응책

---

35) В.Д. Пак, там же, с.61.
36) A. Malozemoff, op. cit., p.17.

으로 러시아 정부의 대조선정책 기조는 조선에 대한 중국의 전통적인 주종관계와 일본의 독점적인 조선 지배를 저지하여 조선을 중국과 일본의 구속으로부터 벗어나게 하는 것이었다. 적어도 시베리아 철도가 완성되기까지는 명목상이나마 조선의 독립을 유지하게 하여 타국이 이용하지 못하게 하는 것이 러시아 정부의 기본정책이었다. 즉, 러시아 정부가 조선을 당장에 보호령화하는 것은 여건상 어렵지만, 그렇다고 조선이 중국이나 일본의 보호령으로 전락하는 것도 방지해야 했다.

19세기 중엽까지 조선의 유일한 인접 국가는 중국이었다. 그때까지 조선은 중국의 세계관을 따라 세계를 이해해야 했다. 19세기 중엽 조선엔 또 하나의 인접국가가 탄생했다. 러시아 제국이 1858년과 1860년 아이훈조약과 북경조약으로 연해주와 아무르주를 획득한 이후 러시아는 조선의 또 하나의 인접국가가 되었다. 그때는 조선이 새로운 세계관을 준비해야 할 시기였다.

조선과 러시아가 인접국가가 된 1860년부터 1870년대 초까지 조선 문제에 대한 러시아의 주요정책은 한반도에 현 상황을 유지시키는 것이었고, 구체적으로는 일본이 한반도를 지배하기 위해 시도하려는 전쟁을 방지하는 일이었다. 그 때문에 러시아 정부는 일본 정부가 조선을 침공하기 위해 러시아 해안에 일본 군대를 상륙시키려는 요청을 거부했다. 그러나 그 당시 러시아 정부는 일본의 침략 행위 자체를 저지할 수 있는 충분한 군사력을 극동 지역에 보유하지는 못했다. 1876년 일본 정부가 조선 정부에 수호통상조약을 강요하여, 조선이 자본주의 열강에 반식민지로 전락하는 길을 열어놓았을 때에도 조선에 대한 러시아 외무부의 정책 기조는 여전히 관망정책이었다. 그러나 서양의 열강들이 조선에 진출하는 시기부터 러시아 외무부는 조선 문제에 적극적으로 개입하여 조선이 서양 열강들과 조약을 체결하는 것을 방해했고, 그럼으로써 한반도에 현 상태를 유지시키고자 했다. 이 시기 중국과 일본에서 러시아 외무부의 가장 중요한 활동 중의 하나는 미국이 조선과 조약을 체결하는 것을 방지하는 일이었다. 그러나 이러한 러시아 외무부의 시도는 성공하지 못했다. 중국 정부는 서양 열강들과 조약을 체결하도록 조선 정부에 집요하게 권유하여, 그 과정을 통해 한반도에서 중국의 영향력을 확대하려 하였다. 결국 조선 정부는 1882년 미국과 조약을 체결했고, 그 후 영국에 이어 독일과도 조약을 맺었다.

이후 러시아 외무부는 조선과 러시아의 국경 문제를 위한 회담을 제안하면서 조선 정부와 직접 접촉할 수 있는 길을 모색했다. 1884년 체결된 조러수호통상조약은 조영조약을 모델로 작성되었다. 이 조약은 다른 자본주의 열강들이 조선과 체결한 조약처럼 영사재판권, 협정 관세에 의한 조선의 관세자주권 상실, 최혜국 조항 등 불평등 조약의 내용을 모두 담고 있다. 뿐만 아니라 러시아는 이 조약으로 그들의 군함이 조선의 모든 항구에 자유롭게 입항할 수 있게 되었고, 각종의 보급을 확보할 수 있었으며 군함의 수선도 가능해짐으로써 군사적인 측면에서도 커다란 성공을 이루었다. 그러나 이 조약은 조선과 러시아가, 조선과 수교조약을 맺었던 다른 서양 국가들과는 달리 인접국가라는 특징을 전혀 담지 못했다. 이 조약은 조선과 러시아가 국경을 접한 뒤 20년 이상이나 안고 있었던 이주민 문제와 육로 밀무역 문제를 해결하지 못했다. 물론 이것은 조선의 외교권이 아직 중국에 의존하고 있었기 때문이었다. 이 문제를 해소하기 위해서는 4년을 더 기다려야 했다. 1888년 조선과 러시아가 체결한 육로무역장정은 조선이 외교에서 중국을 극복하고 외교 자주권을 행사하는 첫 시험장이 되었다.

슈페이예르와 러시아공사 베베르의 조선 내 외교활동

– 1884~1894

김 종 헌*

1. 서론

　근대 대외관계의 전개 과정에서 외교관의 활동은 매우 큰 비중을 차지한다. 그것은 교통 및 커뮤니케이션 수단의 발달 정도와 직접적으로 연관되어 있다. 본국과 긴밀한 관계를 유지한 상태에서 정책을 수립하고 그것을 실행하며, 필요한 경우 본국의 명령을 적시에 수령할 수 있을 정도로 교통과 통신이 발달하지 못한 상황하에서는, 외교정책의 실질적 집행자였던 개별 외교대표의 판단과 역할이 갖는 의미가 클 수밖에 없다는 것이다. 즉 근대시기의 외교관은 일정한 외교방침에 의거하여 설정된 자국 외교정책의 실행자이자, 긴급하고 복잡한 현실 상황 속에서 순간적 판단으로 적절한 대응책을 고민해야만 했던 지역외교정책의 창출자이기도 했다. 이것은 곧

---

* 동국대학교 대외교류연구원 연구교수

외교정책의 실현에 있어서 외교관이라는 변수를 경시할 수 없다는 뜻이다.

극동에 위치한 조선의 지정학적 조건은 외교관의 역할을 더욱 중요한 것으로 부각시켰다. 교통과 통신이 거리의 한계를 충분히 극복하지 못한 상태에서 대조선 관계를 유지하려 했던 만큼, 많은 경우 현지 외교관이 수집한 정보에 의거하여 대조선정책이 수립되었으며, 그 정책의 집행 역시 현지 외교관의 개인적 능력에 전적으로 의존해야 하는 상황이었다. 비록 조선과 국경을 접하고 있었다 할지라도 제정러시아(이하 러시아) 역시 이런 물리적 제약으로부터 자유로울 수는 없었다.

유럽 지역에 위치한 러시아 중앙정부는 일본 및 중국주차 외교관이 전해준 극동 정보에 입각하여 자국의 대조선 정책방침을 수립했다. 훈령의 형태로 외교관에게 전달되었던 이 방침은 현지에 부임한 외교관이 어떠한 경우에도 준수해야 하는 행위의 틀로서 작용했다.

이상을 정리하면, 조선에서 실현된 러시아의 대조선정책은 본국 정부로부터의 훈령이라는 큰 틀과 개별 외교관의 판단이라는 실질적 요소의 양자에 의하여 형성된 것이다.

이 글은 이러한 원칙에 입각하여, 조선에 임시적 또는 장기적으로 파견된 자국 외교관에게 러시아 정부가 하달한 훈령의 내용을 밝히고, 그것을 각 외교대표들이 어떻게 이해하여 실행에 옮겼는가를 살펴본다. 또한 가능하면 해당 외교관의 대외정책관, 더 좁게는 대조선정책관도 분석해 보기로 한다.

이 글의 시기적 범위는 제1차 한러밀약부터 청일전쟁 이전까지로 하며, 슈페이예르와 초대 조선주차 러시아 대리공사 겸 총영사였던 베베르를 그 대상으로 한다.

미시적 차원에 입각한 본 연구는 러시아 문서보관소에 소장된 자료에 기초하여, 조선주차 러시아 외교관의 행위를 세밀하게 분석할 것이다. 이 작업은 러시아가 추구했던 대조선정책의 본질을 규명할 수 있는 유용한 토대를 제공해 주리라 생각된다.

2. 한러밀약설의 대두와 슈페이예르의 조선 내 외교활동

1) 슈페이예르의 파한 배경

슈페이예르(Алексей Николаевич Шпейер, 士貝耶)[1]의 내한은 전적으로 제1차 한러밀약설 및 갑신정변과 관련되어 있다.

제1차 한러밀약설은 조선의 참의통리아문사무(參議統理衙門事務) 직을 맡고 있던 묄렌도르프(Paul Georg von Moellendorff: 穆麟德: 1847~1901)가 북경주차 러시아 육군무관 슈네우르(Шнеур) 육군대령 및 즈푸(芝罘)의 태평양 분함대장 크로운(Александр Егорович Кроун: 1823~1900) 해군소장을 차례로 방문하면서 시작되었다.

왜 묄렌도르프는 러시아의 세력을 조선으로 끌어들이려 했을까? 묄렌도르프의 판단에 따르면, 조선의 입장에서 가장 두려운 존재는

---

1) 슈페이예르(А.Н. Шпейер)의 전력에 대해서는 알려진 바가 매우 적다. 그의 출생 역시 명확하지 않으며, 사망 시기 또한 아직까지는 알려지지 않았다. 단지 19세기에 출생하여 20세기 초의 어느 시점에서 사망한 것으로 추정하고 있다. 슈페이예르(Speyer 또는 Speier로 쓰인다)가 러시아인이라고 일반적 가정을 할 수는 있으나, 성 자체가 독일의 지명에서 유래한 것으로 미루어 독일계 러시아인이라 짐작할 수 있으며 또한 유태계에서 많이 쓰이는 성이라는 점에서 독일계 유태인일 가능성도 존재한다. 슈페이예르는 1896년 2월 25일부터 1897년 11월 6일까지 일본주차 대리공사 직무대행을 수행했으며, 1897년 11월 6일부터 1898년 6월 8일까지 중국주차 공사에 임명되었으나, 임지에 부임하지는 않았다(그 시기에 중국주차 대리공사를 역임한 이는 파블로프(Александр Иванович Павлов)로서 그의 재임기간은 1896년 10월 3일부터 1898년 11월 24일까지였다). 1897년 7월 18일부터 1898년 11월 6일까지 한국주차 대리공사 겸 총영사 직을 수행했다. 이후 테헤란에서 대리공사로 근무했으며, 후일 페르시아주차 러시아 대사로 근무했다.

일본이며, 청이 조선의 종주국임을 자처하고 있음에도 불구하고 조선은 그 어떤 다른 세력의 보호를 받을 필요가 있었다.[2] 따라서 조선의 보호국이 되려면 다음의 몇 가지 조건을 충족시켜야 했다. 첫째, 중국과 원만한 관계를 유지하고 있을 것. 둘째, 일본에 대응하여 태평양으로 진출함에 있어, 자국과 일본 간의 완충지대를 필요로 할 것. 셋째, 바로 그런 이유에서 조선의 독립을 지지하는 국가여야 할 것.

이런 조건을 만족시킬 만한 국가는 의외로 많지 않았다. 당시 미국은 조선의 보호국이 될 만한 국력을 보유하고 있었지만, 거리상으로 너무나 먼 곳에 위치해 있었을 뿐만 아니라, 대외적으로 고립정책을 고수하고 있었다. 반면 프랑스는 인도차이나 문제로 중국과 적대적 관계에 있었다. 영국은 근동 문제로 인해 러시아에 적대적이었으며,[3] 따라서 자연스럽게 친일본정책을 추구하고 있었다. 한편 독일은 국제무대에서 조선의 보호국 역할을 수행할 수 있을 정도로 강력한 국력을 보유하지 못했다. 이상과 같은 사실들을 고려했을 때, 묄렌도르프의 의도에 가장 근접한 대상이 바로 러시아였다.[4]

밀약의 과정에서 조선이 주도권을 행사할 수 있는 처지가 아니라는 점을 이미 잘 인식하고 있었던 묄렌도르프는 자기 계획을 실행함에 있어 러시아가 주도적 역할을 자처해 주는 것이 가장 바람직

---

[2] 이에 대해서는 묄렌도르프 저, 신복룡·김운경 역주, 『묄렌도르프自傳(外)』, 집문당, 1999를 참조할 것.

[3] 영국과 러시아는 아프가니스탄 문제로 대립관계에 있었으며, 영국의 거문도 점령 역시 만일의 경우에 블라디보스토크를 공격하기 위한 교두보 확보 차원에서 이루어진 것이었다.

[4] 묄렌도르프, 앞의 책, 86~87쪽 ; George Alexander Lensen, *Balance of Intrigue, International Rivalry in Korea & Manchuria, 1884~1899*, Vol. 1, Tallahassee, University Press of Florida, 1982, p.32.

하지만 현실적으로 그럴 가능성 역시 적다는 것을 짐작하고 있었다. 이에 그는 러시아를 유인하여 자신의 계획을 완성하기로 결정했다. 1884년 8월과 9월 묄렌도르프가 슈네우르와 크로운 해군소장을 각각 방문한 것도 바로 그런 의도의 발로였다.5)

묄렌도르프는 슈네우르를 방문한 자리에서 조선은 러시아, 중국 그리고 일본 등 3국의 자본투자에 의한 경쟁으로써 유럽의 벨기에와 같은 나라, 즉 중립국이 될 수 있을 것이라고 했다. 슈네우르가 묄렌도르프의 제안에 대해 일본은 자본투자에 적당한 국가가 될 수 없다는 자신의 견해를 표명하자, 묄렌도르프는 영국 단독 또는 러시아의 조선 점령을 두려워하는 유럽 수개국의 공동보호를 영국공사에게 제안할 생각이라고 답했다.6)

동년 9월 크로운 해군소장을 방문한 묄렌도르프는 계속해서 영국이 거문도(Port Hamilton)7)를 대가로 조선을 보호해주겠다고 했으나 조선은 영국, 러시아 그리고 일본 3국의 공동보호를 원하고 있다는 뜻을 전달했다.8)

묄렌도르프의 이런 두 제안은 러시아가 조선을 보호하지 않으면 조선은 다른 국가, 즉 러시아의 경쟁국인 영국에게 도움을 청할 수도 있다는 의미로서 러시아를 압박하기 위한 것이었다. 즉 조선에게는 러시아의 보호가 반드시 필요한 만큼, 러시아가 그것을 거부하지 못하도록 만들겠다는 의도였던 것이다.

---

5) Lensen, Ibid., p.33.
6) Белла Б. Пак, *Российская дипломатия и Корея/1860~1888/*, Москва, 1998, c.111.
7) 해밀턴 항과 거문도를 간혹 동일한 의미로 사용하기도 하지만, 러시아 문서에 따르면 해밀턴 항은 거문도의 일부로서 동도에 위치한다. 묄렌도르프는 영국이 "해밀턴 항을 포함하는 거문도를 대가로 했다."는 표현을 사용했다.
8) Белла Б. Пак, там же, c.112.

묄렌도르프의 제안은 러시아 입장에서도 거절할 수 없는 사안이었다. 슈네우르는 묄렌도르프와의 대담에서 러시아에 의한 조선의 단독 보호를 통해 러시아가 얻을 수 있는 것은 "짧은 국경선에서의 평화를 확보하는 것에 불과하지만, 조선에게는 그 보호관계가 생명일 것"9)이라고 하여 조선에 대한 단독보호가 러시아의 입장에서 갖는 가치를 높지 않게 평가했다. 그러나 그의 이런 평가가 러시아의 이익 전체를 대변한 것이라고 보기는 힘들다. 왜냐하면, 조선이 영국의 보호를 받게 되는 것은 러시아의 접경 국가인 조선에 세계 최강국이자 적대국의 세력이 유입되는 것으로서, 극동 지역의 경제력과 군사력이 취약한 러시아의 극동 국경이 적국의 직접적인 위험에 처하게 되는 것을 의미하기 때문이다. 따라서 묄렌도르프의 제안은 러시아에게 매우 긴요한 문제여서, 자연히 러시아의 단독 보호를 묄렌도르프에게 권고할 수밖에 없었던 것이다.10)

묄렌도르프의 제안에 대해 슈네우르나 크로운 양자 모두 결론적으로는 러시아의 단독보호를 언급하면서, 러시아 중앙정부의 의사를 타진해 볼 것을 권고했다는 것은 묄렌도르프가 자신의 목적을 달성했음을 뜻한다.11)

---

9) Там же.
10) 1884년 8월 20일 북경주차 육군무관 슈네우르 대령이 국방대신에게 상신한 보고서, 치푸-РГВИА, Ф. 447(Корея), Единица хранения 11. лл.33~37 ; 1884년 9월 20일 블라디보스토크 발 크라운의 전문 사본, РГАВМ. ф."Канцелярия военного министерства." оп.410, д.2158, лл.3~4. 묄렌도르프가 밀약을 제안한 것은 독일이 러시아의 관심을 유럽에서 극동으로 전환시키려는 정책의 일환이었다고 한다(한국사연구협의회, 『韓露關係 100年史』, 1984, 85~86쪽) ; 독일이 러시아의 관심을 극동으로 돌리려 했다는 것은 비테의 회고록(Сергей Ю. Витте, *Воспоминания*, Т. 1-3. Москва, 1960)을 참조할 것.
11) 크로운은 묄렌도르프의 제안에 대해 '러시아에 의한 단독보호'를 제안했으며, 이에 묄렌도르프가 "조선의 국왕께서는 그런 충고에 따를 것이며 …… 특별히 중국과 영국에게는 이 사실을 비밀로 간직해 줄 것(Белла

한편 묄렌도르프로부터 이런 제안을 전달받은 러시아 정부는 "조선의 내정에 직접 간섭할 필요"[12]가 있으나, 한국의 정치적 상황에 대한 정확한 정보를 보유하지 못한 만큼, 책임소재가 따를 수 있는 확답을 피하고 중국과의 관계를 고려[13]하는 동시에, 영국에게 거문도가 할양되는 것을 사전에 예방할 필요가 있었다. 이에 러시아 정부는 도쿄주차 러시아공사 다비도프(Александр Петрович Давыдов: 1838.6.10~1885.11.20)에게 훈령을 하달하여 "조선 국왕이 영국의 보호를 거부하고, 거문도 점령을 용인하지 않도록" 조선 정부에 충고하고, 일본 정부에게는 "러시아가 조선의 현재 상황이 유지되기를 희망하고 있을 뿐"이라는 사실을 통보하도록 지시했다.[14]

1884년 12월 조선에서 갑신정변이 발발하고 청·일이 양국 군대를 파견하여 양국 간의 무력충돌 가능성이 고조되자 러시아는 "비록 조선을 보호국화하는 것이 …… 중국 및 일본과의 충돌에 말려들 수 있게 만드는 매우 심각한 대응"이긴 하지만, 조선에서 발생한 사태를 좌시할 수만은 없기 때문에 러시아의 대표를 조선에 파견하기로 결정했다.[15] 이는 러시아가 조선의 사태에 보다 적극적으로 대응할 수도 있으며, 조선이 러시아의 이익범위에서 완전히 벗어나는 것을 좌시하지 않겠다는 의지의 표명으로 보인다.

Б. Пак, там же, с.112)"을 부탁했다. 결국 묄렌도르프가 먼저 밀약의 의도를 표명한 것이다.

12) Там же, с.113.
13) 당시 이홍장은 "만약 어떤 국가이고 서울에서 자신의 영향력을 주장하려 든다면, 거기에 맞서 싸울 것은 물론, 우리의 권위를 복구하기 위해 서슴지 않고 무력에 호소할 것"이라고 공언하고 있었던 만큼, 러시아는 조선의 문제로 중국과 충돌하게 될 수 있는 가능성에 우려를 표명하고 있었다. АВПРИ, Японский Стол, оп.493, д.1, л.102.
14) Борис Д. Пак, *Россия и Корея*, Москва, 1979, с.82.
15) Белла Б. Пак, там же, с.114.

2) 슈페이예르의 조선 방문과 그의 활동

슈페이예르의 조선 방문 목적은, 첫째 조선에서 발생한 사건에 관한 정보를 수집하고, 둘째 조선의 보호국화를 수차례에 걸쳐 러시아 측에 제안한 묄렌도르프를 직접 접견하는 것이었다.[16]

1884년 12월 28일 슈페이예르가 조선에 도착했다. 훈령에 기초한 그의 행동 범위를 보면, "외무부에 풍부한 자료를 제공하기 위해 개인적 자격으로 파견되었으며, 묄렌도르프의 의중을 경청한 후, 그 의중이 완전하게 확정적인 경우에만 의미를 지니며", 만약 확정적일 경우 "그것을 러시아의 외무부에 전달하겠다고 묄렌도르프에게 확인시켜 주는 것"[17]이었다. 즉 순수한 개인적 입장에서 묄렌도르프의 의중을 확인하는 것이 그에게 부여된 임무였다.

조선에 도착한 슈페이예르는 자신의 방문이 사적이라는 점을 수차례에 걸쳐 강조했다. 그럼에도 불구하고 묄렌도르프는 슈페이예르를 접견하는 자리에서 갑신정변의 배경과 주동자 및 그 목적 등을 자세하게 언급한 후에, 조선이 보호의 대가로 러시아 회사에게 영일(Унковский)만을 임대하는 형태로 제공하겠다는 조건을 제시했다.[18] 묄렌도르프가 영일만을 제안한 것은, 영일만이 포함된 군을 고종으로부터 하사받았기 때문인데, 러시아 측의 평가와는 달리,[19] 다른 지역에 비해 상대적으로 자신의 의지를 보다 자유롭게

---

16) Ч.Х. Ким, "Русско-корейские дипломатические отношения в 1884~1904", Дисс. К. И. Н. 2000, cc.103~104.

17) Белла Б. Пак, там же, cc.116~117.

18) Lensen, op. cit., pp.34~35. 묄렌도르프는 송전만에 비해 영일만이 지리적으로 훨씬 유리하다는 점을 들었다. 당시 그는 슈페이예르에게 영일만에서 필요한 지역을 러시아 회사가 구입한 후, 러시아 정부가 동참하여 이용하는 형태를 취하면 외국의 불만을 사지 않을 수 있을 것이라 했다. А.Л. Нарочницкий, *Колониальная политика капиталистических держав на Дальнем Востоке 1860~1895*, Москва, 1956, c.372.

관철시킬 수 있다는 요인도 작용했을 것으로 판단된다.

1884년 12월 31일 슈페이예르는 조선주차 미국공사, 일본공사, 청의 전권대표 그리고 독일의 대리대표 등을 방문했으며, 1885년 1월 1일 오전 9시에 자신을 방문한 묄렌도르프와 함께 궁궐로 향하여 40분에 걸쳐 조선 국왕을 알현했다. 이 자리에서 조선 국왕은 "묄렌도르프에게 자신의 의향에 대해 전반적인 형태로서 고지하도록 하명"했다고 슈페이예르에게 언급했다.[20]

국왕의 알현 직후 왕세자 알현이 준비되어 있었다. 그러나 왕세자 알현은 조선의 대내외정치에 막강한 영향력을 행사하고 있었던 민비가 외국사절을 인견하기 위해 일상적으로 사용하던 방법이었다. 슈페이예르의 보고서에 따르면 왕비 민씨는 일본 세력의 조선 침투에 격렬하게 반대하고 있었다고 한다. 이후 슈페이예르는 조선의 3정승을 접견하는 자리에 참석하여, "관헌을 파견해준 러시아에 사의를 표명하며, 조선이 멀지 않은 장래에 러시아와 가장 긴밀한 관계를 갖게 되기를 희망하고 있다."는 의사를 확인했다.[21]

다음 날인 1월 2일 슈페이예르는 일본 정부의 요청에 따라 조선

---

19) РГАВМФ, ф.26, оп.1, д.6, лл.30б~50б. 후일 러시아는 영일만이 외부로부터 개방되어 있어서 원산보다 전술적으로 가치가 높지 않은 것으로 판단했다. 한편 이 문서에 보이는 러시아의 묄렌도르프에 대한 평가와 위의 책에서 이루어진 렌젠의 평가 사이에는 서로 유사한 면이 있다. 렌젠은 묄렌도르프를 탐욕스럽게 묘사했는데, 러시아의 문서를 보면 그가 매우 청렴결백한 인물로서 업무에 임하여 "규정대로 급료를 지불하였으며, 그러다 보면 간혹 자신의 지분이 남지 않을 때도 있었다."고 하면서도, 묄렌도르프는 그런 복무의 대가로서 고종으로부터 1개 군을 하사받았음을 지적하면서, "독일인은 바보가 아니다."라는 표현을 사용하고 있다. 베베르에게 내려진 훈령에도 묄렌도르프는 "부주의하고 무절제하며, 금전욕을 지닌 인물"로 묘사되어 있다.
20) АВПРИ, ф."СПб. Главный Архив, V-А3." оп.181.3, 1885 г. д.45. л.24.
21) Белла Б. Пак, там же, сс.122~123.

의 수도 서울로 파견된 중국의 우다칭(吳大澂)을 방문했다. 그 자리에서 우다칭은 청일 양국의 충돌 가능성에 관해 문의했으나, 슈페이예르는 그를 안심시켰다. 1월 5일에는 일본의 특명전권대사인 이노우에 카오루(井上馨)를 방문하여 일본이 원하는 배상 조건을 경청한 후, 조선으로부터 청일 양국 부대의 동시 철병을 주장하는 이노우에에게 일괄적 철병으로 인해 조선에서 발생할 수도 있는 혼란을 고려하여 점진적 철병을 건의했다.

일본특사의 접견이 끝나자, 묄렌도르프가 슈페이예르를 방문하여, 조선의 외무독변 명의로 발송된 공한을 전달했다. 이 공한에서 기억할 만한 사실은 한러조약의 비준교환 이후 서울에 주차하게 될 러시아 대표자에 영사가 아닌, 외교관이 임명되기를 희망한다고 밝혔다는 점이다.

1월 6일 슈페이예르는 조선 방문 일정을 마치고 일본으로 귀환했다. 그는 귀국 보고서에서 자신의 첫 조선 방문에 대한 인상을 긍정적으로 서술하면서, 러시아에 대한 국민들의 호감을 특별히 강조했다. 중요한 사실은 슈페이예르의 방문을 통해 러시아가 조선에서 발생한 사건에 관한 정보를 확보할 수 있었다는 점이었다.[22] 그러나 앞에서 살펴본 바에 따르면, 묄렌도르프를 제외한 조선 국왕이나 각 부 대신들이 조선과 러시아 간 보호관계 설정에 관해 직접 언급한 바가 없다. 단지 고종만이 "자신의 의향에 대해 전반적인 형태"라고 언급했으나, 그것이 보호관계의 구체적 설정을 직접적으로 의미했다고 보기에는 무리가 있다. 그럼에도 슈페이예르는 그것을 보호관계 설정에 대한 고종의 확실한 의지 표현으로 이해한 것으로 보인다. 이것은 다음과 같은 러시아 외무대신의 보고서에서도 확인된다.

---

22) Там же, cc.124~125.

슈페이예르의 보고를 받은 러시아의 외무대신 기르스(Гирс Николай Карлович: 1820~1895)[23]가 작성한 상주보고서의 내용은 다음과 같다.

1) 우리의 보호하에 조선을 받아들이는 것이 조선을 자신의 속방으로 인식하여 서울에 수비대를 계속해서 주둔시키고 있는 청이나, 조선과의 무역관계에 특별한 의미를 부여하고 있는 일본과의 충돌로 이어지는 것은 아닌가. 청은 물론 일본과의 충돌은 상대적으로 그런 한정된 이익으로는 보상될 수 없으며, 조선에서 최고의 위치로부터 끌어내릴 수도 있는 노력과 희생을 우리에게 요구할 수도 있을 것이다.
2) 외부의 침략으로부터 자신을 보호하기 위해서 조선정부가 예상하고 있는 방법이라는 것이 바로 그런 것이며, 따라서 우리 입장에서 조선을 배타적으로 보호하는 것은 극도로 곤란하다. …… 러시아에 필요한 것은 보호관계 설정을 요구하는 조선의 제안에 대해 계속해서 확답을 피하는 것이다. 그런 의미에서 절대 긍정적인 약속을 해서는 안 된다. 그러나 러시아로부터 지원받을 수 있다는 희망을 박탈해서도 안 된다."[24]

상기의 보고서를 분석해 보면, 러시아가 조선의 보호 요청을 이미 기정사실로 인정하고 있었으며, 그로 인한 전쟁의 가능성까지

---

[23] 기르스는 1838년 외무부의 아시아과에서부터 외교관 생활을 시작하여, 근동 지역에서 상당기간 근무한 동방전문가였다. 이후 스위스와 스웨덴에서 공사 생활을 역임했으며, 1875년부터 아시아과의 과장을 역임했다. 1876년부터 1878년까지 고르차코프(Горчаков Александр Михайлович: 1798년 7월 4일~1883년 2월 27일)를 대신하여 외무부 업무를 주관했으며, 이후 1882년 3월 28일 외무대신에 임명되어 1895년 사망할 때까지 그 직책을 수행했다. 그는 전제권력의 약화를 우려하여 전쟁에 반대하면서 독일 및 오스트리아-헝가리 제국과 친선정책을 펴야 한다고 주장했으나, 알렉산더 3세의 뜻에 따라 친불정책을 견지하여 군사동맹을 체결했다.
[24] АВПРИ, Китайский Стол, д.3, л.6.

걱정했음을 알 수 있다. 즉 상기와 같은 고종의 언급을 보호관계 설정에 대한 확인으로 인식했다는 것이다. 이에 러시아는 배타적 보호는 불가능하나, 조선이 러시아에 대한 희망을 잃지 않도록 해야 한다는 모순적 결정을 내리고, 그 모순된 결정을 실행하는 방법으로써 확답을 피하고 회신의 시기를 늦춘다는 소극적 해결책을 제시했다.

3) 슈페이예르의 2차 조선방문과 그 결과

1885년 2월 고종은 김용원과 권동수를 자신의 밀사로 삼아 러시아에 파견했다. 이 두 밀사는 남우수리 국경위원 베네프스키(Бене-вский Аркадий Семенович: 1840.3.29~1910)에게 고종의 밀서를 전달했으며, 이 밀서는 다시 코르프 남작(Барон Андрей Николаевич Корф: 1831~1893.2.7)[25])에 의해 페테르부르크에 전달되었다. 이에 러시아 정부는 슈페이예르의 서울 출장을 서두르고 있으며, 조속한 비준교환과 함께 조선의 방어책을 상의하도록 훈령하겠다는 내용으로 밀사에게 답변서를 전달하라고 하명했다.[26]) 즉 기르스의 위와 같은 방침에 입각한 답변을 하달한 것이다.

1885년 3월 도쿄에 체류 중이던 묄렌도르프는 다비도프를 방문하여, 보호관계 설정에 관한 문제를 조선 국왕의 명의로 재차 제기하

---

25) 코르프는 프리아무르주의 초대 총독이었다. 프리아무르주는 자바이칼, 아무르 그리고 연해주 지역으로 시작되었으나, 후일 추코트카(Чукотка), 캄차트카(Камчатка), 사할린(Сахалин)이 편입되었다. 1887년 프리아무르주 지역 카자크 군의 대장 직을 겸임하게 된 코르프는 프리아무르주 지역에서 중국의 영향력을 일소하고, 삼림가공·어업·석탄개발 그리고 사할린에서의 원유 개발 등을 주도하여 극동 지역의 러시아 편입에 지대한 업적을 남겼다. 사망한 후에는 초대 총독이자 첫 번째 하바로프스크 시의 명예시민의 자격으로 우스펜스키(Успенский) 사원에 안장되었다.

26) АВПРИ, Китайский Стол, д.3, л.11.

면서, 러시아가 해밀턴(Hamilton) 항을 점령하라고 권고하는 한편, 러시아 군사교관단 초빙과 관련해서는 묄렌도르프 자신이 직접 독일어로 서한을 작성하여 다비도프에게 전달했으며,27) 동일한 내용으로 코르프 남작에게도 서한을 발송했다. 그러나 러시아 정부는 묄렌도르프의 제안에 대해 아무런 답변을 하지 않았는데, 조선의 문제로 중국 및 일본과의 갈등을 유발하고 싶지 않았기 때문이었다.

이런 상황에서 영국의 거문도 점령사건이 발생했다. 1885년 4월 16일 거문도를 점령한 영국은 다음 날인 17일 청과 일본에 자국 외교관을 통해 그 사실을 알렸다. 영국이 조선 정부에 점령 사실을 알린 것은 4월 24일이 되어서였다.28)

러시아는 영국 측 행동의 의미를 익히 인식하고 있었다. 이에 북경주차 러시아 공사 포포프(Сергей Иванович Попов, 1883년 4월 13일부터 1886년 7월 16일까지 공사직 역임)를 통해 만약 청이 영국의 행동을 승인할 경우 러시아 역시 조선의 다른 항구를 점령할 수밖에 없다는 사실을 천명하도록 하명한 후, 일본의 다비도프에게도

---

27) 묄렌도르프의 서한 내용은 "2천 명의 조선군을 훈련시킬 수 있도록 4명의 장교와 15명의 하사관을 조선으로 파송해 줄 것"이었다. 이에 대해서는 А.Л. Нарочницкий, там же, сс.372~373 참조.
28) 거문도 점령과 그 해결 과정에 관한 논문은 이상백, 『박사회갑기념논문집』, 서울, 1964 참조. 한편 거문도의 점령일자는 각국 기록마다 서로 다르다. 우리나라의 기록에는 4월 24일 거문도 현지에 도착한 관헌이 주민을 상대로 직접 물어보니, "어제 왔다."고 했다고 기록되어 있다. 즉 점령일자가 23일이 된다. 그러나 과거 '팔라다사건(1854년 거문도에 내항하여 주민과 접촉한 광경이 묘사되어 있는 러시아 기록에 비해, 우리 기록에는 러시아 전함이 30리 밖 해상에 정박해 있었다고 되어 있음)'이나 '소볼호사건(1869년 러시아 전함 소볼호가 서해의 한 곳에서 조선 병사들과 교전한 사건. 그러나 아직 우리나라의 기록에서는 확인되지 않고 있다)' 등을 고려해 보면, 우리 측 기록이 전적으로 옳다고 보는 것에는 무리가 없지 않다. 팔라다호의 조선 상륙과 관련된 푸티아틴의 보고서는 РГАВМФ, ф.296, оп.1, д.75, лл.219~223 참조. 소볼호사건과 관련해서는 РГАВМФ, ф.410, оп.2, д.3088, лл.1~2об와 лл.4~7 참조.

전문을 발송하여 "전력을 경주하여 조선 정부가 영국에게 해밀턴 항을 판매하지 못하도록 만들며, 만약 판매될 경우 러시아는 동일한 양보를 요구하지 않을 수 없음을 조선 측에 암시"할 수 있도록 슈페이예르를 재차 조선으로 파견하라고 전언했다.29) 결국 슈페이예르가 두 번째로 조선을 방문하게 된 보다 주된 원인은 밀약설이 아니라 영국의 거문도 점령사건이었다.

슈페이예르가 조선으로 향하기 전에 다비도프로부터 하달받은 훈령은 크게 거문도 점령사건의 해결 및 러시아 군사 교관단의 조선 파견이라는 두 가지로 구성되어 있었다. 거문도 점령사건과 관련하여서는 "영국인에 의해 점령된 해밀턴 항과 관련한 협상 및 서울에 거주 중인 많지 않은 외국 대표들의 행동을 예의주시하라."고 하여, 조선 정부의 태도 및 해외 열강들의 반응에 대한 정보를 수집하도록 명령했다. 한편 군사교관단 문제에 대해서는 "황제 정부의 중요하고도 유일한 요구사항은 타국의 교관이 조선에 입국해서는 안 된다는 점이다. 이를 항상 고려하라. …… 중국인에 의해 교육된 한국인들이 최근 서울에서 발생한 정변 당시 중국 편을 들었으며, 자신들의 동포 및 동료들을 상대로 전투를 치렀다는 사실을 본인과의 대화에서 게오로그 폰 묄렌도르프가 직접 언급했다. (러시아는-저자 주) 이런 상황에 종말을 고해야만 하며, 그것을 위해서는 수도 경비대뿐만이 아니라 종국적으로는 조선의 모든 군대조직 내에 일관성이 반드시 필요하다."고 언급되어 있다.

상기의 훈령을 살펴보면, 우선 러시아는 보호관계의 설정 문제를 군사교관단의 파견이라는 형태로 바꾸었다. 이것은 러시아가 극동에서 자신의 군사력을 고려하여 선택한 현실적 대안으로 보인다. 즉 보호관계 설정이 불가능한 만큼, 친러 성향의 군부세력을 형성

---

29) А.Л. Нарочницкий, там же, сс.376~390.

하여 조선에 대한 러시아의 영향력을 강화하고, 그렇게 함으로써 자국의 이익을 옹호함과 동시에, 외부 세력의 조선 침투를 막겠다는 의지로 보인다. 또한 군사교관단 파견이라는 당근으로 조선 정부를 설득하여 해밀턴 항이 영국의 지배권에 복속되는 사태를 막아 보겠다는 의도로도 해석될 수 있다.

그러나 조선에는 "러시아 군사교관단을 위해 유리한 지시를 내려 줄 수 있는 능력을 구비한 자가 단 한 명도 존재하지 않는다."는 현실적 한계를 인식하고 있었던 러시아는 "새로운 질서에 대한 악의에서 또는 러시아인에게 해악을 끼치고 싶은 욕망에서 군대 조직 과정을 지연시키거나 교관단의 정당한 행위를 방해하려는 사람들이 등장하는 상황이 발생할 수 있다고 판단하고, 그럴 경우 그들이 간섭하지 못하게 하고" 현지 상황을 파악한 후, 묄렌도르프와 협의하여 "러시아 장교와 조선 정부 간의 관계를 가능한 한 정확하게 정의해주는 조항을 협약안에 삽입하라."고 슈페이예르에게 하명했다. 또한 "러시아 군사교관단이 조선 군대의 조직을 맡아서 끝까지 업무를 수행해 주길 원한다는 의사를 조선 국왕이 먼저 공식적으로 발표하도록 묄렌도르프를 이해시켜라."라는 조항도 삽입되었다. 그 외에도 조선의 재정 상태를 고려하여 교관단의 조선 체류 비용은 러시아가 감당하는 것으로 훈령에 기재되었다.[30]

이 훈령을 살펴보면, 거문도 점령사건의 추이를 예의주시하면서, 만약 필요한 경우에는 '타 항구의 점령'이라는 위압적 방법과 더불어 군사교관단의 파견을 제안했다는 점에서, 조선을 상대로 러시아가 이른바 '사탕과자와 채찍'이라는 강·온 양면의 방법으로 사태를 해결하려던 것으로 보인다. 그런데 교관단의 체류 비용마저 러시아 측이 부담하겠다고 한 점을 고려하면, 러시아는 사태의 원만한 해

---

30) АВПРИ, ф."СПб. Главный Архив, V-А3." оп.181.3, 1885 г. д.45, л.179.

결에 더욱 무게를 둔 것으로 보인다.³¹⁾ 그것은 블라디보스토크의 안전을 위해서도 어쩔 수 없었을 것으로 판단된다. 그러나 슈페이예르에게 협약체결에 대한 전권을 부여하지 않았다는 것은 러시아의 유화책이라는 것이 앞에서도 언급된 바와 같이, "아무런 긍정적인 약속을 하지 않고" 단지 "러시아로부터의 지원 가능성에 대한 희망을 빼앗아서도 안 된다."는 회유책의 일환이었다고 이해할 수도 있을 것 같다.

슈페이예르가 조선의 서울에 도착한 것은 1885년 6월 9일이었다.³²⁾ 도착 직후 가진 회담에서 묄렌도르프는 조선이 총 4개 대대 규모의 병력을 훈련시키기 위해 미국과 러시아 양국으로부터 군사교관단을 초빙할 계획이며, 그중 2개 대대는 묄렌도르프 자신의 명령하에 배속될 것이라고 언급했다.

6월 10일 슈페이예르는 교관단 문제와 관련하여 미국 측의 사정을 확인하고자 서울주차 미국 임시대리공사 포크(George C. Foulk, 福久: 1856~1893) 해군중위를 방문하여, 미국 정부가 교관단 파견 문제에 관심이 없음을 확인했다.³³⁾

---

31) 아관파천 당시 파견된 러시아 군사교관단의 경비를 조선 측이 부담한 것과 비교해 보면, 이 조건이 관대한 수준을 넘어 조선 측에게 절대적으로 유리했던 것을 쉽게 알 수 있다. 아관파천 당시 군사교관단의 전반적인 활동 내용에 대해서는 김영수, 「러시아군사교관단 단장 뿌짜따와 조선군대」, 『군사』 제61호, 군사편찬연구소, 2006. 12와 심헌용, 「대한제국 시기 한·러 군사협력」, 한·러 국제학술회의 '한·러 군사협력관계의 어제와 오늘', 2004. 7. 2개최. 국방부 군사편찬연구소 등을 참조할 것.
32) 알렌의 일기에는 슈페이예르의 서울 도착 일자가 6월 16일로 되어 있고, 포크를 방문한 것은 6월 18일로 되어 있다. 서양력이 러시아력에 비해 12일 앞선 것을 고려해도 두 날짜가 서로 일치하지 않는다. 여기서는 러시아의 기록에 의거하여 날짜를 기록했다.
33) 약관 29세의 해군중위가 일국의 임시대리공사에 임명되었다는 것은 이미 미국의 관심이 조선으로부터 퇴조하고 있었음을 의미한다. 그러나 고종을 비롯한 조선의 관헌들은 이런 사실을 이해하지 못한 상태였다. 이에 대해서는 국제역사학회의 한국위원회, 『韓美修交 100年史』, 1982, 89쪽

슈페이예르는 이런 포크의 발언을 묄렌도르프에게 전달하면서, 조선은 "군대 훈련에 가능한 한 조속히 착수하기를 원하고 있으며, 그것을 러시아에 건의하여 동의를 구한 만큼, 미국 장교를 원하지 않는다."는 사실을 조선 국왕의 명의로 포크에게 성명하라고 제안했다. 묄렌도르프 역시 그에 찬성을 표하며, 국왕의 알현을 주선하겠다고 제의했다. 한편 슈페이예르는 묄렌도르프의 요청에 따라 본 논의 석상에서 러시아 군사교관단의 조직안을 프랑스어로 직접 작성해 주었으며, 묄렌도르프는 조선 국왕을 위해 그것을 한자로 번역했다. 6월 12일 슈페이예르는 조선의 국왕이 '긴밀한 접근'을 원하며, "모든 사실에 원칙적으로 동의한다."는 소식을 접했다. 그러나 묄렌도르프와 슈페이예르의 협의에 대해 정보를 입수한 외무독판 김윤식이 이 사실을 서울주차 청국대표에게 알렸으며, 이후 이홍장에게까지 보고되었다. 청의 간섭을 두려워한 고종은 오히려 이홍장에게 조언을 구했으며, 이에 이홍장은 고종에게 "미국 군사교관이 서울에 도착하면 러시아의 요구는 자연히 소멸될 것"이라고 답했다.[34]

6월 18일 고종은 슈페이예르의 통역을 통해, "자신이 그런 부탁을 한 적도 없으며, 이미 미국과 연관되어 그럴 수 없었음에도 불구하고 러시아가 어떤 근거로 자신에게 교관 파견을 제안하는지 이해할 수 없다."고 언급했다.[35] 이에 이미 고종의 동의를 구한 상태라고

참조. 한편 이 자리에서 슈페이예르는 "만약 조선정부가 자기의 요구조건을 들어주지 않을 경우 그는 조선 영토일부를 점거할 의향을 선언할 것"이라고 했다. 이에 대해서는 김원모 완역,『알렌의 일기』, 단국대학교 출판부, 2004, 87쪽 참조.
34) Белла Б. Пак, там же, cc.134~135.
35) Ч.Ж. Ким, там же, cc.108~113. 고종은 청의 간섭을 상당히 두려워했던 것으로 보인다. 그는 미국의 임시대리공사 포크에게도 군사교관단의 채용에 관한 문제를 처리하는 데 도움을 요청했으며, 그에 더해 본 사건의 진원지인 묄렌도르프를 자신이 '처형(kill)'할 수 있는지를 문의했다고

판단했던 슈페이예르는 고종을 설득하여, 러시아 군사교관단의 초빙에 관한 교서를 내리도록 만들어야 한다고 판단했다.

6월 20일 상기와 같은 목적에서 외아문을 방문한 슈페이예르는 외무독판 김윤식과 대담을 가졌다. 슈페이예르는 김윤식을 상대로 "러시아 군사교관단의 조선 파견은 이미 황제의 재가를 받은 것이며 그 자신은 교관단 파견 여부가 아닌, 파견과 관련된 세부적인 사항에 관해 논의하라는 하명을 받고 조선을 방문한 것이다. 자신은 조선의 국왕을 알현해야만 하며, 만약 그것이 거절될 경우 더 이상 서울에 머무르는 것이 불가능할 뿐만 아니라, 이 사실을 본국 정부에 보고할 것"36)이라고 강경한 어조로 말했다.

6월 22일 슈페이예르는 사전에 고종의 밀사들과 협의한 것과는

한다. 이에 대해서는 김원모 완역, 앞의 책, 89쪽 참조.
36) 20일 저녁 고종의 밀사가 슈페이예르를 방문하여 "국왕께서는 러시아 교관의 초빙에 동의하시지만 중국과 조선 내의 중국 일파에 지나치게 의존적인 만큼, 러시아와의 협약 체결은 러시아 장교가 직접 도착하는 순간까지 비밀에 부쳐지는 조건 하에서만 가능하다는 것"을 전했다고 한다. 슈페이예르와 고종의 밀사들은 상기 조건하에서 아래와 같은 결정을 내렸다.
  1. 국왕은 수일 후 슈페이예르를 공식 알현하며, 그 석상에서 슈페이예르는 교관에 관해 아무런 언급도 하지 않는다.
  2. 국왕은 정치적 계산에서 동의할 수 없다 할지라도, 교관 초빙에 관한 러시아의 요청을 고려할 때, 미국 장교의 조선 파견은 대러 관계에서 조선을 난처한 상황에 처하게 할 것인 바, 미국 공사관 책임자에게 교관단 파견을 중지하도록 건의한다.
  3. 슈페이예르가 서울을 출발할 때, 고종은 자필로 작성하고 서명과 국쇄로 증명된 서류를 전자에게 교부한다. 이 서류에는 다음과 같은 고종 측의 의무 사항들이 포함된다. a) 러시아 군사교관을 초빙할 것, b) 조선에 러시아 군사교관단이 주재 중일 경우 다른 국가로부터 장교를 초빙하지 않을 것, c) 군사교관단이 도착하는 즉시 조선 내 근무 조건에 관한 협약을 체결하도록 조선 정부에게 하명할 것.
  4. 이 밀약은 극비 사항에 부쳐진다.
이에 대해서는 АВПРИ, ф."СПб. Главный Архив, V-Аз." оп.181.3, 1885 г. д.45. л.244 참조.

달리, 자신의 주장에 따라 국왕을 알현하는 석상에서 교관단 문제를 언급했다. 이후 고종의 밀사가 슈페이예르를 찾아 "국왕께서는 러시아 대표가 한 번 더 노력하여 고관들이 러시아 교관단의 초빙에 동의하도록 설득할 것을 원하고 계시며 …… 만약 슈페이예르의 노력이 성공하지 못할 경우, 서울을 출발할 즈음 러시아 장교를 초빙하고 타국 장교는 초빙하지 않겠다는 내용의 서신을 국왕께서 직접 서명하시어 반드시 전달할 것"37)이라고 부언했다.

6월 23일 슈페이예르는 청의 반응을 살피기 위해 청총변조선사무(淸總辨朝鮮事務) 진수당을 방문했다. 이 자리에서 진수당은 러시아의 군사교관 파견과 청은 아무런 상관이 없다고 대답했다. 슈페이예르는 이 사실을 김윤식에게 알렸으나, 김윤식은 미국과의 관계를 이유로 군사교관단에 대신하여 러시아의 '광산개발권'을 제안했다. 그러나 슈페이예르는 황제의 윤허를 얻은 것을 위배할 수 없다며, "조선이 파견에 자발적으로 동의한다면 우리에게 유쾌할 것"이라는 말로 김윤식을 압박했다.

7월 1일 조선의 김윤식은 미국과의 합의는 물론, 슈페이예르에게 전권이 없다는 것을 이유로, 회담을 거절했다.38)

슈페이예르는 조선에 체류하는 동안 두 개의 실수를 범했다. 첫째는 군사교관단 조직 계획을 프랑스어로 작성해서 묄렌도르프에게 건넨 것으로서, 전권을 부여받지 못한 그가 자신이 직접 작성한 문서를 남겼다는 것은 분명한 월권행위였다. 둘째는 전권을 보유하지 않은 상태에서 조선 정부와 회담에 임하여 조선 정부를 압박한 것을 들 수 있다.

그러나 상기와 같은 슈페이예르의 행위는 몇 가지 면에서 이해될

---

37) Белла Б. Пак, там же, с.137.
38) 이선근, 『한국사 – 최근세편』, 을유문화사, 1978, 798쪽.

수 있다. 첫째, 그는 매우 모순된 훈령을 받았다. 훈령에 따르면 군사교관단의 파견이 준비되었음을 알리는 한편, 조선의 국왕이 먼저 교관단 파견을 요청하도록 유도해야 한다고 규정하였다. 또한 짜르의 의지임을 밝히면서 조선이 절대 타국의 교관단을 받아들여서는 안 된다고 하명했다. 그러면서도 슈페이예르에게 전권을 부여하지 않았다. 특히나 체류 기간 역시 짧았다. 결국 짧은 기간 내에 짜르의 의지를 수행하기 위해 무리수를 두었을 수도 있었다. 둘째, 문서로써 증명되지 못한 필자의 추측이긴 하나, 슈페이예르가 회유책의 일환이었던 군사교관단 문제에 집착했다는 점을 볼 때, 그는 거문도 점령사건과 교관단 문제가 상호 긴밀하게 연관되어 있다고 판단했을 수도 있다. 즉, 조선의 군권을 러시아가 장악하면, 자연스럽게 거문도 문제 역시 해결될 것으로 보았을 수도 있다는 것이다. 셋째, 슈페이예르는 훈령과 본국의 대조선정책 방침을 깊이 있게 이해하지 못했던 것으로 볼 수 있다. 즉 슈페이예르는 군사교관단의 파견 문제와 관련하여 왜 전권이 자신에게 부여되지 않았는지 그 이유를 간파하지 못했던 것으로 볼 수도 있을 것이다.

여하튼 조선에게 확답을 주지 말되, 러시아에 대한 조선의 희망을 빼앗아서도 안 된다고 했던 기르스는 슈페이예르의 임무 수행 결과에 대해 불만을 표현했다.39) 그는 슈페이예르의 실수 때문에

---

39) "슈페이예르는 우리의 임시 대표로서 우리에게는 거의 알려지지 않은 나라로, 공식적 성격이 부여되지 않은 상태에서 파견된 만큼, 자신에게 하달된 명령에 매우 미묘하다는 점과 그의 개인적 지위 역시 그에 못지않게 미묘하다는 사실을 자신의 경험에 입각하여 잊지 말았어야만 한다. 황제의 정부는 특별한 중요성을 고려하여 다만 이런 방법을 택한 것이었다. 이런 모든 조건들은 우리의 임시 대표에게 극도의 조심성을 요구하는 것이었으며, 하달된 훈령에 의거하여 자신의 모든 조력을 가능한 한 조선 정부의 신뢰를 획득하는 것에 집중해야 했고, 현실적으로 수행하기 쉽지 않은 것으로 판명된 사항에 대해서는 추가 명령을 요구했어야만 했다. 우리가 조선에 대해 무지한 만큼, 슈페이예르는 출구가 없는 상황에 처하지 않도록 매 걸음마다 사려 깊게 생각할 필요가 있었다. 이런 행위

러시아의 이익 수호를 위해 임시대표를 조선으로 재차 파견할 수 있는 가능성마저 상실했다[40]고 혹평했던 것이다. 비록 조선과 러시아 사이에 조약이 체결되었다고는 하나, 조선에는 러시아의 이익을 대변할 수 있는 외교대표가 존재하지 않았다. 따라서 임시대표의 파견 가능성마저 상실했다는 것은 당시 영국과의 관계를 고려할 때, 조선과의 의사전달 통로 자체가 단절되었음을 의미하는 만큼, 러시아에게 막대한 손실을 가져다 줄 수도 있는 것이었다.

이 외에도 슈페이예르의 월권행위로 인해 러시아의 대조선정책에 대한 해외 열강의 오해가 증폭되었다는 점을 들 수 있겠다. 즉 한러밀약설에서 러시아의 의도가 주변 국가에 사실보다 더 과장됨으로써 오히려 영국의 거문도 점령을 합리화시켜주는 역할을 했다는 점이다. 그 외에도 슈페이예르의 상기와 같은 행동은 후일 서울 주차 초대 러시아 대리공사 겸 총영사 베베르가 임지에 부임한 이후, 한동안 외부 출입을 자제한 원인이 되었다고 한다.[41]

이상으로 보면, 한러밀약의 성립과 군사교관단의 파견이 성사되지 못한 것이 슈페이예르 개인만의 실수에 따른 것은 아니다. 러시아의 애매한 훈령, 고종의 유약함, 조선 내 친청파의 반대, 묄렌도르프의 단순한 계략, 사안의 중대성에 비해 짧은 체류 기간 등이 함께 그 원인으로 작용했다.

양식을 지켰다면 슈페이예르는 자신의 임무는 완전하게 수행했을 것이다." АВПРИ, Посольство в Токио, оп.4, д.595, л.167.
40) 위의 문서.
41) АВПРИ, Японский Стол, оп.493, д.1, л.46.

3. 베베르의 대외정책관과 구체적 외교 활동

1) 베베르의 조선주차 대리공사 임명과 비밀훈령

슈페이예르가 조선에서 일본 주재 러시아 공사관으로 귀환한 후, 러시아는 조선에서 자국의 이익을 대변할 수 있는 경로를 보유하지 못한 상태가 되었다.

당시 영국은 러시아와의 갈등으로 인하여 전쟁이 발발할 경우, 블라디보스토크를 공격하기 위하여 거문도를 점령하고 있었다. 러시아는 독일의 도움으로 이 문제를 해결하려 했으나, 별 실효를 거두지 못했다.[42] 문제의 실질적인 해결을 위해서는 조속한 시일 내에 조선 현지로 자국의 외교관을 파견하는 것이 최선의 방책이었다.

조선의 대표로 로젠 남작(Барон Роман Романович Розен: 1847~1922)[43]이 물망에 올랐으나, 뉴욕주차 총영사로 발령되자,[44] 극동에 대한 지식과 극동 지역에서 러시아의 이익이 무엇인지에 대해 깊이 이해하고 있었던 점이 높게 평가되어 1885년 4월에 칼 프리드리히 테오도르 폰 베베르[Karl Friedrich Theodor von Weber; 러시아명 – 칼 이바노비치 베베르(Карл Иванович Вебер)]가 초대 조선주차 러

---

42) А.Л. Нарочницкий, там же, с.385.
43) 로젠의 약력은 다음과 같다. 요코하마 부영사(1872~1875), 대사관 서기(1877~1879), 도쿄주차 대리공사(1889~1893), 뉴욕 총영사(1884~1890), 멕시코(1890~1895), 벨그라드(1895~1897 гг.), 도쿄(1897~1899, 1903~1904), 뮌헨(1901~1903 гг.), 워싱턴(1905~1911) 등지에서 전권공사 역임. 1898년 일본과 로젠-니시 협정을 체결했으며, 러일전쟁 전 일본과 교섭 당시 일본에게 조선을 더 많이 양보를 해야 한다고 주장하는 한편, 전쟁의 불가피성을 직감한 그는 만주와 뤼순(旅順)의 방어력 강화를 주장했다. 포츠머스 강화회담 당시 러시아 측 전권차석으로 참석한 인물로 한국과 인연이 많은 러시아외교관 중 한 명이다.
44) 로젠에 대해서는 해군성이 특히 좋게 평가하고 있다. РГАВМФ, ф.26, оп.1, д.6, лл.3об~5об.

시아 대리공사 겸 총영사로 임명되었다. 뉴욕에서 샌프란시스코로 향하는 배를 타지 못한 베베르는 한 달을 기다린 뒤, 9월 2일에서야 다음 노선을 타고 일본으로 향할 수 있었으며, 10월에야 서울에 도착할 수 있었다.[45]

베베르는 1841년 7월 5일 리바바(Libava) 시의 유복한 루터교도 집안에서 출생했다. 1861년 상-페쩨르부르크 대학에 입학하여 1865년 동양어학부를 졸업한 후, 외교 분야로 진출했다. 1882년에 천진 주차 러시아 영사로 근무했으나, 동년 조선과의 조약체결을 준비하기 위하여 블라디보스토크로 출장 가면서부터 그의 인생은 조선과 밀접한 관계를 맺게 된다. 1884년 조선과 조약을 체결한 베베르는 조선주차 러시아 대리공사로 임명되었다.

학자적 소양을 지니고 있었던 조용한 성격의 베베르는 부임 직후부터 한국어와 한국문학을 연구했다. 멕시코로의 전근을 거쳐 러시아로 귀환한 그는 한국 연구에 대한 결과물로서 『한국어와 중국어의 한국식 독음(1908)』 및 『한국 전체 도시의 실험적 표기(1908)』 등을 저술했다. 그의 사망 시기는 알려져 있지 않다.[46]

5등 문관 베베르에게 전해진 비밀훈령은 1885년 4월 25일 작성되었으며, 동년 6월 7일에서야 짜르의 재가를 받았다. 이 훈령은 크게 4가지의 임무로 구분된다. 첫째 비준을 교환할 것, 둘째 외부로부터의 침략에 대응하여 조선에서의 러시아 이익을 수호할 것, 셋째 영국의 거문도점령사건을 해결할 것, 넷째 육로통상에 관한 조약을 체결할 것 등이었다.[47]

---

45) Борис Д. Пак, *Россия и Корея*, Москва, 2001, c.161.
46) http://forum.arsasiatica.com/viewtopic.php?t=131&sid=72fd19b9b49570d2a7c1f522ae8184a9.
47) "1885년 4월 25일 인정된 5등 문과 베베르에게 전달된 비밀훈령 사본", АВПРИ, Японский Стол, 493, д.49, лл.5~30. 본문의 훈령 내용 중, 따옴표에 들어간 내용은 모두 위 사본에서 인용된 것임.

훈령에 기재된 바에 따르면, 비준 교환은 조선에서 타 서구열강과 동등한 조약상의 권리를 획득하기 위한 것이었다. 최혜국 대우 조관으로 "조선이 독일과 영국에게 제공한 조약상의 권리와 우월권을 보장"받을 수 있다는 점에 주목했던 것이다. 특히 청이 영국의 중재로 프랑스와 강화를 맺었다는 점, 그리고 러시아의 접경국가인 조선이 "블라디보스토크보다 우수한 항구를 보유하고 있고, 경제적으로는 러시아의 극동 지역에 생필품을 공급할 수 있는 유일한 시장"이라는 점, 그리고 프랑스와의 문제에서 해방된 청이 조선에서 영향력 확대를 시도할 경우, 다른 서구 열강처럼 조선 문제에 최대한 적극적으로 개입할 필요가 있다는 점 등을 고려하면 반드시 비준 교환이 요구되었다.

두 번째 임무는 "외부의 침략으로부터 조선에서 갖는 러시아의 이익을 수호"하는 것이다. 원래 러시아는 청과의 충돌을 피하고, 외국의 조선침탈에 비교적 손쉽게 대응하기 위해 조·청 양국 간의 주종관계를 인정하고 있었다. 그러나 묄렌도르프로부터 고종이 기존 조청관계의 변혁을 꾀하고 있다는 사실을 접한 후부터, 그리고 갑신정변으로 청일 간의 충돌 가능성이 고조된 이후부터 러시아의 대조선정책이 변화를 보이게 된다. 훈령에 나타난 바와 같이 러시아는 조선인이 '오만한 태도'의 일본인에게 적개심을 보이는 반면, "중국 병력이 서울에 주둔하고 있음에도 불구하고, 조선인민들은 내정에 대한 간섭을 자제하고 통치의 독립성을 인정하면서 언제나 힘든 시기에 지원과 지지를 제공하는 차원에서 스스로를 자제하는 중국 정부에 의존하고 있음을 자랑스러워한다."는 점, 그리고 슈페이예르의 조선 파견이 고종은 물론 서울의 주민들에게조차 조선에 대한 러시아의 관심과 배려의 표시로 받아들여졌다는 점에 주목하고 있었다. 즉 러시아는 조선에 접근하여 신뢰를 구축하려면 '지원과 지지' 그리고 '자제'라는 것이 조화를 이루어야 한다고 보았던 것이다. 이를 실현하기 위해 러시아 정부는 베베르에게 다음과 같은 방법을 하달했다.

당시 러시아의 극동은 재정적으로 빈한한 상황이었다. 따라서 유사시, 특히 청일 간의 충돌과 같은 상황이 발생하여, 만약 청이 조선에서의 지배세력으로 등장하면, "러시아의 우수리스키 지역은 만주와 조선에 위치한 청의 세력에 포위되는 형국"이 발생된다. 반대로 일본이 승리한다 해도, "일본이 유럽의 일국과 연합할 경우, 조선에서 갖는 러시아의 영향력이 말살되는 것 이상으로, 강력한 국가와 접경하게 된다." 양자 간 어떤 경우가 발생하든 러시아는 무력으로 조선의 한 항구, 특히 "라자레프 항을 점령해야 할 것"으로 판단하고 있었지만, 그 역시 현실적으로 쉽지 않다는 점을 잘 인식하고 있었다. 이런 상황의 발생을 예방하기 위한 방법이 조선에 '러시아의 단독보호'를 구축하는 것이었다. 그러나 러시아 "극동 지역의 군사력과 경제력이 충분하지 못했다." 결국 러시아가 찾아낸 해법은 "보호관계의 실질적 수립 이전에 러시아에 대한 조선 정부의 신뢰를 강화"하는 것이었다. 이를 위해 "직접적인 군사지원보다는 조선의 독립과 완전성을 위협할 수 있는 상황이 도래하면 정신적, 물질적으로 언제든 실질적인 협력을 제공할 준비가 되어 있음"을 알려주되, "협력의 방법은 상황에 따른 만큼 예견은 곤란"하다는 식으로 답하도록 훈령에 명시하는 한편, 조선 정부의 신뢰를 획득하기 위해서 "모든 관심과 제안을 러시아와 의논하도록 가르치라."는 것이었다. 즉 '지원과 지지'를 구체적으로 제공하는 것보다는, 제공될 수도 있다는 기대감을 이용하여 조선의 내정에 관여함으로써 조선 정부에 대한 통제력을 확보하라는 것이었다.

내정에 관여하기 위해서는 두 가지 방법이 있다. 하나는 제3자를 통하는 것이고, 다른 하나는 고종과의 직접적인 관계를 설립하는 것이었다. 후자로는 비공식적 형태의 개인 고문관이라는 방식이 있을 것이다. 이 중 가장 효과적인 것은 후자가 되겠지만, 그 선택은 베베르의 해석에 딸린 것이었다.

"외부의 침략으로부터 조선에서 갖는 러시아의 이익을 수호"하는 두 번째 방법은 "러시아 군사교관단이 직접 조선의 군사훈련을 책임짐으로써 한국이 실질적 방어력을 확보하도록 도와줄 수도 있음"을 조선 정부에 통보하는 것이었다. 러시아는 청이 조선의 자주권을 인정한 것은 만주가 비어 있었기 때문인 것으로 보았다. 그러나 청조의 고향인 만주로의 인구 유입이 늘면서 경제적 부가 발전되자, 러시아는 머지않은 장래에 "태평양으로 향하는 항구를 확보하기 위하여 중국이 조선을 침탈할 것"으로 판단했다. 조선의 독립을 지키기 위해서는 조선 자체의 방어력 증강이 필요해진 것이다. 만약 조선 정부가 상기와 같은 국제정치적 현실을 이해하게 될 경우 러시아 군사교관단을 받아들이는 것은 물론, "러시아에 대한 신뢰감이 더욱 강화될 것"으로 여겼던 것이다.

이 역시 '지원과 지지'에 속하는 사항으로서, 조선의 독립을 존중하는 러시아의 관심과 배려를 통해 조선 정부의 호감을 사는 방법과 군사적 의존관계 형성이라는 방법으로 러시아의 궁극적 목적인 "조선에서 …… 지배적 영향력의 강화"를 달성하려 했다. 그러나 "보호관계의 설정에 따른 부동항의 확보"는 러시아의 극동 지역 군사력이 부족한 것은 물론, 주변국들과의 긴장관계를 형성할 수도 있는 만큼, 서두르지 말도록 지시했다. 단, 조선 측의 진실성이 전적으로 확보된 경우, 항구 획득에 따른 득과 실을 따져가며 비밀리에 회담을 진행하되, 사전에 모든 항구에 대한 예비 탐사를 완수하도록 지시했다.48)

---

48) 러시아 본국 정부는 "러시아와의 보호관계 설정과 군사교관 초청에 대한 요구를 조선 측이 되풀이 할 경우" 단순한 "전달자"의 역할에 충실하라는 훈령을 조선으로 향하는 중이었던 베베르에게 전달했다. А.Л. Нарочницкий,

거문도 문제 해결에 대한 러시아 정부의 명령은 다음과 같다. 러시아는 영국이 청불전쟁을 중재한 대가로 중국의 용인하에 거문도를 점령했을 수도 있다고 판단했다. 그러나 거문도가 조선의 영토인 사실을 고려하면, 그 섬의 점거에 대한 조선의 동의가 매우 중요했다. 따라서 첫째, 영국의 거문도 점령이 "조선 정부의 동의를 얻어서 이루어진 것인가? 둘째, 조선 정부가 어떤 조건하에, 향후 행동의 자유를 구속할 수 있는 특별한 의무에 구속되어 있는 것은 아닌가?" 하는 사실을 밝히라고 하명했다. 만일 상기의 두 경우에 모두 속하지 않는다면, 거문도를 "모든 열강의 선박이 입·출항할 수 있는 개항장으로 공표"하도록 조선 정부를 설득하라고 지시했다.

훈령에서는 러시아의 물리적 한계를 고려할 때, 조선 정부를 설득하기 위한 가장 적절한 방법은 "국왕 및 대신들과의 개인적 친분 관계를 형성하는 것"이라고 했다. 여기서 묄렌도르프 문제가 불거진다. 그는 조약체결 당시에는 러시아에 유익한 존재였으나, 조선에 직접적인 외교대표를 보유하게 된 만큼, 더 이상 그를 통할 이유가 없었다. 이방인 묄렌도르프를 통하기보다는 오히려 국왕 및 조선 대신들과 직접적인 관계를 형성하여, 그들의 모든 문제를 직접 의논해 줌으로써 러시아가 얻을 수 있는 것이 더 많다고 판단했던 것이다.

육로통상조약의 체결은 조선과의 무역에서 패권을 장악하겠다는 의도가 내포되어 있었다. 무역패권을 장악하기 위해서는 국경으로부터 50베르스타[49] 또는 함경도 내에서의 '무관세 무역', '함경도 내에서 러시아 신민의 상주권과 자유여행권', '광산 및 산업에 종사할 수 있는 권리', '조선으로 향하는 청·일 양국의 물품이 러시아 세관을 통관할 것' 등을 요구하도록 명령하였다. 또한 러시아의 안전을

там же, с.389.
49) 러시아의 거리 단위. 1베르스타는 500사젠이며, 약 1,067km에 해당된다.

고려하여 '조·러 국경으로부터 100베르스타 이내로는 중국 및 일본 상품의 유입을 금할 것'은 물론 '양국 군대의 주둔 역시 용인해서는 안 되었다.' 또한 '외국선박의 두만강 진입가능성을 제거하기 위해 자유항행을 금지'하도록 했다. 이외에도 '조선 북부 지역에서의 영사재판권', '러시아 관헌의 육로를 통한 서울 방문권' 등의 문제를 해결하도록 훈령하였다. 이것은 단순히 배타적 무역권을 목적으로 했다기보다는, 조선 북부를 러시아의 절대 영향권에 편입시키려했던 의도로 보인다.

상기의 사실 외에 이 훈령의 말미에서는 '우편연락소의 설립'과 '서울-블라디보스토크를 연결하는 전신선 가설권 획득', '신교의 자유권 확보' 등이 언급되었다. 특히 신교의 자유권 같은 경우 조선이 그리스 정교를 받아들일 경우 상당한 수준에서 성공적인 선전 수단이 될 것으로 보았다.

2) 베베르의 대조선정책관

베베르가 자신에게 하달된 훈령을 어떻게 실행할 것인가는 그가 훈령을 어떻게 이해하고 있었는가를 밝히면 그 답을 찾을 수 있을 것이다. 물론 그가 상기의 훈령을 어떻게 이해했으며, 실행할 것인가에 대해서 직접적으로 언급한 것은 아직 확인된 바 없다. 그러나 그가 대조선정책을 어떻게 인식하고 있었는가를 살펴보면 그 답을 찾을 수도 있을 것이다. 그의 대조선정책관은 즉위 40년을 맞은 고종에게 성 안드레이 1등 훈장을 수교하기 위하여 1902년 한국을 방문하여 서울에 체류할 당시 작성한 「1898년 이전과 이후의 한국에 관한 기록」[50]에 잘 나타나 있다.

---

50) К.И. Вебер, "Записка о Корее до 1898-го года и после", *Российское корееведение*, Выпуск второй, Москва, 2001, сс. 133~147.

이 기록은 일본의 대조선정책을 보며 작성한 것이지만 그가 지적하고 있는 일본의 대조선정책이 1885년에 그에게 하달된 상기의 훈령과 놀라울 정도로 일치하고 있다는 점에서 살펴 볼 가치가 있다.

그는 조선의 유약하고 우유부단함이 국제사회, 특히 청·일 양국간의 갈등 원인이었다고 지적했다. 자신의 독립을 지킬 수 없을 정도로 연약하다는 사실은 자기 자신은 물론, 타인을 위해서도 결코 선이 될 수 없으며, 청일전쟁 이후 발생한 제반 사건의 한 원인이었다고 보았다.51) 따라서 그는 부국강병을 국가에게 있어서 가장 중요한 덕목으로 생각하고 있었다. 그러나 조선의 정치적 상황은 베베르 자신이 이직한 후 매우 열악한 상태에 빠졌다. 그는 국가 발전의 원동력을 부정부패의 척결에서 찾았으나, 일본의 절대적 영향력 하에 놓여 있던 조선의 상황은 오히려 그렇지 못했다는 것이다. 조선의 국력이 약해지는 만큼, 일본의 영향력이 강화되었다. 베베르는 조선이 처한 당시 상황에서 일본의 영향력을 제고·강화시켜주는 구체적 요인들로서 다음과 같은 일련의 사항들을 열거하고 있다.

첫째, 조선에 거주하고 있는 일본 주민의 수가 2만 명이 넘는다는 점이다. 상공업에 종사하는 일본인의 수가 많아지고, 그로 인해 일본인으로부터 수혜를 받는 조선인의 수가 증가하면 자연히 일본인의 조선인에 대한 영향력이 증대되는 것은 물론이거니와, 일본의 조선에 대한 영향력도 강해진다는 것이다. 베베르는 일본인 1명당 5명 정도의 조선인이 고용 또는 그와 유사한 관계를 맺고 있는 것으로 보았으며, 그들 모두를 잠재적 친일파로 분류했다. 그의 계산에 따르면 조선에는 정치적·사상적 친일파를 제외하고서도, 민간인 중에 이미 10만이 넘는 친일파가 형성되어 있었던 것이다.52)

---

51) 이런 그의 사상은 상기 기록의 전반적인 토대를 이루고 있다.
52) К.И. Вебер, там же, с.140.

둘째, 조선과 일본 간의 활기찬 무역관계 역시 일본의 영향력 강화에 일조한다고 적고 있다. 1897년부터 1901년까지 5년간 조선의 전체 무역에서 일본 무역이 차지하는 비율은 72%였다. 이는 절대적 수치에 가깝다 하겠다. 베베르는 근대식민경쟁체제에서의 '상인은 무사'라고 평가하고 있었다. 따라서 베베르의 입장에서 볼 때, 무역은 전쟁이었으며, 단지 '총성이 없을 뿐'이었다. 더구나 경제적 정복은 전쟁보다 용이하면서도 지출 비용이 없는 것에 더해, 오히려 금전적 이익을 보장해 주는 가장 효과적이면서도 강력한 점령방법이었다.[53] 베베르에 따르면 무역의 방법으로 조선을 지배하겠다는 일본의 의도는 이미 오래전부터 계획된 것이었다. 그 증거로 들 수 있는 것이 1898년 4월 13일 로젠과 니시도쿠지로(西德二郎) 사이에 체결된 도쿄의정서[54]라는 것이다. 베베르는 이 의정서의 3조에 "러시아 제국 정부는 조선 내 일본 무역 및 공업의 폭넓은 발전과 조선에서 거주 중인 일본신민의 수를 고려하여 조선과 일본 간의 무역 및 공업관계의 발전을 방해하지 않는다(이것은 러시아 텍스트를 번역한 것임)"라고 규정된 것을 그렇게 해석한 것이다.

셋째, 베베르는 서울-부산을 연결하는 전신선 가설에 대해서도 언급하고 있다. 이 전신선은 조선과 외국을 연결시켜주는 유일한 통로였다. 이것은 조선과 외국의 의사소통이 철저하게 일본의 통제 하에 놓이게 된다는 것을 의미한다. 현대적 의미에서는 정보의 독점이라 할 것이다. 청일전쟁으로 서울-의주 간 전신선이 파괴되었다가 1896년 6월 19일 재 가설되었으나, 의화단의 난으로 인해 만주를 지나는 전신선이 1900년 7월 3일 파괴되면서 재차 교신이 두절되었다. 베베르는 일본이 이 전신선을 복구하지 않고 있는 것은 해

---

53) Там же, cc.140~141.
54) 니시-로젠 협정을 말한다.

외 외교대표들의 통신 및 조선 정부에 대한 통제력을 상실하지 않기 위해서이며, 서울-부산 선의 이윤감소를 원하지 않기 때문이라고 해석하고 있다.

넷째, 철도의 문제를 들고 있다. 일본은 조선에서 경부철도 부설권을 획득하면서, 철도역을 따라 일본인이 거주하는 것을 조약상의 권리로 규정했다. 그러나 기차역의 수를 정하지 않은 만큼, 일본인은 철도 노선을 따라 필요한 만큼, 조선 내의 필요한 장소에서 상주할 수 있게 되었다. 일본인의 거주에는 자연히 일본 거주민의 안전을 목적으로 하는 일본의 경찰이나 헌병이 주둔할 수 있는 권리가 따르게 된다. 이는 종국적으로는 일본군의 주둔으로 이어질 수도 있다고 분석하고 있다. 베베르의 이런 견해에 기초하면 이는 조선 남쪽의 전체 영토가 일본의 군사적 영향권하에 복속됨을 의미하는 것이었다.

다섯째, 베베르의 입장에서 더욱 위험한 것은 조선 내 일본 사립은행의 설립과 태환권 발행에 대한 권리였다. 이런 권리의 허여는 전체 조선의 경제를 전적으로 일본에 의존하게 만드는 것으로서 무역과 함께 조선 지배의 효과적 수단이 될 것으로 보았다. 즉 철도를 통한 군사적 지배에 더하여, 일본이 경제적으로도 조선을 완전하게 지배할 수 있게 되는 것이라고 판단했다.

베베르는 상기의 사실에 입각하여 조선 내에서 러시아의 영향력을 복구하기 위해서는 적극적으로 대조선정책을 수립하고, 집행해야 한다는 주장을 폈다. 일본을 이웃으로 둘 경우, 중국의 동북부 방어를 위해 거액을 투자해야 하는 만큼, 러시아는 소극적인 지연정책에서 벗어나 조선을 일본으로부터 구출해야 한다고 보았다. 조선과 러시아의 이익이 동일하다는 것을 인식해야 하며, 자신이 체결한 한성각서에 의거하여 일본군의 철병을 요구하고, 일본에 의한 경의철도 부설을 막아야 만주와 블라디보스토크의 안전을 지킬 수

있다고 제안했다.55)

상기와 같이 베베르는 현실주의적 국제정치관을 보유한 사람이었다. 그는 국제사회에서는 식민주의적 팽창이 필연이라는 사고를 가지고 있었다. 단지 그가 택한 방법이 전쟁이 아닌 경제와 평화적 침투였을 뿐이다.56) 따라서 그가 조선주차 초대 러시아 대리공사로 재직하면서 보여준 평화적이고 온건한 외교적 행위와 점잖은 품행57) 역시 평화적이었지만, 궁극적으로는 조선을 완전하게 지배하기 위한 자기만의 방법을 수행하고 있었던 것으로 평가할 수 있을 것이다.

3) 조선주차 초대 러시아 대리공사 베베르의 활동

베베르가 조선에 도착하여 비준을 교환한 것은 고종22년 9월 7일

---

55) К.И. Вебер, там же, с.145.
56) 베베르가 조선에서 영향력 강화를 위해 제시한 방법에서도 그의 외교적 행동 방식이 잘 나타나 있다. 그 내용을 보면, 첫째 제물포·치부·상해 등을 경유하는 선박을 운영하여 무역을 장악할 것, 둘째 은행을 설립하여 중국의 대조선 무역을 발전시킴으로써 일본에 공동대응 할 것, 셋째 한국의 쌀을 중국으로 수출하여 조선의 대외무역에서 러시아가 차지하는 비율을 높일 것, 넷째 영자신문을 발행하여 극동의 이익을 보호하고 조선에서의 러시아에 대한 비방에 반박할 것, 다섯째 한국 청년들의 러시아 학교 또는 사관학교 입학을 용이하게 해 줄 것 등을 들고 있다. Там же.
57) 아관파천이 온화한 외교적 행위로 이해될 수는 없을 것이다. 그러나 다음의 사실을 고려할 필요가 있다. 일본이 왕비 민씨를 시해한 사건은 외교적 행위가 아니다. 그것은 적나라한 폭력의 행사였으며, 이는 곧 일본이 조선에서 자국의 외교정책이 실패했음을 자인한 것이었다. 한편 시해에 대응한 아관파천 역시 외교적 행위라고 보기에는 힘들다. 보기에 따라서는 왕을 물리적으로 납치한 것으로 이해될 수도 있기 때문이다. 결국 시해에서 파천으로 이어지는 사건이 전쟁이었다고 평가할 수는 없지만, 외교적 행위의 틀을 벗어난 것 또한 확실하다. 외교의 의미에 대해서는 다음을 참조할 것. 송영우, 『현대외교론』, 평민사, 2003.

(1885년 10월 14일)이었으며, 동년 10월 23일(양력 10월 14일) 고종을 인견한다.58) 이후 그는 슈페이예르 같은 사람이라는 오해를 사지 않기 위하여 외부 출입을 자제하며,59) 많은 시간을 공사관에서 보냈다. 그는 점잖은 몸가짐으로 조선 백성들 사이에서 러시아에 대한 이미지를 제고시킬 수 있었다.60) 그런 중에도 외교관의 임무를 잊지 않았던 베베르는 임지에 부임한 직후부터 조선의 지도를 수집하기 시작했다. 이것은 바로 조선과 그 주변 지형을 연구하여 러시아에 가장 적절한 항만을 탐색하기 위한 기초 작업의 일환에 따른 것으로 보인다. 또한 외부 출입을 자제하면서 그가 행한 것은 육로통상조약의 체결을 서면으로 건의하는 것이었다.61)

그럼 베베르는 훈령에 기초하여 과연 무엇을 자신의 우선적 목표로 설정했을까? 비준의 교환과 육로통상에 관한 조약의 체결은 타 열강을 의식할 때, 성급히 서두를 사안이 아니었다. 거문도사건의 해결과 군사교관단의 초빙 문제와 관련하여서도 베베르는 이미 슈페이예르의 실패를 목격했다. 더구나 거문도사건은 근동 문제와 연관된 것이므로 그 개인의 노력, 특히 선례를 고려할 때 위압적 방법만으로 해결될 수 있는 문제가 아니었다. 따라서 상기 두 가지를 자기 임무의 최우선 순위에 두는 것은 타당하지 못했을 것이다.

베베르가 조선에 대한 러시아의 영향력을 제고하고 자국의 이익을 수호하기 위해 가장 먼저 실행에 옮길 수 있는 것은 조선 정부의 신뢰를 얻는 것이었으며, 그 신뢰를 통해 다른 문제를 해결할 수

---

58) 『俄案』, 고종22년 9월 7일·10월 23일 ; 『統署日記』, 고종22년 9월 7일 ; 베베르의 가족이 서울에 도착한 것은 1886년 2월 15일이었다. 『俄案』, 고종23년 1월 12일 ; 『統署日記』, 고종23년 1월 12일.
59) АВПРИ, Японский Стол, оп.493, д.214, л.46.
60) 이선근, 앞의 책, 775~776쪽.
61) 물론 육로통상조약의 체결을 요구하는 그의 서한은 향후 2년간 무려 11차례나 조선 정부에 전달된다. 이에 대해서는 『俄案』을 참조할 것.

도 있을 것으로 판단한 것 같다. 그는 조선 정부의 신뢰를 얻기 위해, 첫째 국왕 및 대신들과 긴밀한 관계를 성립, 유지해야만 했으며, 둘째 조선에서 가장 절대적 영향력을 행사하고 있는 청의 세력을 견제해야만 했다. 셋째, 아이러니컬하게도 러시아의 조선 입성을 도와준 묄렌도르프를 견제해야만 했다. 묄렌도르프가 계속해서 고종의 총애를 받는다면, 베베르가 비집고 들어갈 수 있는 틈이 좁아지는 것은 물론, 국왕에 대한 영향력 역시 반감되기 때문이었다.

이 세 가지 중 가장 먼저 성취된 것은 묄렌도르프의 제거였다. 한러밀약설로 인해 묄렌도르프는 의외로 쉽게 제거되었다. 조선의 정계에서 쫓겨난 묄렌도르프가 베베르에게 도움을 청했으나, 베베르는 단호하게 거절의 의사를 표명했다.[62]

청의 세력을 견제하기 위해 베베르는 해외 열강의 외교관이나 조선을 방문한 외국인들을 친절하게 접대했다. 데니(O.N. Denny)가 요구하면 귀찮은 일임에도 불구하고 도표 작성을 마다하지 않았으며,[63] 비숍 여사의 저술에도 많은 도움을 주었다.[64] 반면 원세개와는 만남 그 자체를 거부했다고 한다.[65] 청의 종주권을 전적으로 인정하기 힘들었던 만큼, 그와 가깝게 지내는 것 자체가 불가능했을 수도 있었을 것이다. 그러나 그가 타국 외교관이나 조선에 체류 중인 영향력 있는 외국인들과 긴밀하고 친근한 상호 협조적 관계를 구축한 반면 원세개와는 거리를 두려 했던 가장 근본적인 이유는 본국의 적극적인 군사적 지원을 기대할 수 없는 상황하에서, 자신의 영향력을 증대시킬 수 있는 유일한 방법이라고 여겼기 때문인

---

62) 베베르는 자신의 보고서에서 도움을 청하는 묄렌도르프에 대해 "그의 성격적 결함 중 하나"라고 폄하했다. АВПРИ, Японский стол, оп.493, д.1. л.75.
63) O.N. 데니, 신복룡・최수근 역주, 『청한론(외)』, 집문당, 1999, 118쪽.
64) I.B. 비숍, 신복룡 역, 『조선과 그 이웃나라들』, 집문당, 2004, 15쪽.
65) 묄렌도르프, 앞의 책, 123쪽.

것으로 보인다. 훗날 제2차 한러밀약설이 불거졌을 때, 데니가 앞장서서 밀약설 자체를 부인했지만, 거문도 문제 해결을 위해 노력한 것 등에서 그런 사실을 확인할 수 있다.

상기의 사안 이상으로, 베베르에게 가장 중요한 임무는 무엇보다 조선의 국왕 및 조정 대신들과의 친분관계를 구축하는 것이었다. 또한 조선 정계에서 가장 강한 영향력을 행사하는 왕비 민씨와도 친밀한 관계를 유지해야만 했다. 베베르는 자신의 부인을 동원하여 민비에게 접근시켰다. 그의 부인 역시 자신의 남편인 베베르 못지않게 천부적인 재질과 애정으로 외교관의 역할 그 이상을 훌륭하게 수행하여, 알렌의 부인과 함께 왕비 민씨와 매우 절친한 관계를 유지했다.[66]

신사로서의 몸가짐과 언행으로 조선에서 좋은 평가를 받고, 부인을 통해서도 왕실과 더 가까워진 베베르는 조선의 내정에 대한 러시아의 영향력을 확보해야 했다. 이를 위해 그가 택한 방법이 바로 고종 개인의 비공식적 고문으로 활동하는 것이었다. 고문이 실질적으로 보면 다른 형태에 의한 정치적 간섭이라는 점에 착안했던 것 같다.

한편 고종 역시 그와 많은 문제를 의논하면서 "베베르는 단 한번도 과인의 뜻을 져버린 적이 없다고" 평가할 정도로 상당히 만족하고 있었다.[67] 이것은 단순한 신사적인 몸가짐 이상으로, 베베르의 예리한 정세판단 능력이 빛을 발한 결과였다.[68] 후일 고종이 러시아 공관으로 피신한다는 결정을 내린 것 모두 이때부터 축적된 베

---

[66] F.A. 맥켄지, 신복룡 역주, 『한국의 독립운동』, 집문당, 1999, 57쪽.
[67] АВПРИ, Японский стол, оп.493, д.214, лл.84~85.
[68] 그의 정책적 능력은 일본의 한 고관이 알렌과 "만약 베베르가 조선에 있었다면, 그의 정확한 정세 판단을 고려할 때 전쟁을 일으키기 힘들었을 것"이라고 언급했다는 점에서도 확인된다. 이에 대해서는 다음의 책을 참조하시오. 알렌, 신복룡 역, 『조선견문기』, 집문당, 1999, 218~219쪽.

베르 개인에 대한 신뢰의 결과였을 것이다.

　베베르는 개인 고문의 역할을 수행하는 것 외에도 조선을 방문하는 러시아인들 중, 일정 직급 이상이 되면 매번 고종을 알현할 수 있는 기회를 마련했다. 이런 그의 조처는 러시아가 조선에게 관심과 배려를 베풀고 있음을 상기시켜줌으로써 러시아에 대한 조선 정부의 신뢰를 공고하게 만드는 동시에 러시아의 국력을 은근히 과시하기 위한 것으로 해석된다. 그 실례로 1888년 9월에 고종이 러시아 황제의 일가 중에서는 처음으로 조선을 방문한 알렉산드르 미하일로비치 대공(Великий Князь Александр Михайлович)을 인견한 사건을 들 수 있다. 당시 고종은 알현장에서 예외적으로 걸음을 옮겨 대공을 맞이하였으며, 직접 악수를 청했다. 이후 준비된 만찬장에서도 고종은 매우 만족스러워하며 무려 3회의 건배를 제의하여 러시아의 정신적 지지에 감사의 뜻을 표하고, "러시아가 조선의 문명화에 적극 지원할 것임을 믿는 만큼, 러시아와 가장 긴밀한 관계를 유지할 것"이라고 성명했다. 이는 러시아인 고관들의 잦은 알현이 고종에게 얼마나 많은 영향을 미쳤는가를 미루어 짐작할 수 있게 하는 부분이다.[69] 이외에도 러시아의 장교들이 고종을 알현한 기록은 여러 곳에서 찾아 볼 수 있으며, 고종은 종종 러시아 전함이 제물포를 방문해 줄 것과 가능하면 상주해 줄 것을 수시로 요청했다고 한다.[70]

　고종에게 베베르의 개인적 신뢰가 상당히 확보되는 과정에서 발생한 사건이 바로 제2차 한러밀약설이었다.[71] 이 사건은 1886년 8월 5일 조선의 민영익이 베베르를 찾아가 고종이 청의 영향력을 조

---

69) Белла Б. Пак, *Российская дипломатия и Корея*, М., 2004, cc.15~16.
70) АВПРИ, Японский стол, оп.493, д.2, лл.488~497 등을 참조.
71) 2차 한러밀약설에 대해서는 국내에서도 이미 잘 알려진 만큼, 여기서는 서술하지 않겠다.

선으로부터 일소하길 원한다는 사실을 전하면서 시작되었다. 이후 7일과 9일에도 민영익은 계속해서 베베르를 방문했으며, 특히 7일에는 국왕과 외무대신 심순택의 서명에 국쇄로 날인된 국왕의 친서를 전달했다. 이런 제의에도 불구하고 베베르는 "우수리스크 지역에 군사력이 부족하며, 러시아에서 조선으로 군대를 파견하면 오랜 시간을 필요로 하는 만큼, 만약 러시아와 청국 간에 충돌이 발생할 경우 청에 의해 조선이 파멸을 맞게 될 것이다. 또한 러시아 역시 조선으로 인해 중국과의 관계를 악화시키고 싶지 않다."는 입장을 표명한 후, '조선 국왕의 제의를 받아들일 수 없다'고 답했다. 결국 이 사건은 원세개의 협박에 질린 고종이 자신은 모르는 사건이라 하여 일단락되었다.

베베르의 분석에 따르면 이 사건은 원세개가 조선을 중국의 완전한 속국으로 만들기 위해 꾸민 음모였다.[72] 따라서 만약 베베르가 상황 파악에 서툴렀다면, 향후 사건의 전개가 러시아에게 유익하지만은 않았을 것으로 짐작할 수 있다.

이 사건 이후 베베르는 육로통상장정의 체결에 외교적 역량을 집중하여, 1888년 7월 그 결실을 보게 된다. 베베르는 자신의 재임 기간에 재정고문 알렉세예프와 러청은행의 한국 지부로 포코틸로프가 부임한 것을 몹시 자랑스러워했다. 그들의 부임은 곧 조선의 재정을 장악하여 러시아에 대한 조선의 경제적 의존도를 높일 수 있는 가능성을 확보했다는 것을 의미했기 때문이었다.[73]

이외에도 조약 체결 과정에서 베베르가 러시아의 이익수호와 조

---

72) Ч.Х. Ким, там же, cc.113~128 ; Белла Б. Пак, там же, 1998, cc.161~167.
73) 알렉세예프는 궁내부 재정을 담당하기 위해 초빙되었던 것이며, 그 일이 잘되면 국가 전체의 재정을 담당할 수도 있을 것으로 보았을 뿐, 애초에 세관을 맡기기 위해 초빙한 것이 아니다. Белла Б. Пак, там же, 2004, cc.138~139의 본문 및 각주 참조.

선 북부에 대한 영향력 확대를 위해 애쓴 흔적을 어렵지 않게 찾을 수 있다. 첫째, 러시아와 접경하고 있는 함경도에서 러시아인의 거주 및 광업과 산업에 종사할 수 있는 권리를 요구한 것은 앞서 살펴본 바와 같이 조선인들 사이에서 친러파를 증대시키는 것과 관련되어 있다. 특히 베베르는 함경도에서 러시아의 배타적 영향력을 구축하기 위하여 육로통상에 관해 조선과 러시아 양국 간에 체결될 조약이 최혜국대우 조관으로 인해 제3국에게 러시아와 동등한 권리를 부여하는 계기가 되어서는 안 된다고 강조했다. 베베르의 관점에서 설명하면, 이것은 작게는 연해주의 안전을 확보하며, 크게는 조선 북부를 향후 러시아의 실질적 식민지로 만들겠다는 의지로 해석된다. 둘째, 서울과 블라디보스토크를 연결하는 전신선 가설권도 획득하여 정보에 대한 통제권을 확보할 수 있게 되었다.

이와 같이 베베르는 자신에 대한 조선 정부의 신뢰를 탄탄하게 구축하는 한편, 조선에서 갖는 러시아의 이익을 실현하고 영향력을 강화하기 위해 조용하지만, 부단한 노력을 경주했다.

4. 결론

러시아의 대조선정책은 일관되게 자국 이익의 보호 및 영향력 확대로 특정지어진다. 그 대외정책을 실행함에 있어서 외교관이 큰 역할을 수행했다. 따라서 그 외교관에 의해 실로 전혀 다른 모습으로 조선인들의 머릿속에서 러시아가 그려지기도 했다.

당시 러시아는 극동 지역에서의 군사력과 경제력이 주변 국가를 상대로 적극적이고 공격적인 팽창정책을 추진할 수 있을 만큼 충분하지 못했다. 이에 주변국과의 갈등을 일으키지 않기 위해서 기본적으로 극동에서의 현상유지정책을 고수하고 있었으며, 조선에 대해서는 '지지와 지원'을 표명하면서도 확답을 회피하는 정책을 견지했다. 이런 정책은 각 외교관에 따라 상이하게 구현되었다.

　슈페이예르는 두 차례에 걸쳐 조선을 방문했다. 특히 두 번째 방문 당시 그는 막중한 임무를 띠고 있었다. 즉 거문도 점령과 군사교관단 문제였다. 그러나 그에게 하달된 훈령은 매우 애매하여, 러시아는 군사교관단을 파견할 준비가 되었다는 점을 표명하는 한편, 열강을 의식하여 공식적 부탁은 조선 측에서 하도록 유도하라는 것이었다. 그러면서도 절대 조선이 다른 국가의 교관단을 받아들이도록 해서는 안 된다는 명령을 부가했다. 또 한편 조선에게 기대는 주되 확답을 삼가라고 명령했다. 그에 더해 그의 체류기간마저 짧았다. 바로 그런 모순되고 열악한 조건이 슈페이예르의 강압적 행위 양식을 자극했던 것으로 보인다. 이에 그는 조선을 상대로 압박을 가해서라도 군사교관단의 파견 문제를 해결하려 했다.

　그럼에도 불구하고 슈페이예르가 자신에게 하달된 훈령의 성격을 정확하게 파악하지 못했음은 지적되어야 한다. 그의 월권행위는 주변국의 오해를 일으키면서, 러시아가 침략적 성격을 지닌 국가라는 부정적 이미지를 남기게 되었다.

　서울주차 초대 러시아 대리공사 베베르는 조용하고 침착하며, 정확한 사태 파악으로 고종의 총애는 물론, 조선인과 조선에 체류 중이던 외국인들 사이에서 호평을 받음으로써 조선 내에서 러시아의 이미지를 제고하고 일정한 영향력을 확보할 수 있었다.

　그에게 내려진 훈령을 한마디로 요약하면, 평화적 방법으로써 조선 내에서 러시아의 영향력을 제고하면서, 동시에 타국의 영향력이 침투하는 것을 막는 것이었다. 이 역시 적지 않게 모순된 모습을 보이는 훈령이었다. 그러나 베베르는 자신이 장기간 체류한다는 사실을 활용하여, 고종의 사적인 개인 고문관의 역할을 자처했다. 그는 수시로 고종과 함께 궁궐에서 밤을 보냈으며, 그의 조언에 대해 고종이 실망을 표명한 적이 없었다.

고문관의 역할은 자연스럽게 베베르의 영향력을 강화시켜주었다. 제2차 한러밀약설은 아마도 그런 과정에서 베베르를 견제하기 위하여 발생한 사건이 아닌가 생각된다. 베베르의 고문 역할과 베베르의 주선으로 이루어진 러시아 장교 및 귀족들과의 잦은 만남은 조선 국왕에게 상당히 강한 영향을 끼친 듯하다. 이는 청일전쟁 이후 등장하는 친러정책 및 을미사변 이후 고종의 아관파천으로 증명된다.

이렇게 러시아의 외교정책은 그 본질에 큰 변화가 없음에도 불구하고 훈령과 훈령에 대한 이해 방식, 그것을 구현하는 외교관의 행위 양식, 가치관, 국내외적 환경의 변화 그리고 체류 기간 등에 이르기까지 외교관을 둘러싼 다양한 요소들에 의해 각기 다른 형태로 실행되었으며, 그 결과도 역시 상이했다.

근대 조선과 러시아의 경제관계 형성

이 재 훈*

1. 문제제기

　1860년 러시아가 청과의 북경조약을 통해 연해주를 차지하게 되면서 조선과 러시아는 두만강을 경계로 국경을 접하게 되었다. 근대 이전의 국가 간 관계에서 일반적으로 보여지는 것과 같이, 양국이 국경을 접하게 되면서 접경지대에서는 해당 지역에 거주하는 주민들 사이에 서로의 필요에 의한 교류관계가 자연적이고 비공식적으로 형성되기 시작하였다. 서로 간의 필요성은 다음과 같은 이유로 제기되었다. 우선 당시 러시아는 새로 확보한 연해주 지역의 방어를 위해 국경수비대를 파견하여 배치하는 한편, 광대한 미개척지의 개발을 위한 자국민의 이주를 추진하고 있었다. 하지만 자연환경이나 기후조건이 유럽 지역 러시아와는 현격하게 달랐기 때문에 파견과 이주를 통한 개발정책은 순조롭게 진행될 수 없었다. 그리

---
* 동국대학교 대외교류연구원 연구교수

고 그로 인해 국경수비대의 식량과 생활용품, 개발을 위한 노동력 등을 자체적으로 조달할 수 있는 능력을 갖지 못하였다. 따라서 그들은 필요한 물적·인적 자원을 인접한 만주와 조선 등 인구와 산업이 상대적으로 구비되어 있는 지역에서 구할 수밖에 없었다.

한편 함경도 북부지방은 예로부터 있어온 청과의 북관무역을 비롯한 사적 교역과 월경 이주의 경험, 그리고 지역산업상의 특수성 등을 가지고 있었다. 이로 인해 새로이 생겨난 러시아 연해주 지역에 형성된 교역의 수요를 용이하게 충족시킬 수 있는 가능성을 지니고 있었다. 풍부한 교역의 경험을 가지고 있던 그들에게 러시아와의 접경은 중국 이외에 새로운 교역처가 생겼음을 의미하는 것이었다. 따라서 접경지대에서의 양국 간 인적 및 물적 교류는 공식적인 교역관계가 수립되기 이전부터 이미 비공식적 형태로 점차 확대되어가는 모습을 보였다.

이와 같은 비공식 교역은 후에 국가 간의 근대 교역체계 수립을 통한 공식적 교역관계로 발전되어 가는 과정을 겪게 된다. 1884년의 '조러수호통상조약'과 1888년의 '조러육로통상장정'이 그것이다. 양 조약의 체결로 조선과 러시아의 교역은 새로운 전환의 계기를 마련하게 되었다. 비공식적 관계에 의해 이루어지던 교역이 해당 국가의 보호와 통제를 받는 공식적 관계로 전환되었던 것이다.

19세기 후반의 조선과 러시아 관계에 대한 학계의 관심은 과거에는 주로 양국의 통상조약 수립 과정과 조약의 성격, 그리고 이를 둘러싼 국제관계의 변화 등에 집중되어 있었다.[1] 따라서 양국의 경제관계는 정치관계에 종속된 부차적이고 제한적인 요인으로 규정될

---

1) 최문형, 「한러수교의 배경과 경위」, 한국사연구협의회, 『韓露關係 100年史』, 1984 ; 임계순, 「한러밀약과 그 후의 한러관계(1984~1894)」, 같은 책 ; 신승권, 「구한말 한로관계의 조망-협상과정을 중심으로」, 『국사관논총』 4, 1989 등.

수밖에 없었을 뿐 아니라, 실질적인 경제관계의 대부분은 실체가 아닌 조약과 규범 속에서만 존재하였다. 하지만 근래 들어 해당 시기의 양국 간 교역을 실증적으로 다룬 연구물들이 생산되면서 개항기를 전후한 조러 경제관계에 대한 연구는 새로운 단계로 발전해 나가고 있는 듯하다.2)

 이 글 역시 정치적 측면과는 일정하게 거리를 두면서 양국 간 교역의 실제적 측면을 고찰하는 것을 목적으로 하고 있다. 이를 위해 이 글에서는 당시에 전개된 양국 간 교역을 1860~1880년대 조러 접경지대를 중심으로 수행된 비공식적 국경교역의 동기와 교역 추이, 1884년 조러수호통상조약의 체결을 기점으로 시작된 개항장을 통한 양국 간 교역의 성격과 특징, 그리고 1888년 조러육로통상장정의 체결을 통한 육로교역의 발전 상황 등으로 나누어 살펴봄으로써 양국 간의 실질적 교역관계가 어떻게 전환 및 발전되어 왔는지를 규명할 것이다. 물론 그렇다고 해서 이 글이 해당 시기 양국 간의 경제관계가 정치 혹은 군사관계만큼이나 결정적이고 중요한 요인이었다고 강변할 목적으로 작성된 것은 아니다. 다만 양국 간의 경제관계가 정치나 군사관계와 연동되어, 혹은 독립적으로 일정한 의미를 가지면서 진행되었음을 보여주고자 하는 것이다.

---

2) 박노벽, 『한러 경제관계 20년 1884~1903』, 한울, 1994 ; 고승희, 「19세기 후반 함경도 변경지역과 연해주의 교역 활동」, 『조선시대사학보』 28, 2004 ; 씸비르쩨바 따찌아나, 「19세기 후반 조·러간 국교수립과정과 그 성격－러시아의 조선침략론에 대한 비판적 고찰」, 서울대학교 국사학과 석사학위논문, 1997 ; 김재호, 「개항기 원격지무역과 '회사'－대러시아무역과 경성천일회사－」, 『경제사학』 27, 1999 ; Б.Д. Пак, Россия и Корея, ИВ РАН, 2004 등.

2. 조약체결 이전의 양국 간 국경교역

1) 교역의 동기

앞서 언급한 바와 같이 양국이 국경을 접하게 되면서 두만강 하류 지역을 중심으로 함경도의 육진과 연해주 지역 사이에 자연발생적으로 교역이 이루어지기 시작하였다. 양국 간의 비공식적 교역이 이루어진 동기는 무엇일까? 당시 두 지역이 처한 상황을 살펴보면 그곳에서 국경을 넘나드는 교역이 비공식적이고 자연스럽게 형성된 이유를 유추할 수 있다.

우선 러시아의 상황을 보자. 당시 러시아는 동아시아라는 새로운 영토에 대한 식민화에 고심하고 있었다. 러시아가 자신의 영토를 연해주 지역까지 확장하기는 했지만 그것이 곧 시베리아와 극동 지역에 대한 완전한 장악과 통제를 의미하는 것은 아니었기 때문이었다. 완전한 장악과 통제를 위해서는 무엇보다도 러시아의 유럽 지역과 극동 지역을 연결하는 교통로와 일정한 수의 군대 및 주민, 그리고 그들을 위한 식량과 생필품의 공급지를 확보하는 것이 선결과제였다. 이에 러시아 정부는 아무르강 유역을 따라 교통로와 식량기지를 건설하고자 하는 정책을 추진하였다. 하지만 이 정책은 혹독한 기후, 적은 상주인구, 수송상의 어려움, 식량기지의 부족, 방어상의 부적합성 등으로 인해 실패로 돌아갔다.[3] 그리고 오랜 기간 러시아령 동아시아에 대한 식량과 생필품 기지의 역할을 유럽, 미국, 트랜스바이칼 지방[4]과 함께 조선, 만주, 몽골 등으로 하여금 담

---

3) 극동에 대한 러시아의 식민화정책에 대해서는 A. 말로제모프 저, 석화정 역, 『러시아의 동아시아정책』, 지식산업사, 2002, 12~30쪽 참조.
4) К.А. Скальковский, *Российская торговля в Тихом Океане*. СПб., 1883, с.65.

당하도록 하지 않을 수 없었다. 요컨대 러시아에게 조선은 식량과 생필품 부족으로 곤란을 겪고 있던 연해주 지방에 이를 제공할 수 있는 공급처 중 하나로 인정되었던 것이다. 당시 상황에서 식료품을 비롯한 생필품을 이웃한 아시아 국가에서 수입하는 것이 유럽본토에서 운송하는 것에 비해 보다 경제적임은 당연한 것이었다.

어떻든 러시아 정부는 이러한 인식을 가지고 동아시아 국경지대에서 필요로 하는 식량과 생필품을 마련하기 위해 조선과 공식적인 교역관계를 수립하고자 하였다. 즉, 러시아 외무성은 1865년에 중국 주재 공사 블랑갈리에게 조선과 무역하는 경우의 이해득실과 교역수단에 대해 보고하도록 지시하였다. 이에 블랑갈리는 정부 간 교섭은 중국의 불만을 살 뿐 아니라 서양열강으로부터도 견제를 받게 되므로 장래 조선에서 향유할 수 있는 러시아의 통상이익에 해가 될 것이라고 지적하면서 조선과의 '제한된 국경교역'만을 제안하였다.5)

사실 러시아에게 있어 조선과의 전면적인 통상관계 수립은 이익보다는 손해를 가져다 줄 수 있는 가능성이 컸다. 왜냐하면 당시의 국제관계를 고려할 때 양국 간의 통상관계 수립은 그것으로 끝나는 것이 아니라, 조선과 여타 열강과의 통상관계 수립으로 이어질 수밖에 없는 것이었으며, 러시아는 연해주 지역의 낙후성으로 인해 조선과의 전면적인 통상관계에서 얻을 수 있는 것이 극히 제한적일 수밖에 없었던 반면, 굳게 폐쇄되어 있던 조선의 대문을 여타 국가들에게 열어주는 구실을 제공한다는 측면에서 보다 많은 손해를 볼 수밖에 없었던 것이다.6) 따라서 러시아 정부는 조선 정부와의 국가

---

5) *Памятники сибирской истории XVIII века.* Книга вторая. 1713~1724, СПБ., 1885, с.384. Б.Д. Пак, там же, сс.71~72에서 재인용.
6) 당시 러시아 정부는 "조선의 쇄국상태는 우리에게 유리하다. 우리 태평양 속령이 발전되지 못했으므로 조선 정부로부터 (통상의) 권리를 받아

대 국가 간 직접교섭을 포기하고 대신에 국경교역과 관련하여 지방 권력인 동시베리아 총독 코르사코프에게 조선 전역이 아닌 조선의 국경 지역과의 통상관계를 수립하라는 지시를 내렸다.[7]

이에 1865년 여름 코르사코프는 겔메르센을 경흥으로 파견하여 함경감사에게 통상을 요구하는 서한을 전달하도록 지시하였다. 당시 겔메르센은 수십 명을 대동하고 두만강을 건너와 경흥부사를 통해 함경감영에 공문을 전하려 했으나 경흥부사의 거절로 서한의 수교에 실패하였다. 하지만 그해 11월에 경흥부사를 통해 함경감사에게 서한을 전할 수는 있었다.[8]

물론 이와 같은 정부 차원의 공식적 교역 요구 외에 러시아인이 두만강 국경을 넘어와 통상을 요구한 경우는 여러 차례 있었다. 예를 들어 앞에 언급한 1865년의 지방권력 간 교역 요구가 있기 이전인 1864년에도 러시아인이 경흥까지 와서 통상을 요구하는 문서를 제출했고,[9] 1866년에도 "러시아 사람이 말을 타고 경흥부 두만강 변에 와서 …… 교역을 하겠다는 등의 말로 먼저 통지"[10]한 경우도 있었다. 하지만 러시아인의 여러 차례에 걸친 통상 요구는 조선 정부의 거부로 실현될 수 없었다. 당시 조선의 국법이 외국과의 교역을 허용하지 않고 있었으며,[11] 조선 정부가 이와 같은 러시아인들의 교역 요구를 국경 방비의 차원에서 다루었기 때문이었다.[12] 하지만

도 그것을 사용하지 못할 것이며, 서양열강이 우리 대신에 그것을 사용할 수 있기 때문"이라고 인식하고 있었다. Б.Д. Пак, там же, с.72.

7) Б.Д. Пак, там же, с.72.
8) 연갑수, 『대원군집권기 부국강병정책 연구』, 서울대학교 출판부, 2003, 112쪽 참조.
9) 『승정원일기』, 고종1년 갑자 5월 15일.
10) 『승정원일기』, 고종3년 병인 12월 12일.
11) 『승정원일기』, 고종3년 병인 12월 13일.
12) 『승정원일기』, 고종1년 갑자 5월 15일.

이와 같은 조선 정부의 공식적인 금지에도 불구하고 연해주 일대에 군대와 거주민이 점차 증가함에 따라 국경지대 지역민들에 의한 비공식적 교역의 필요성은 지속적으로 확대되어 갔다.

다음으로 함경도의 상황을 보자. 함경도는 전 지역이 산악으로 둘러싸여 있어 농업이 발달하지 못하였다. 대신 농업 이외에 어업, 수렵, 광업 등 다양한 분야의 산업활동이 이루어졌는데, 이는 농산물의 구입을 위한 생산물의 상품화를 전제로 하는 것이었기 때문에 상업에 대한 사회적 필요성이 조선의 여타 지역에 비해 높은 편이었다.[13] 이에 더해 함경도에서는 병자호란 직후인 1637년 이래 청과의 사이에 북관개시가 운영되고 있었다. 성립 초기의 개시는 청의 요구에 의한 단순한 조공무역의 성격을 가졌지만, 17세기 후반부터 함경도의 인구가 급증하고 각종 규제가 완화되는 등 북관 지역의 생활조건이 변하면서 개시는 단순한 조공무역이나 주민들의 생산품 교환을 위한 장소뿐 아니라, 전문적인 무역상들까지 참여하는 공식 및 비공식 교역의 장으로 변화되었다.[14] 19세기 후반부터는 이와 같은 교역행위가 개시와는 상관없이 일상적으로 이루어지게 되었으며, 교역물품도 곡물·직물 등의 일상용품으로 확대되었다.[15] 이와 같은 공식 및 비공식 교역의 오랜 경험은 함경도 지역 주민들의 대외통상에 대한 의식을 일찍부터 고양시켜 놓았음이 분명하다. 이러한 상황에서 러시아와의 접경은 지역민들에게 또 하나의 교역처를 제공하는 기회로 인식되었을 것이며, 높은 대외통상 의식을 가지고 있던 국경 부근의 지역민들은 아무런 주저 없이 청

---

13) 조선 후기 함경도에서의 상업 성장에 대해서는 고승희, 「18, 19세기 함경도 지역의 유통로 발달과 상업활동」, 『역사학보』, 1996, 151쪽 참조.
14) 북관개시에 대해서는 고승희, 「조선후기 북관개시 연구」, 『조선시대사학보』, 1997 참조.
15) 고승희, 「19세기 후반 함경도 육진과 만주지역 교역의 성격」, 『조선시대사학보』, 2003, 182~183쪽.

과의 사적 무역 혹은 밀무역의 연장선에서 러시아인들과의 교역을 추진해 나갔을 것이다.

한편 함경도와 그 주변에 거주하는 조선인들의 연해주 이주는 양국 간의 비공식적 국경교역을 촉진시킨 또 하나의 중요한 요인이었다. 19세기 후반 함경도 사회는 경제적 어려움으로 인해 심각한 상황에 처해 있었다. 당시의 경제위기는 전국적인 현상이었다고는 하지만 육진 지역의 상황은 정부가 어떠한 대책도 세울 수 없을 정도로 극단적인 심각성을 보이고 있었다. 따라서 많은 수의 조선인이 새로운 삶을 개척하기 위해 만주와 연해주로 이주하였다.

사실 조선인들의 연해주 이주는 양국이 접경하기 이전인 1850년대 초에 이미 시작되었다고 한다. 하지만 이주가 공식적인 문서로 확인된 것은 1863년이며,16) 이후 조선인의 연해주 이주는 급속한 속도로 진행되었다.17) 특히 1869년과 1870년에 극심한 재해가 계속되자 육진 지역에서 대규모의 주민이 만주와 연해주로 집단이주하는 사태가 발생하기도 하였다.18) 이렇게 연해주로 이주한 조선인들은 이후 그곳에서 삶을 영위하는 데 필요한 조선산 상품의 수요자로, 그리고 양국 간 교역을 담당하는 당사자로 활동하게 됨으로써,

---

16) 조선인 이주에 관한 최초의 공식문서는 1863년 11월 30일 노브고로드스키 초소 지휘관인 레자노프 육군 중위가 연해주총독 카자케비치 해군 소장에게 제출한 보고서였다. 레자노프는 몇 명의 조선인이 찾아와 지신허(地新墟) 강 어귀에 20가구의 조선인들이 정착할 수 있도록 허가해줄 것을 요청했다고 보고했다. 보리스 박 저, 이영범·이명자 공역, 『러시아제국의 한인들(극동기)』, 청주대학교 출판부, 2001, 40쪽 참조.

17) 조선인의 이주가 공식문서로 확인되고 4년이 지난 1867년에 지신허, 연추(延秋), 시지미(紫芝味) 등에 있는 3개의 조선마을에만 1,801명의 조선인이 거주하고 있었다.

18) 연해주로 건너간 조선인은 1869년에만 6,543명이었는데, 도착한 조선인 가구 중 300~400가구만이 가축이나 일정한 식량을 갖고 있었으며, 나머지 700가구는 빈손으로 왔다고 한다. 씸비르쩨바 따찌아나, 앞의 논문, 36~37쪽 참조.

양국 간의 비공식 교역을 강화시키는 요인으로 작용하였다.

2) 교역의 추이

앞서 본 바와 같이 조선에 대한 러시아(인)의 교역 요구에 관한 기록은 1864년에야 처음으로 모습을 보이고 있다. 하지만 조선인들에 의한 양국 간 국경교역은 최소한 1862년에 이미 시작되었다. 1862년 여름 러시아 상인 노스코프(Носков)는 조선인들의 국경교역과 관련하여 "우리와 중국인, 조선인의 관계는 우호적이다. 그들은 우리에게서 주로 은을 구입하면서 자기 생산품의 판로를 찾고 있다. 조선 상인들은 나를 만나 러시아인들과 비밀리에 교역을 할 수밖에 없다고 말하였다. …… 나는 조선인들이 우리와 매우 가깝게 지내기를 바라고 있으며, 우리와의 교역을 간절히 원하고 있다는 인상을 받았다."[19]는 기록을 남기고 있다. 이 기록을 통해 당시에 이미 청과의 사적 교역에 종사하던 육진 지역의 상인들이 러시아에 인접한 중국 지역에서 러시아인들과 교역을 수행하고 있었음을 알 수 있다.

이후 육진 지역의 거주민 중 상당수가 러시아와의 비공식 교역에 종사했던 것으로 보인다. 이는 국내의 기록을 통해서도 상당 부분 유추할 수 있다. 해당 기록의 일부를 살펴보자. 『고종실록』에 의하면 1867년에 "러시아인 5명이 경흥부에 와서 이르기를 경흥부민인 정재욱의 집에 있는 소 2마리를 저편 사람들에게 빼앗겼기 때문에 이제 찾아와서 돌려준다면서 해당 부사에게 글을 바쳤다."[20]고 한다. 이는 양 지역의 주민들 사이에 경제적 교류관계가 이미 성립되

---

19) 보리스 박 저, 이영범·이명자 공역, 앞의 책, 32~33쪽.
20) 『고종실록』 권4, 고종4년 1월 2일.

어 있었을 가능성을 보여주는 사건 중 하나이다. 그들은 교역이 국법으로 금지되어 있던 상황을 타개하기 위해 실질적인 교역을 수행했음에도 불구하고, '강탈과 반환'이라는 사실 왜곡을 함으로써 법망을 교묘하게 벗어났던 것으로 판단된다. 사실 이와 같은 방식은 청과의 사적 교역에서 자주 보여진 것이었다. 예를 들어 1866년 경원 아산진 백안촌 주민이 집단으로 월경한 직후 중국인 복장을 한 사람들이 경계를 넘어와 월경한 자들의 가족과 우마, 재산을 약탈해 간 일이 발생하였다. 후에 이들이 중국인 복장을 한 월경 조선인이었음이 밝혀졌다.21) 즉, 중국으로 이주한 조선인들이 새로 개간한 지역에 정착하는 데 필요한 물자를 마련하기 위해 고향에 두고 온 재산을 찾아가거나 지역주민들에게 물자를 구입했으며, 남겨둔 가족이나 친족을 데려가기도 했던 것이다. 남아있는 가족이나 친족의 피해를 줄이기 위해 '약탈'의 형식을 취했으나, 이는 사실상 상호 간의 '합의'에 의한 것이었다.

1866년 말에는 경흥에서 위와 유사한 강탈사건이 있었다. 경흥 삼동사 부근에 비적이 난입해 주민과 가축 등을 약탈해 가다가 경흥의 장교, 포수들과 접전을 벌인 일이 발생했던 것이다. 접전 끝에 우마 60필, 솥 30좌, 수레 20량 및 곡물 등을 압수하고 월경하려던 자들을 체포하였다.22) 물론 이 경우가 위의 경우와 마찬가지로 사실상의 '합의'에 의한 것이었다는 직접적인 증거는 없다. 하지만 교역의 가능성을 완전히 배제할 수도 없는 것이 사실이다.

한편 1869년에는 표류하여 조선 관내에서 좌초된 러시아 선박에 실린 물품을 경흥의 관리와 지역민들이 나눠가졌다가 발각된 사건이 있었다.23) 러시아인이 배를 버리고 떠나자 경흥부사 등이 수색

---

21) 고승희, 「19세기 후반 함경도 육진과 만주지역 교역의 성격」, 앞의 책, 185쪽.
22) 『고종실록』 권4, 고종4년 1월 13일・1월 14일.

을 하면서 배 안에 있던 물품을 분배했던 것이다. 이는 지역주민뿐 아니라 지방관리들까지도 참여하는 양국 간의 교역이 진행되고 있었음을 유추하게 하는 사건이다. 러시아인들이 배를 버리고 돌아가자 당시 이 문제와 관련하여 조선 정부에서도 배를 버리고 물건을 두고 간 의도를 알 수 없다며 의심스럽게 여겼다24)고 한다. 사실 지방관리가 주도적으로 참여하는 사적 교역 역시 청과의 관계에서 이미 보여진 바 있었다. 일례로 "개시읍의 수령을 비롯하여 병방, 군관, 통사배들이 사사로이 교역하며 개시규정을 어기는 일이 많았고 이 같은 행동이 상인의 활동을 자극하여 개시가 열리기 전부터 거래가 이루어졌다."25)는 1759년의 기록이 이를 잘 보여주고 있다. 위의 사건은 이와 같은 지방관리들의 경험이 러시아와의 교역관계에서도 관성적으로 발생했을 수 있음을 보여주고 있는 것이다.26)

당시 양국 간에 교역이 이루어진 품목과 수량의 통계는 러시아 측의 자료에 극히 일부만이 보여지고 있다. 자료상에 나타난 통계를 정리하면 다음과 같다. 조선인들이 러시아에 판매한 대표적인 상품은 소와 곡물이었다. 박 보리스에 의하면 1880년 조선의 가축판매업자들이 러시아로 매달 250~300두의 소를 판매했으며, 1881년에는 육로통상 총액 450,000루블 중에서 절반가량인 202,500루블에 상당하는 4,500두의 소를 러시아에 판매하였다고 한다. 또한 1883~1884년에는 조선인들이 블라디보스토크와 연해주의 여러 부락에 56만

---

23) 『고종실록』 권6, 고종6년 9월 26일.
24) 『고종실록』 권6, 고종6년 9월 23일.
25) 『비변사등록』 137책, 영조35년(1759) 9월 3일.
26) 이외에도 국내 자료에는 다음과 같은 교역의 사실이 기록되어 있다. 1878년 경흥 서수라보의 주민들이 비류에게 배를 판매하다가 발각되었다(『고종실록』 권15, 고종15년 2월 5일). 또한 같은 해에 경흥부의 주민인 최종린 등은 두만강 경계에서 곡물과 서양물품을 거래하다 발각되자 비류들과 함께 국경을 넘어 도망하였다(『승정원일기』 2851책, 고종15년 6월 25일).

루블에 상당하는 17,600두의 소와 2만 8천 루블에 상당하는 귀리 3만 6천 푸드를 판매하였다고 한다.[27]

조선인들이 판매한 소와 곡물의 주요 수요자는 아무르강 유역에 주둔한 병력과 이주자들, 그리고 연해주의 국경수비대 등이었다. 하지만 이외에 농지를 개간하거나 경작하는 데 소가 필요했던 연해주 이주 조선인들도 조선으로부터 소를 구매하는 당사자였다. 1867~1869년 우수리 지역을 여행했던 러시아 탐험가 프르제발스키(Пржевалский)는 조선인들이 국경을 넘어와 국경지대의 조선인 정착촌에서 자유롭게 교역하는 것을 목격하였다고 한다. 그런데 초기에 러시아는 이주한 조선인들에게 토지개간은 허용했으나 경작에 필요한 소나 쟁기, 종자 등은 지원하지 않았다. 따라서 이주민들은 개간과 정착에 필요한 물품을 스스로 조달하거나 자신의 고향에서 공급받지 않으면 안되었다. 앞서 언급한 바와 같이 이주 조선인들은 국경교역을 지탱하는 또 하나의 수요자 역할을 수행했던 것이다.

한편 상품을 판매한 조선인들은 연해주 현지에서 물품을 구입하는 데 대부분의 판매대금을 사용하였다. 연해주에서 조선인들이 구입한 물품의 종류와 수량에 대한 통계는 1883~1884년의 것이 유일하다. 대략적인 품목과 가격 총액은 다음의 〈표 1〉과 같다.

〈표 1〉을 보면 시간이 지나면서 연해주에서 조선인들의 구매 규모가 점차 확대되어 갔음을 알 수 있다. 하지만 위의 통계는 비교할 수 있는 지표가 제한적이라는 면과 조선인이 구입한 모든 물품을 망라하지 않고 있다는 점에서 한계를 가지고 있다. 비록 작은 액수이지만 조선인들은 〈표 1〉에 나와 있지 않은 다른 물품의 구매를 위해서도 자금을 사용했던 것으로 알려져 있다. 러시아 측 자료에 의하면 〈표 1〉에 제시한 직물제품 외에 구리제품과 도자기제품도

---

[27] Б.Д. Пак, там же, с.91 참조.

〈표 1〉 1883~1884년 조선의 대러수입 품목 및 가격(단위: 1,000 루블)

품목	1883	1884
옥양목	200,000	276,000
캘리코 직물	15,000	19,000
드렐 직물	35,000	49,000
염색 캘리크 직물 및 여타 면직물	8,000	7,000
머슬린 직물	14,000	11,000
남경 무명	60,000	82,000
무명솜	18,000	28,000
합계	350,000	472,000

* 출처: 1883~1884년 블라디보스토크와 조선 간의 교역에 관한 자료 Центргосархив РСФСР ДВ. Томск, ф.702, оп.7, д.5, лл.2~4.

이주 조선인들이 구매하는 물품이었던 것으로 파악되고 있다.[28]

한편 〈표 1〉에서 보여지고 있는 바와 같이, 조선인들은 여러 품목 중에서 특히 영국산 면직물에 많은 관심을 보였다. 조선과 러시아의 물품이 교환되는 장소는 주로 노보키예프스크 지역이었는데, 그곳에서 조선인들은 1884년 한 해 동안 옥양목 2만 필과 영국산 드렐면직 1,500필을 포함하여 10만 루블에 상당하는 액수의 물건을 구입했으며, 러시아산 직물을 구입하는 데는 단지 7,500루블을 사용하였다고 한다.[29] 당시 러시아산 직물이 영국산에 비해 경쟁력이 떨어졌던 이유는 제품의 질보다는 가격에 문제가 있었던 것으로 알려지고 있다. 일례로 러시아회사의 직물은 품질이 우수한 반면 한 자당 최하 18코페이카로 판매되었으나, 영국산 직물은 최하 10코페이카라는 낮은 가격으로 판매되었다.[30]

---

28) 1885년 6월 20일 연해주 주지사에게 보내는 조선과의 교역자료 Центргосархив РСФСР ДВ. Томск, ф.702, оп.7, д.5, лл.5~7 참조.
29) Центргосархив РСФСР ДВ. Томск, ф.702, оп.7, д.5, лл.5~7.

이상과 같이 조선과 러시아 사이에는 공식적인 통상관계가 수립되기 이전에 이미 함경도 북부의 러시아 접경 지역에서 양 지역민들 사이에 물자교역이 이루어지고 있었다. 이는 국가에서 허용하지 않는 밀무역의 성격을 지닌 것이었지만 연해주나 함경도 일대 주민들의 생활에 필수적인 것이었기 때문에 완전히 금단하기는 어려운 것이었다. 조선의 입장에서는 주민들이 거리낌 없이 국경을 넘나들면서 혹은 이주하고 혹은 교역하는 것에 대해 상당한 우려를 나타냈으나 호구를 위하거나 이익을 좇는 그들의 행태를 엄하게 막는 것이 불가능하다는 사실을 인정하고 있었다.[31] 또한 러시아 역시 교통상 포스에트(Посьет)가 1874년에 작성한 서한에서 "연해주와 아무르 지역은 곡물, 가축, 노동력 등이 부족하므로 이 모두를 갖춘 조선과 밀접한 관계를 맺을 필요가 있다."[32]고 주장하고 있는 바와 같이 연해주와 아무르 지방에 부족한 곡물, 가축, 노동력을 보완하기 위한 대상으로서의 조선이 필요했기 때문에 조선의 공식적인 교역금지 조치에도 불구하고 국경 지역에서는 공공연한 밀무역을 계속할 수밖에 없었다.

3. 조러수호통상조약과 개항장을 통한 경제교류

1876년 조선이 일본과 통상조약을 체결하자 러시아도 조선과 유사한 조약을 체결하려는 움직임을 보이기 시작하였다. 러시아는 1880년 3월에 남우수리 지역 경비사령관 마튜닌(Матюнин)을 경흥에 보내 통상조약 체결의 가능성을 타진했으나, 조선 정부의 거부

---

30) Центргосархив РСФСР ДВ. Томск, ф.702, оп.7, д.5, лл.5~7.
31) 『승정원일기』, 고종18년 1월 17일 참조.
32) К.Н. Посьет, "Прекращение ссылки в Сивирь", *Российская старина*, XLIX(1899), No.7, с.52.

로 성과를 거두지 못하였다.33) 1882년 조선이 서양국가들과 통상조약을 체결하자 러시아는 재차 공식적 통상을 위한 교섭을 본격적으로 재개하였다. 애초에 러시아는 조선과 국경을 접하고 있음을 들어 조선이 서양국가들과 체결한 기존의 통상조약들과 달리 육로통상 문제를 주요 안건으로 제기하였다. 일례로 당시 천진 주재 러시아 영사였던 베베르(Вебер)는 다음과 같이 기록하고 있다. "우수리 지방은 인구가 적고 농업, 공업 발전이 뒤져있어 이 지역의 인구, 특히 블라디보스토크에 주둔하고 있는 러시아 해군에 대한 지원을 자체적으로 해결할 수 없다. 블라디보스토크 주민을 위한 식량은 외국의 수입에 의존하고 있다. …… 해상무역 외에 조선과 중국 및 만주국경을 통한 육로통상이 이루어지고 있다. 조선과는 통상조약의 부재로 육로교역이 국경관리들의 통제를 받지 않은 채 공공연하게 밀수의 형태로 이루어지고 있다. …… 이 교역은 블라디보스토크의 입장에서는 필수적인 것이며, 특히 육류는 조선시장에 의존하고 있다. 따라서 조선과의 조약체결이 필요하며 우수리 지방에 대한 식량 및 육류 공급을 위한 육로교역을 합법화하는 규정을 포함시켜야 한다."34) 하지만 두만강 유역의 3국 접경지대에 대한 러시아의 진출을 저지하려는 청의 반대와 조선의 거부로 러시아의 시도는 성과를 거두지 못하였다.35) 이렇듯 육로통상의 문제가 해결되지 않자 러시아는 일단 해상무역에 관한 조약만을 체결하고 육로통상 문

---

33) Б.Д. Пак, там же, с.93 ;『고종실록』, 고종17년 2월 27일 참조.
34) 박노벽, 앞의 책, 14쪽.
35) 러시아와의 육로통상조약 체결에 대한 조선의 입장은 다음과 같았다. "조선과 러시아의 국경은 두만강 하구 일부로서 이를 육로 국경으로 보기 어렵고, 회령과 경흥에서 1년 1회 정도의 무역장이 열리기는 하지만 이를 육로통상으로 보기 어려우므로 육로통상에 관한 조약은 불필요하다고 본다. 다만 양국의 항구인 블라디보스토크와 원산이 상호 근접하므로 조선이 타열강과 체결한 바와 같은 해상무역에 관한 조약은 체결할 수 있을 것이다." 위의 책, 13쪽.

제는 추후협상을 통해 해결하기로 하였다. 그리고 1884년에 양국 간에 해상을 통한 교역을 규정한 조러수호통상조약(이하, '조약')이 체결되었다.

하지만 해상교역만이 규정된 '조약'은 러시아 측으로부터 일련의 부정적인 반응을 불러일으켰다. "러시아는 상선대가 없기 때문에 해상을 통해 그곳(조선-인용자 첨가)으로부터 아무것도 들여오거나 내갈 것이 없을 것이다. …… 모든 상품의 운송은 외국인들이 장악할 것이다. 조선이 국경을 폐쇄하면 연해주는 매우 심각한 상황에 빠지게 될 것"36)이라는 동시베리아 총독 아누친(Анучин)의 언급은 '조약'에 대한 러시아의 측의 비판적인 시각을 함축적으로 보여주는 예이다.

어떻든 '조약'의 체결로 양국은 개항장을 통한 공식적인 교역을 실시할 수 있었다. 하지만 앞서의 비판과 같이 연해주의 산업 상황이 열악하고 태평양에서 상선을 보유하지 못한 러시아의 교역량은 여타 열강에 비해 극히 낮은 수준에 머무를 수밖에 없었다. '조약' 체결 이후 양국 간 교역에 관한 통계를 살펴보면 다음과 같다.

〈표 2〉 조선과 러시아의 해상교역량 추이 (단위: 달러)

	1885	1886	1887	1888	1889	1890	1891	1892	1893	1894	1895
조선의 대러수입	866	14,036	10,996	19,975	7,431	5,245	7,734	5,145	25,414	120,019	129,833
조선의 대러수출	769	207	2,371	9,874	1,767	4,458	9,993	21,950	20,917	98,553	23,698
교역총액	1,635	14,243	13,367	29,849	9,198	9,703	17,727	27,095	46,331	218,572	153,531

* 출처: 『朝鮮海關年報(1885~1893)』, 亞細亞文化社, 1989 ; 『國譯 韓國誌-附錄·索引』, 韓國精神文化研究院, 1984, 129쪽 참조.

---

36) Б.Д. Пак, там же, c.135 참조.

앞의 통계를 통해 '조약' 체결 이후 양국 간의 해상교역에서 보여진 몇 가지 특징을 발견할 수 있다. 우선 1888년과 1890년을 비교하면 양국 간 해상교역량이 대폭 감소하고 있음을 알 수 있다. 이는 1888년 체결된 양국 간 육로통상장정의 여파가 아닌가 생각된다. 즉, 통계는 육로통상장정의 체결로 이전에 비해 보다 많은 물품의 육로 운송이 가능하게 됨에 따라 해상운송량이 상대적으로 감소되었음을 보여주고 있다.

다음으로 양국 간 교역량이 일정한 경향성 없이 대폭적인 증감을 계속하였다는 특징을 보이고 있다. 조선의 대러 수출품목과 지불방식을 보면 왜 이와 같은 현상이 발생하였는지 이해할 수 있다. 당시 조선에서 러시아로 수출되는 품목 중 가장 높은 비율을 차지하고 있던 것은 소와 곡물이었다. 이러한 품목은 소의 생육상태나 농작물의 작황에 극단적인 영향을 받게 되어 있다. 즉, 생육상태나 작황에 따라 대러수출은 증감을 거듭할 수밖에 없었던 것이다. 이와 같은 대러수출의 증감은 수입, 즉 구매력 측면에도 직접적인 영향을 미쳤다. 양국 간 교역에서는 교환무역(물물교환) 방식이 압도적인 비중을 차지했기 때문에 조선의 수출 증감은 수입 증감과 직접적으로 연동되었다.

〈표 2〉에서 보듯이 조선의 수출액은 수입액에 비해 항상 작았다. 이는 양국 간 교역의 특징인 물물교역 방식에서는 흔하게 보이지 않는 현상이다. 하지만 이러한 현상은 "상당히 많은 조선 사람들이 일자리를 구하기 위해 러시아 경내로 들어와 그 노임으로 면포를 구입하여 모국으로 돌아갔다."[37]는 기록에 의해 정당화된다. 당시 연해주로 건너가는 조선인들 중 많은 수는 정착이 아니라 돈을 벌기 위한 목적을 가지고 있었다. 그들은 대체로 봄에 러시아로 들어

---

37) 『國譯 韓國誌』, 韓國精神文化硏究院, 1984, 590쪽.

가 노동을 통해 돈을 벌고, 그 돈으로 물품을 구입하여 가을에 돌아가곤 하였다. 그러한 사람들의 수는 러시아 측 자료에 의하면 1880년대 초에 3,000명,[38] 그리고 1891년에는 5,000명[39]이었다고 한다. 요컨대 조선이 러시아로부터 물품을 수입한 금액에는 물물교역액뿐 아니라, 연해주 지역에서 계절노동을 한 수천 명의 조선인 계절노동자들이 받은 임금을 합산해야 하는 것이다.

　마지막으로 양국 간 해상교역은 1891년을 기점으로 대폭 증가하는 모습을 보이고 있다. 이는 1891년 5월부터 러시아의 셰벨료프 기선회사 소속 기선들이 조선의 항구에 정기적으로 운항한 것과 관련이 있는 것으로 보인다.[40] 셰벨료프 기선회사가 등장하면서 일본이 독점하던 블라디보스토크와 조선 개항장 간의 물품 수송에 경쟁이 발생하였다. 그리고 경쟁관계는 곧바로 운임의 인하와 외상 수송으로 이어졌다.[41] 이는 교역 물품의 경쟁력과 이윤이 보다 높아졌음을 의미하는 것이다. 따라서 러시아와의 교역량은 상대적으로 급증하게 되었는데, 이와 같은 급증의 현상은 조선과 다른 나라와의 교역량 증감과 비교해 보면 보다 확연하게 드러난다.

　〈표 3〉을 통해 알 수 있듯이 1891년부터 1895년까지 중국과의 교역량은 증감이 거의 없이 일정한 수준을 유지했으며, 일본과의 교역량은 1892년과 1893년 감소를 경험하다가 다시 증가되는 모습을 보였다. 반면, 러시아와의 교역량은 기선회사의 활동이 시작된 1891년과 1892년 사이의 1.5배의 성장을 시작으로 1893년 1.7배, 1894년 4.7배의 성장을 보였다. 러시아와의 해상교역 증가폭이 다른 나라

---

38) 보리스 박 저, 이영범·이명자 공역, 앞의 책, 94쪽.
39) 『國譯 韓國誌』, 589쪽.
40) 셰벨료프 기선회사 소속 선박의 조선 개항장 출입 통계에 대해서는 『朝鮮海關年報(1885~1893)』, 亞細亞文化社, 1989 참조.
41) 『國譯 韓國誌』, 582쪽.

〈표 3〉 조선의 해상교역량(단위: 달러)

	1891	1892	1893	1894	1895
중국	2,180,913	2,200715	2,039,783	2,226,821	2,211,324
일본	6,424,172	4,814,414	3,492,157	5,697,633	8,205,166
러시아	17,727	27,095	46,331	218,572	153,531
계	8,622,812	7,042,224	5,578,271	8,143,026	10,570,021

* 출처: 『朝鮮海關年報(1885~1893)』, 亞細亞文化社, 1989 참조.

에 비해 상대적으로 컸음을 알 수 있다.

하지만 교역량의 증가 추세에도 불구하고 앞서 언급한 바와 같이 조선의 전체 교역량에서 차지하는 양국 간 해상교역량은 통계가 작성되어 있는 전 시기에 걸쳐 매우 낮은 수준을 유지하고 있다. 〈표 3〉을 통해 알 수 있듯이 조선의 전체 해상교역량에서 러시아가 차지하는 비중은 1891년 0.20%, 1892년 0.38%, 1893년 0.83%, 1894년 2.68%, 1895년 1.45% 등이었다. 조선과 직접적인 해상교통망을 가지고 있던 3개국(중국, 일본, 러시아) 중 하나인 러시아의 입장에서 이와 같은 비율의 교역량은 지나치게 낮은 것이었다. 그 원인은 무엇보다도 조선과 극동러시아의 경제상황에서 찾는 것이 옳을 듯하다. 경제적·재정적 기반이 취약하고 산업기반이 구축되지 못한 러시아의 극동 지역과 "매우 가난한 나라인 조선"이 해상무역을 통해 얻을 수 있는 것은 극히 한정될 수밖에 없었던 것이다.[42] 당시 블라디보스토크는 자국산 물품을 수출하기보다는 영국, 중국, 일본,

---

42) 1888년 5월 8일 상트페테르부르크에서 조선문제에 대한 정책을 결정하기 위한 회의가 개최되었다. 그 회의에서 아무르주 총독 코르프와 외무성 아시아국장 지노브예프의 견해가 채택되었는데, 회의에서 그들은 "매우 가난한 나라인 조선은 러시아에게 유익한 통상시장이 될 수 없다. 그것은 태평양에 인접한 러시아령에서 ······ 산업이 발전되지 못한 점을 고려할 때 더욱 그러하다."라는 입장을 통해 조선과의 통상관계에 회의적인 입장을 피력하고 있다. A. 말로제모프 저, 석화정 역, 앞의 책, 40쪽.

프랑스의 제품을 재수출하는 중계항의 역할만을 하고 있었으며, 조선은 소와 곡물을 비롯한 극히 제한된 품목 이외에는 러시아에 수출할 수 있는 것이 거의 없었다. 이에 더해 1860년대부터 지속되어 온 비공식적(조러육로통상장정 체결 이후에는 공식적 및 비공식적) 육로통상으로 해상을 통해 교역되어야 할 물품의 상당부분이 흡수되었다는 것도 또 하나의 이유가 될 수 있을 것이다(물론 해상무역과 육상무역을 합해도 그 비율이 매우 낮은 것에는 변함이 없다).

4. 육로통상장정 체결과 공식적 국경교역

국경교역이 차츰 확대되면서 러시아는 양국 간의 공식적인 육로통상 관계를 수립하는 데 관심을 갖기 시작했다. 앞서 본 바와 같이 비록 지방 정부 차원이기는 하지만 공식적인 육로통상 관계를 구축하고자 하는 러시아의 노력은 1860년대 중반부터 계속 있어 왔다. 하지만 그러한 러시아의 노력은 조선 정부의 거부로 성과를 거두지 못하였다. 1884년 '조약'의 협상 과정에서도 러시아에게 육로통상 문제는 초미의 관심사였다. 그러나 이 역시 중국의 영향을 받은 조선의 반대로 해결되지 못한 채 남아있었다는 사실은 이미 언급한 바이다.

하지만 러시아는 '조약' 체결 직후부터 공식적인 육로통상 체계를 세우기 위한 노력을 재개한다. 1885년 조선에 부임하는 베베르는 조선에서 자신이 수행해야 할 업무와 관련한 훈령을 외무성으로부터 받았다. 이 훈령은 베베르에게 양국 간의 여타 정치적인 문제들의 해결 외에도 육로통상장정을 체결할 것을 지시하고 있었다.[43]

러시아의 요구에 따라 1885년부터 양국 간에 육로통상에 관한 협

---

43) Копия с Высочайше утвержденной в 25 день Апреля 1885 г. секретной инструкции Статскому Советнику Веберу, АВПРИ, ф.150, оп.493, д.49, лл.5~30 참조.

상이 시작되었다. 당시 러시아는 두만강 양안 국경지대에 자유무역지대를 창설할 것과 관세율의 인하, 소의 수출세 면제 등을 요구했으나44) 청의 방해, 조선의 회담 기피 등으로 성과를 거두지 못하였다. 결국 러시아는 자신의 요구를 포기했으며, 1888년 양국 간에 육로통상장정(이하, '장정')이 체결됨으로써 두만강 하류에서 양국 간의 육로를 통한 통상이 공식적 차원에서 이루어지게 되었다.45)

'장정'이 체결된 이후 양국 간 육로통상의 상황을 보여주는 통계 역시 이전 시기와 마찬가지로 연속성과 정확성의 측면에서 매우 많은 문제점을 안고 있다. 왜냐하면 양국 간 육로통상은 언제나 존재해왔지만, 사실상 이러한 교역의 많은 부분이 국경관문의 통제에서 벗어나 있었기 때문이다.46) 따라서 양국 간 육로교역에 대한 공식 통계는 일정한 물품에 대한 교역이 이루어지고 있었음을 보여줄 수는 있지만, 그 외에 교역의 규모나 경향 등을 파악하는 데는 그다지 큰 도움을 주지 못하고 있다. 당시의 교역에 대한 공식적인 기록은 남우수리 지역 국경감독관이었던 마튜닌이 입수한 경흥세관의 교역량 통계가 거의 유일하지만, 마튜닌 본인이 인정하듯이 실제 교역량은 경흥세관 통계에 비해 2.5배 정도 더 많았던 것으로 추계되고 있다. 마튜닌이 입수한 경흥세관의 통계와 마튜닌이 조선 상인들과의 문답을 기초로 작성한 통계를 보면 양 통계 사이에 다음과 같이 확연한 차이가 있음을 알 수 있다.

---

44) Копия с Высочайше утвержденной в 25 день Апреля 1885 г. секретной инструкции Статскому Советнику Веберу, АВПРИ, ф.150, оп.493, д.49, лл.5~30 참조.

45) '장정'의 협상 및 체결 과정에 대해서는 Б.Д. Пак, там же, сс.172~182 ; 씸비르쩨바 따찌아나, 앞의 논문, 65~70쪽 참조.

46) 1893년 조선에 관한 보고서 Центргосархив РСФСР ДВ. Томск, ф.702, оп.1, д.1379, лл.114~117 참조.

〈표 4〉 장정 체결 후 양국 간 교역 규모(경흥세관 제공) (단위: 루블)

년도	대러수출	대러수입	합계
1890	61,230	66,697	127,927
1891	63,327	93,200	156,527
1892	59,246	99,874	159,120
1893	58,626	154,492	213,118
1894	49,258	90,789	140,047
1895	140,260	103,995	214,255

* 출처: 『國譯 韓國誌』, 韓國精神文化硏究院, 1984, 589쪽; 1890년의 수치는 Б.Д. Пак, *Россия и Корея*, ИВ РАН, 2004, с.185 ; 1895년 수출액 규모는 『國譯 韓國誌-附錄·索引』, 韓國精神文化硏究院, 1984, 148~149쪽.

〈표 5〉 장정 체결 후 양국 간 교역 규모(마튜닌 작성) (단위: 루블)

년도	대러수출	대러수입	합계
1894	127,826	210,028	337,584
1895	140,260	252,362	392,622
1896	113,545	148,459	262,004
1897	202,370	132,666	335,036

* 출처: 『國譯 韓國誌』, 韓國精神文化硏究院, 1984, 589쪽; 1890년의 수치는 Б.Д. Пак, *Россия и Корея*, ИВ РАН, 2004, с.185.

『國譯 韓國誌』에 따르면 실사와 상인들의 증언 청취를 통해 작성된 마튜닌의 통계가 전자에 비해 보다 신빙성이 높은 것으로 인정되고 있다. 하지만 이 통계 역시 그 정확성에서 의심이 가기는 마찬가지이다. 앞서 해상교역 부분에서 본 바와 같이 양국 간 해상교역량은 1888년 '장정' 체결 이후 지속적으로 증가하는 모습을 보이고 있다. 그리고 1894년부터는 그 증가의 폭이 이전 시기와 비교가 안 될 정도로 크다. 하지만 어찌된 일인지 마튜닌이 작성한 육로교역량은 공식적인 교역이 실시되기 이전인 1883년과 비교해도 오히려 감소한 모습을 보이고 있다. 이와 같은 현상이 가능한 것인지 보다 세밀하게 규명해 볼 필요가 있을 것이다. 물론 '장정' 체결 이후 양국 간 육로교역량이 이전보다 감소되었다고 판단하는 데는 상당한 이유가 있었다. 〈표 7〉을 통해 알 수 있듯이 당시 조선에서 육로를 통해 러시아로 수출되는 상품 중 가장 큰 비중을 차지하는 것이 소였다. 그런데 시간이 갈수록 조선산 소의 러시아 판매가 점차 감소되어 갔다고 한다. 교역 초기와는 달리 만주와 몽고로부터 중국인들이 공급하는 보다 체구가 큰 몽고산 소와의 경쟁에 봉착했고, 동시에 조선 북부에서 사육하는 소의 수가 비합리적인 가축 사육방법으로 인해 눈에 띄게 감소되었기 때문이었다.[47] 물물교역의 관행하에서 수출의 감소는 수입의 감소와 직결되는 것이었기 때문에, 이와 같은 소 수출의 감소는 러시아로부터의 수입에까지 영향을 미치게 되어 교역량에 있어 이중의 감소로 나타나게 되었던 것이다. '장정' 체결 전후 조선의 소 수출량을 비교하면 아래 표와 같다. 〈표 6〉에서 알 수 있듯이 '장정' 체결 전 지속적으로 증가하던 조선의 소 수출량이 체결 이후 급격하게 감소되는 모습을 보이고 있다.

〈표 6〉 장정 체결 전후 조선의 대러 육우 수출 현황 (단위: 마리)

년도	1880	1881	1883	1884	1887	1894	1895	1896
수출량	3,300	4,500	8,800	8,800	9,350	3,700	3,500	4,000
비고	매월 250~300마리		2년간 17,600마리					

* 출처: Б.Д. Пак, *Россия и Корея*, ИВ РАН, 2004, с.91 및 『國譯 韓國誌』, 韓國精神文化研究院, 1984, 590쪽을 참조하여 재작성.

---

47) 『國譯 韓國誌』, 590쪽.

교역량에 있어 신빙성 부족의 문제를 가지고 있기는 하지만, 교역 품목에 대해서 마튜닌이 작성한 통계는 당시 양국 간 육로교역을 규명하는 데 있어 가치 있는 정보를 제공하고 있다. 그는 조선 상인들과의 문답을 통해 수집한 자료에 기초해서 1894년부터 1896년까지 양국 간의 품목별 교역량을 다음 〈표 7〉, 〈표 8〉과 같이 정리하였다.

이 표들을 통해 '장정' 체결 이전과 마찬가지로 이후에도 조선에서 러시아로 수출되는 품목 중 가장 큰 비중을 차지하는 것이 소였음을 알 수 있다. 소의 수출액이 전체 수출액에서 차지하는 비율은 1894년 73%, 1895년 71%, 1896년 77% 등이었다. 이 시기에도 소의 주요 수요자는 러시아의 국경수비대였다. 함경도 상인들은 이들에

〈표 7〉 1894~1896년 대러수출 품목(마튜닌 작성) (단위: 루블)

	1894	1895	1896
소	92,500	100,000	87,000
말	2,000	4,500	1,250
곡물류	17,212	20,665	12,400
해산물	4,395	940	45
견포, 아마포	1,400	1,950	1,700
돗자리	2,250	4,000	1,000
작은 배	5,000	2,500	2,000
보습	750	1,500	2,000
도끼	740	1,200	1,600
쇠술잔	640	1,400	1,800
종이, 낫, 건초 및 담배 절단기(작두)	289	1,605	2,750
계란	200	-	-
총계	127,376	140,260	113,545

* 출처: 『國譯 韓國誌』, 韓國精神文化硏究院, 1984, 592쪽.

⟨표 8⟩ 1894~1896년 대러수입 품목(마튜닌 작성) (단위: 루블)

	1894	1895	1896
각종 직물	179,930	208,100	127,720
옷 및 담요용 솜	16,560	39,950	18,500
아닐린 염료	1,250	800	400
철 및 철제품	1,760	1,300	800
수피 및 여린 가죽	1,528	1,250	625
석유, 초, 실, 바늘 및 성냥	9,000	962	414
총계	210,028	252,362	148,459

* 출처: 『國譯 韓國誌』, 韓國精神文化硏究院, 1984, 592쪽.

게 생우를 공급했으며, 연해주에 정착한 조선인들 가운데는 러시아인에게 우육을 공급하는 도축판매업자도 있었다. 청일전쟁 당시 연해주 한인촌을 방문했던 비숍(Bishop)에 의하면 조선인들은 러시아 군대에게 육류를 계약판매했는데 블라디보스토크에 공급되는 육류는 대부분 조선인에 의한 것이었다고 한다.[48]

조선의 수출에서 소 다음으로 큰 비중을 차지하는 것은 곡물류였다. 이 역시 '장정' 체결 이전과 동일하다. 이 두 품목을 제외한 여타 품목(대체로 이를 공산품으로 규정할 수 있다)을 합한 비율은 14~22%에 불과하였다. 이는 당시 조선의 낮은 산업 수준을 보여주는 하나의 예라고 생각된다. 물론 이러한 공산품이 러시아로 수출되어 러시아인에게 판매되었던 것은 아니었다. 조선에서 제조해서 러시아로 수출한 쇠술잔, 작두, 보습, 도끼, 작은 배 등은 대부분 러시아에 이주한 조선인들이 구매하여 사용하였다.[49]

수입의 측면에서도 직물에 대한 수요가 가장 크다는 점에서 과거

---

48) I.B. 비숍 저, 신복룡 역주, 『조선과 그 이웃 나라들』, 집문당, 2004, 219쪽 참조.
49) 『國譯 韓國誌』, 592쪽.

와 동일한 경향을 보이고 있다. 전체 수입액에서 각종 직물에 대한 수입액이 차지하는 비율을 보면 1894년 86%, 1895년 82%, 1896년 86% 등이었다. 이 가운데 영국산 제품과 러시아산 제품이 차지하는 비율이 각각 92%와 3%였는데,[50] 이러한 경향 역시 교류 초기와 동일한 것이라고 할 수 있다. 이와 같은 현상이 벌어진 이유는 앞서도 언급한 바와 같이 가격경쟁력 때문이었던 것으로 보인다. 참고로 당시 러시아에서 조선으로 수입된 영국산 면직물과 러시아산 면직물의 가격을 비교하면 아래와 같다.

〈표 9〉 국가별 면직물 가격 비교

상품명	단위	1891		1892		1893	
		수량	루블	수량	루블	수량	루블
면직물(영국제)	자	8,697	23,135	4,093	13,097	6,680	24,739
면직물(러시아제)	자	1,871	12,960	1,875	15,000	352	2,816

* 출처: 『國譯 韓國誌-附錄·索引』, 韓國精神文化硏究院, 1984, 150쪽 참조.

위의 〈표 9〉를 통해 영국산 면직물의 경우 자당 가격이 1891년 2.66루블, 1892년 3.2루블, 1893년 3.7루블인 반면, 러시아산 면직물은 1891년 6.93루블, 1892년과 1893년 8루블 등으로 영국산에 비해 매우 높게 형성되어 있었음을 알 수 있다. 이렇듯 가격상의 차이가 있는 상황에서 러시아산 제품이 조선에서 가격경쟁력을 확보하는 것이 쉽지 않았으리라는 점은 쉽게 짐작할 수 있다.

이상에서 본 바와 같이 '장정'이 체결되었음에도 양국 간의 육로를 통한 국경교역은 교역량이나 품목 수에 있어서 이전보다 특별히 증가된 모습을 보이지 않았다. 마튜닌이 작성한 통계에 의할지라도 '장

---

50) 『國譯 韓國誌』, 593쪽.

정' 체결 이전과 비교할 때 교역량은 아예 크게 줄어든 모습을 보이고 있다. 앞서도 언급했지만 이러한 현상이 조선의 경제상황 변동으로 인한 수출의 감소 때문인지, 아니면 통계 작성상의 한계 때문인지에 대해서는 보다 심층적인 규명이 필요할 것으로 보인다.

한편 '장정'의 체결은 비공식적 교역의 공식적 교역으로의 전환을 보장하지 않았다. '장정'이 체결된 이후에도 공식적 교역량보다 1.5배 정도 많은 양의 물품이 비공식적 교역방식으로 이동되었다는 마튜닌의 언급이 이를 증명하고 있다. 이렇게 된 데에는 국경에 대한 허술한 통제가 큰 몫을 했겠지만, 관리들을 포함한 지역민들의 법의식 미약과 국가의 통제력 저하도 그에 못지않게 크게 작용했을 것으로 여겨진다.

5. 결론

이상에서 전근대 및 근대 시기 조선과 러시아의 경제관계 형성에 대해 살펴보았다. 해당 시기 양국 간 경제관계는 몇 가지 특징을 가지고 있었다. 우선 국경을 접하게 되면서 자연스럽게 발생한 국경지역의 비공식적 교류를 시작으로 1884년의 '조약' 체결에 의한 공식적 해로통상, 그리고 1888년의 '장정' 체결에 의한 공식적 육로통상으로 교류방식이 점차 확대되어 갔다. 하지만 일본, 중국 등 주변의 다른 나라와 비교할 때 양국 간 교역의 규모는 매우 낮은 수준을 유지하였다. 이렇게 된 이유는 양국 간에 얻을 수 있는 것이, 그리고 얻을 필요가 있는 것이 너무나 적었기 때문이었다. 연해주가 조선에 바란 것은 국경수비대를 포함한 극히 적은 수의 연해주 거주민들을 먹여 살리는 데 필요한 식량과 생필품 일부가 전부였고, 조선이 연해주를 통해 얻을 수 있는 것은 러시아가 경쟁력을 가지고 있지 못한 직물류가 대부분이었다. 이와 같은 상황에서 교류방식의 확대를 통해 양국 간 교역의 급격한 신장을 기대하는 것은 무의미할 수밖에 없었다.

다음으로 비공식적 교역은 이 글에서 다루는 전 시기에 걸쳐 양국 간 교역에서 매우 중요한 위치를 차지하였다. 비공식적 교역의 루트는 크게 두 가지였다. 하나는 러시아와 접경한 육로를 통한 교역이었고, 다른 하나는 함경도의 연안 지역에 위치해 있는 미개항장들과 러시아의 항구들을 잇는 해상교역이었다. 마튜닌이 언급한 바와 같이 육로를 통한 비공식적 교역액은 공식적 교역액의 약 1.5배 이상 많고, 해로를 통한 비공식적 교역액은 "육로무역에 뒤지지 않았다."[51] 사실 이와 같은 비공식적 교역은 함경도 주민들에게는 일상적인 것이었다. 그들은 오랜 기간 청나라와의 사이에 운영된 북관개시와 이를 둘러싼 비공식적 교역의 경험을 가지고 있었기 때문이다. 이들에게 있어 러시아와의 접경은 또 하나의 비공식 교역의 판로를 제공받는 기회가 되었다.

마지막으로 연해주로 이주한 조선인들은 양국 간의 경제관계를 지탱하는 중요한 요소로 작용하였다. 그들은 조선산 상품의 수요자였을 뿐 아니라(물론 그 양이나 액수는 보잘것없었다), 양국 간 교역의 당사자로 활동함으로써 물적 교류의 활성화에 기여하였다. 보다 많은 경제적 기회를 찾기 위해 연해주로 이주한 다수의 조선인들이 이후 조선과 러시아가 직교역을 하는 데 있어서 인적 네트워크를 형성할 수 있게 했던 것이다.

---

51) 『國譯 韓國誌』, 585쪽.

상호인식

朝露 수교(1884) 전후 조선인의 러시아관

배 항 섭*

1. 머리말

조선과 러시아가 구체적인 접촉을 시작한 것은 17세기 후반 이른바 '나선정벌' 때부터였다. 이후에도 조선에서는 북경에 간 사신들이 역시 북경에 주재하고 있던 러시아 정교의 선교사 등을 접촉하였으며, 이들을 통해 러시아에 대한 정보가 입수되었다.

그러나 조선과 러시아 간에 직접적인 교류가 본격적으로 시작된 기점은 1860년이었다. 1860년 러청 간에 북경조약이 체결되면서 러시아가 연해주 지역을 차지하게 되었기 때문이다. 이때부터 양국 간에는 국경 지역을 중심으로 직접적인 교류와 접촉이 본격적으로 이루어졌다. 이후 조로관계는 1884년의 수교로 이어졌으며, 조선 정부의 러시아정책, 영국과 러시아의 동아시아정책, 조청·조일관계 등과 서로 관련을 가지며 전개되었다.

---

* 고려대학교 민족문화연구원 연구원

이 글에서는 조선과 러시아가 국경을 연접하게 되는 1860년부터 청일전쟁과 동학농민전쟁이 일어나는 1894년까지에 한정하여 조선인의 러시아관에 대해 살펴보려 한다.[1] 1894년 이후에는 청일전쟁의 결과 한반도를 둘러싼 국제정세가 크게 변화하였고, 삼국간섭(1895), 아관파천(1896) 등 조로관계에 큰 영향을 미치는 사건들이 이어지는 만큼, 조선인의 러시아관에 대해서도 별도의 검토가 필요하기 때문이다.

조선인의 러시아관에 대한 연구는 조선인의 러시아에 대한 이미

---

[1] 이 시기 한러관계와 조선인의 러시아관에 관한 연구는 다음과 같다. 박태근, 「러시아의 동방경략과 수교이전의 한러교섭(1861년 이전)」, 한국사연구협의회, 『韓露關係 100年史』, 1984 ; 최문형, 「한로수교의 배경과 경위」, 같은 책 ; 임계순, 「한로밀약과 그 후의 한로관계」, 같은 책 ; 최문형, 「영로대결의 추이-한국에 고취된 공로의식과 관련하여-」, 『서양사론』 29, 30합집, 서양사연구회, 1988 ; 강주진, 「한국과 러시아의 외교사적 고찰」, 『대구사학』 12·13집, 대구사학회, 1977 ; 권희영, 「한민족의 노령이주사 연구(1863~1917)」, 『국사관논총』 41, 국사편찬위원회, 1993 ; 이광린, 『(개정판)한국개화사연구』, 일조각, 1995 ; 조광, 「서양과의 관계」, 『한국사 32: 조선후기의 정치』, 국사편찬위원회, 1997 ; 원재연, 「19세기 조선의 러시아인식과 문호개방론」, 『한국문화』 23, 서울 한국문화연구소, 1999 ; 씸비르쩨바 따지야나, 「19세기 후반 조로간 국교수립과정과 그 성격」, 서울대 석사학위논문, 1997 ; 연갑수, 『대원군집권기 부국강병정책 연구』, 서울대출판부, 1999 ; 이언정, 「개항 전후 조선정부의 러시아인식 연구」, 고려대 석사학위논문, 1999 ; 김양수, 「조선개항전후 중인의 정치외교-역관 변원규 등의 동북아 및 미국과의 활동을 중심으로-」, 『실학사상연구』 12, 무악실학회, 1999 ; 이광린, 「구한말 노령 이주민의 한국정계 진출에 대하여-김학우의 사례를 중심으로-」, 『역사학보』 108, 역사학회, 1985 ; 심헌용, 「조선인의 러시아이민사」, 『한국과 러시아관계』, 경남대학교 극동문제연구소, 2001 ; 보리스 박 저, 이영범·이면자 공역, 『러시아제국의 한인들』, 청주대 출판부, 2001 ; 허동현, 「1880년대 한국인들의 러시아 인식 양태-공로증(Russophobia)의 감염에서 인아책의 수립까지」, 『한국민족운동사연구 32: 한러관계와 민족운동』, 국학자료원, 2002 ; 씸비르쩨바 따찌야나, 「1869~1870년간에 진행된 러시아와 조선간의 경흥협상과 그 역사적 의의」, 『한국민족운동사연구 32: 한러관계와 민족운동』, 국학자료원, 2002 ; 송금영, 『러시아의 동북아진출과 한반도정책(1860~1905)』, 국학자료원, 2004.

지 및 이해 정도나 그 변화 과정을 보여줄 뿐만 아니라, 그 과정에 수반되는 자기정체성의 확립과 변화 과정을 포착하는 중요한 단서가 된다. 따라서 1860년부터 1894년에 걸쳐 보이는 조선인의 러시아관은 조로관계의 다양한 측면을 풍부하고 유기적으로 이해하게 할 뿐만 아니라, 조선인의 자기정체성 형성과 변화 과정을 이해하는 데도 도움을 줄 것이다.

이 글에서는 이 시기의 러시아관을 크게 4개 시기로 나누어 살펴보려 한다. 먼저 대원군 집권기이다. 이 시기는 양국의 국경이 연접한 직후이다. 또한 서양 선교사나 천주교도들에 의해 러시아 위협론이 제기되었고, 병인양요·신미양요 등 외세에 의한 구체적인 침략 행위가 일어난 시기이다. 두 번째는 고종 친정부터 조로수교(1884)가 이루어지기 전까지이다. 개항이 이루어지고 만국공법적 세계관이 수용되면서 서구 열강과 외교관계가 수립되는 시기로 이른바 '공로의식'이 유포된 시기이기도 하다.[2] 세 번째는 조로수교 이후 1894년까지이다. 이 시기에는 '조로육로통상조약'이 체결되었고(1888), 조선 정부에 대한 청나라의 간섭과 압박이 극심했으며, 이와 관련한 몇 차례의 '조로밀약'사건이 일어나기도 한 시기이다. 마지막으로 청나라가 조선에 대한 영향력을 상실하는 청일전쟁, 동학농민전쟁을 전후한 시기 조선인의 러시아관이 어떠했는지를 살펴보기로 한다.

러시아관에 대한 지금까지의 연구는 주로 『조선책략』을 둘러싼 공로의식에 집중되었다. 이에 따르면 영국에 현혹된 청에 의해 주조된 공로의식이 조선에 피동적으로 고취됨으로써 1880년 이전에 조로관계가 발전할 수 없었고, 조미·조영조약을 체결한 것도 결국

---

[2] 이 시기 러시아의 침략 위협론은 "공로의식(恐露意識)"(최문형) 혹은 "외아의식(畏俄意識)"(연갑수), "공로증" 등으로 표현되고 있지만, 여기서는 전통적 표현인 "공로의식"을 사용하고자 한다.

영국의 페이스에 말려든 것이라고 한다.3) 이에 대해 최근에는 조선 후기 북경 사행을 통한 러시아 사절들과의 접촉, 특히 대원군 집권기 이후 조로 간의 접촉 과정을 분석하여 조로수교가 영국과 청에 의해 주조된 공로의식의 결과가 아니라, 이미 1860년대부터 조선 정부는 러시아와 비공식적으로 접촉해 왔으며, 영·청·일 등에 의해 유포된 공로의식은 조선의 대러정책이나 대외정책에 별다른 영향을 미치지 못하였고, 조로수교도 조선 측 국왕과 개화세력의 자주적인 외교노선에 입각한 결실이었다는 주장이 제기되었다.4) 이러한 주장은 공로의식을 조선 후기 이래의 조로관계 속에서 파악하고자 한 점에서 중요한 의미를 가지지만, 러시아 측 자료를 충실히 활용하지 못함으로써 공로의식과 관련하여 러시아 측의 입장이 어떤 의미를 가지는지를 충분히 고려하지 못한 점이 아쉽다.

이 글은 1860년부터 1894년에 걸친 조선인의 러시아관을 조선 측의 입장뿐만 아니라, 러시아 측 자료를 활용하여 당시 러시아가 취했던 대조선정책이나 태도를 함께 고려하면서 이해하고자 한다. 또한 기왕의 연구들은 조선인의 러시아관을 화이론적 세계관의 해체나 근대민족의식의 형성과 연결하여 이해한 측면이 미흡했다. 따라서 이 글에서는 수교 전후의 러시아관에 대해 가급적이면 각 시기별로 국왕과 개화파관료, 척사파 등으로 나누어 살펴보고자 한다. 또 조선 후기 이래 형성되고 변화되어간 러시아관의 내용과 의미를 화이론적 세계관의 붕괴와 새로운 대외인식의 형성이라는 점과 관련하여 검토해보고자 한다.

---

3) 최문형, 앞의 글, 1988, 301~302쪽.
4) 연갑수, 앞의 책 ; 원재연, 앞의 글 ; 이언정, 앞의 글 참조.

2. 대원군 집권기의 비공식적 접촉과 러시아관

조선이 러시아와 직접 접촉한 첫 번째 사건은 '나선정벌' 때였다.[5] 당시 조선에서는 1654년과 1658년 두 차례에 걸쳐 각기 152명, 265명의 병사를 파견하여 청군과 합세, 흑룡강 일대에서 러시아 군대를 격파한 일이 있다. 러시아 고문헌에 따르면 이 무렵부터 흑룡강 일대를 중심으로 조선 상인과 러시아 상인 간에 비단 직물 부채 담배 등의 교역이 이루어졌다고 한다.[6] 이후 조선 후기의 러시아관은 주로 연행시에 직접 러시아 정교의 선교사나 사절을 만난 경험, 그리고 중국 조야의 지식인들을 통해 형성되었다.

조선 후기 지식인들의 러시아관은 대체로 화이론적 세계관에 입각한 것으로[7] 부연 사신들은 러시아인과 그들의 문화에 대해 "크고 극히 흉악한 인물이라. 성정이 영악하여 황제도 심히 괴롭게 여기"는 자들, "계집을 겁박하"거나 "사람을 쳐 죽이고 재물을 겁탈하는" 자들[8], 혹은 천주교를 믿으며[9], "사람이 있어도 오줌을 누며"[10], "비록 크게 힘세더라도 짐승과 다름없"는 자들[11] 등 기본적으로 사납고 포악하며, 청국도 두려워하는 나라, 천주교를 믿고 예의염치가 없는 이단의 나라로 이해하고 있었다.[12] 그러나 사행을 통해 접촉

---

5) 전해종, 「호란후의 대청관계」, 『한국사』 12, 국사편찬위원회, 1981, 392~393쪽.
6) 박 보리스, 「러시아와 조선간의 경제·외교관계의 수립」, 『동국사학』 24, 동국사학회, 1990, 160쪽.
7) 洪大容, 「燕記」, 『湛軒書』 外集 卷九, 隆福市.
8) 徐有聞, 『戊午燕行錄』 제5권, 기미년(1799, 정조23) 2월 6일.
9) 李圭景, 「西學」, 『五洲衍文長箋散稿』 경사편 3, 석전류 3, 邪敎의 배척에 관한 변증설.
10) 李坤, 「聞見雜記」 下, 『燕行記事』, 雜記.
11) 金正中, 「奇遊錄」, 『燕行錄』, 雜錄, 聞見雜錄 및 사신 명단.
12) 필자 미상, 「往還日記」, 『赴燕日記』, 癸巳(1828) 六月 二十五日.

과 교류가 이어지면서 러시아에 대한 이해가 심화되고 인식도 호전되어 갔다.13) 이는 중국에서 수입된 한역서학서를 읽으며 조선지식인들의 서양에 대한 인식이 변화해가고 서기수용론이 대두되어 간 분위기와도 관련이 있었을 것으로 생각된다.14)

1860년 국경을 연접하면서부터 전개되는 양국관계도 기본적으로 이러한 인식을 바탕으로 시작되었다. 특히 대원군 집권기는 병인양요와 신미양요 등 서양세력에 의한 전대미문의 침략행위가 발생한 시기로 대외적 위기의식이 크게 고조되던 때이다. 아울러 서양 선교사들에 의해 서학교도들 간에 공로의식이 유포되던 시기이기도 하다.

러시아인이 조선에 처음으로 방문한 것은 1854년 4월 푸탸틴 제독이 인솔하는 러시아 전함 팔라다호가 거문도에 상륙한 것이다.15) 푸탸틴은 이때 조선 정부에 문호개방을 요구하는 서신을 거문도 주민들에게 전달하기도 했다. 이들은 이후 동해안 여러 곳을 측량하

---

13) 조선 후기 조선사행과 러시아 전교단의 만남과 교류에 대해서는 박태근, 앞의 글, 20~33쪽 ; 최정동, 『연암박지원과 열하를 가다』, 푸른역사, 2005 ; 원재연, 앞의 글 참조.
14) 노대환, 「19세기 전반 서양인식의 변화와 서기수용론」, 『한국사연구』 95, 한국사연구회, 1996 참조.
15) "РГАВМФ, ф.296, оп.1, д.75, лл.219~223", 푸탸틴 제독의 조선 해안 상륙 보고서, 1854(이하 이 글에서 인용한 러시아문서는 성균관대학교 동아시아학술원에서 번역한 『근대한러관계연구 번역집 1 ; 수교와 교섭의 시기』에 의거한 것임을 밝혀둔다). 또 당시 팔라다호에는 러시아 문인 곤차로프가 함장 푸탸틴의 비서관 자격으로 수행하고 있었다. 그는 『전함팔라다』라는 여행기를 남겼으며, 조선과 관련된 부분은 박태근에 의해 번역·소개되었다[곤차로프, 박태근 역, 「논픽션 1854년의 조선」, 『신동아』 1974년 8월호, 동아일보사, 1974 ; 심지은 편역, 『러시아인, 조선을 거닐다』, 한국학술정보(주), 2006]. 또 이때 거문도에서 곤차로프 일행을 접촉하여 필담을 나눈 조선인 김유도 그들이 준 "외교문서" 등 간단한 기록을 남겼다. 김유 지음, 주영하 감수, 『국역 해상기문―러시아의 첫 외교문서(1854)』, 세종대출판부, 1988.

거나 상륙하여 관리 및 주민들과 접촉하였으며, 함경도 영흥과 덕원에서는 충돌이 일어나 두 명의 조선인이 죽고 수 명이 부상을 입기도 했다.16)

이후 1860년 8월에는 러시아가 일본과 수교한 사실을 일본으로부터 전해들었고,17) 1861년 8월에는 조선과 러시아의 국경이 연접하게 된 사실을 알았다.18) 그 이전인 1860년 4월(러시아력)에는 러시아 장교가 두만강 하구에 상륙하여 조선인 주민들과 접촉하며 정보를 수집해갔으며,19) 같은 해 10월에는 '가이다막'과 '모르쉬'호가 "이웃나라가 된 민족과의 교류를 가지도록 노력한다. 이렇게 하여 극동의 마을까지 확산되어 있는 부자연스러운 쇄국체제를 깨뜨린 최초의 시도를 한 명예를 남긴다."는 목적으로 조선을 방문하기도 했다.20) 1864년 2월에는 관원 5명이 두만강을 건너와 경흥부에 통상을 요구하는 서한을 전달한 이래21) 거의 매년 지속적으로 교역을 요구하였다.22)

---

16) 팔라다호가 거문도와 경상도, 함경도 연안에서 활동한 자세한 내용에 대해서는 박태근, 앞의 글 ; 이언정, 앞의 글 ; 이희수, 「곤차로프의 여행기 『전함 팔라다』에 비친 한국」, 『근대전환기 동아시아 속의 한국』, 성균관대학교출판부, 2004 참조.
17) 『철종실록』, 철종11년 8월 8일.
18) 박태근, 앞의 글, 45쪽.
19) РГАВМФ, ф.240, оп.1, д.6, лл.9~130б.
20) РГАВМФ, ф.240, оп.1, д.4, лл.120~122, 「〈가이다막〉과 〈모르쉬〉의 출항 관련 푸탸틴의 보고서」, 1860.
21) 『고종실록』, 고종1년 2월 28일.
22) 이 가운데 1865년 11월에 올라온 함경감사 김유연의 장계(『日省錄』, 高宗 2年 11月 11日)에 따르면 그해 9월과 11월에 걸쳐 3차례 방문하여 통상을 요구한 러시아 측 '사절'의 대표는 겔메르센(Гельмерсен) 대위였던 것으로 보인다. 1865년 6월 조선과의 교역의 필요성을 인식하고 있던 동시베리아 총독 겸 군 사령관육군중장 코르사코프(Корсаков)는 대위 겔메르센을 포시에트만으로 파견하여 거기서 출발하여 한반도를 여행하면서 인근 국경 지역 관리들에게 상단에는 러시아어 텍스트에 중국어 번역본

이런 상황 속에서 조선에서 활동 중이던 선교사들에 의해 공로의식이 유포되었다. 병인사옥에 연루되어 처형된 베르뇌 주교는 이미 1850년대 말부터 천주교도들에게 공로의식을 전파하고 있었다.[23] 이에 따라 병인사옥 당시 서학교도 남종삼은 러시아가 "조선의 근심"일 뿐만 아니라 "다른 나라도 차례로 병탄할 것"이며,[24] "처음에는 교역을 말하지만 만약 그것을 허락한다면 침범하는 근심이 있을 것"이라고 하였고,[25] 홍봉주도 "아라사는 재물을 탐내고 여색을 좋아하며 모질고 사납기가 막심하다."고 하였다.[26]

이는 베르뇌 주교 등 선교사들의 영향으로 서학교도들 사이에는 러시아에 대한 두려움이 유포되어 있었음을 보여준다. 또한 홍봉주의 진술에서는 조선 후기 이래의 부정적 러시아관이 이어지는 분위기가 감지된다. 이들은 러시아 위협론을 근거로 대원군을 찾아가 러시아의 침략을 막기 위해서는 프랑스·영국 등과 연합할 필요가 있다고 역설하기도 했다.[27]

이러한 공로의식은 서교의 자유와 통상교류 원하는 교도나 프랑스 정부의 입장 등이 조선 후기 이래의 러시아관과 결합되어 과장된 것이었다. 그러나 1860년의 북경함락 소식과 서양세력이 여세를 몰아 조선을 공격할지도 모른다는 소문이 돌던[28] 시대적 분위기 속에서 러시아의 통상요구는 조선 정부에도 적지 않은 위기감을 초래했다. 또한 병인양요 이후에도 범월자들이 끊이지 않았고, 1866년 12

이 적힌 통첩을 전달하도록 하였다. ГАТО, ф.87, оп.1, д.1767, лл.
23) 『추안급국안』 29, 47쪽.
24) 『추안급국안』 29, 11쪽.
25) 『추안급국안』 29, 21쪽.
26) 『추안급국안』 29, 54쪽.
27) 이에 대한 자세한 내용은 우철구, 「병인양요소고」, 『동방학지』 49, 연세대 국학연구원, 1985 ; 연갑수, 앞의 책, 제2장 참조.
28) 『일성록』, 철종12년 3월 27일.

월에는 러시아 사람들이 경흥부 두만강변 국경 근처에 집을 짓고 교역을 하겠다는 통보를 하는 등 북방 변경에 긴장감이 돌았다.[29] 이에 따라 대원군은 이러한 위기에 대한 대책을 마련해 나갔다.

우선 조선인들의 범월이 러시아가 분쟁을 일으키는 빌미를 제공할까봐 적극적으로 금압하였다. 1864년 5월에는 러시아인을 通謀誘引한 범월 죄인 金鴻順·崔壽學을 경흥 江頭에서 효수하기도 했고,[30] 러시아 국경 건너편으로 넘지 못하도록 모든 배들을 없애기도 하였으며, 월경을 하다가 발각되어 사살되는 경우도 적지 않았다.[31] 1868년에는 북병사가 러시아 지역으로 범월하는 자들을 방비하기 위해 현상금을 내걸기까지 하였다.[32] 1866년 12월 북병영(경성)의 진상품인 鹿茸과 麝香을 탕감하여 북방 백성들의 고통을 덜어주었다. 관리들의 수탈과 조세부담을 경감함으로써 러시아 경내로 이주하는 조선인을 막기 위한 의도와 관련이 있었을 것으로 보인다. 이외에도 대원군은 북병영 산하와 그 주변 요해처에 무기와 군량미를 보내고 포군을 설치하는 등 군사력을 강화하는 일련의 조치를 취하였다.[33]

그러나 서학에 대해 우호적인 입장이었고, 러시아의 위협론을 어느 정도 받아들여 프랑스와의 연계까지 모색하던 대원군은 오히려 프랑스 신부들과 천주교도에게 대대적인 박해를 가했다. 그것은 우선 대원군으로서는 아직 개국할 생각이 없었기 때문이지만, 그 배면에는 서학교도와 선교사들이 풍양 조씨 세력들과 접촉을 통해 이

---

29) 『고종실록』, 고종3년 12월 12일.
30) 『일성록』, 고종1년 5월 15일, 고종1년 6월 26일 ; 『승정원일기』, 고종1년 5월 15일.
31) 프르제발스키, 「우수리 지방 여행, 1867~1869」, 심지은 편역, 앞의 책, 85쪽 ; 보리스 박 저, 이영범·이명자 공역, 앞의 책, 54쪽.
32) 『승정원일기』, 고종5년 10월 11일.
33) 배항섭, 『19세기 조선의 군사제도연구』, 2002, 79~81쪽 참조.

미 프랑스 군대의 파병을 요청한 사실이 알려짐에 따라 이에 부담을 느끼는 한편, 이를 계기로 풍양 조씨 세력을 정계에서 밀어내고 자신의 입지를 강화하려던 대원군의 정치적 의도가 있었기 때문이었다.34)

그러나 여기에는 대원군 집권 이후 조로 양국 간에 비공식적이지만 구체적인 접촉과 교섭을 통해 러시아의 위협론을 실감할 수 없었다는 점도 적지 않은 영향을 미쳤을 것으로 이해된다.35) 무엇보다 러시아는 조선에 접근할 때 무력적 시위를 통한 강압적 방법을 사용하지 않았다. 두만강을 통한 육로로 접근해 올 경우에는 단지 소수의 인원이 가끔씩 결빙된 강을 건너와 교역을 요구하는 정도였다. 그 과정에서 러시아에 대한 인식도 상대적으로 호의적인 쪽으로 바뀌어갔을 것으로 보이며, 병인양요 이후에도 양국관계는 점차 진전되어 갔다. 조선에 접근하는 러시아 측의 태도도 우호적이었다. 예컨대 1867년 1월에는 러시아 사람 5명이 경흥부에 와서 "귀국 사람 鄭才旭의 집 소 두 마리를 우리 쪽 사람들이 빼앗아 갔었는바, 지금 찾아가지고 와서 되돌려 준다."는 글과 함께 소를 가지고 왔다.36) 1869년 12월 연해주 군무지사 푸울게임은 국경경비대 사령관 트푸베츠코이 공작을 경흥에 파견하여 이주했다가 귀국하는 조선인에 대한 박해 및 처벌을 금지하고, 조선 정부가 귀환보조금을 지급한다는 조건으로 조선인을 귀환시키는 문제에 대해 협의하도록 하였다. 이에 대해 경흥부사 이교봉은 러시아 측에 박해금지와 이주를 저지하겠다는 약정서를 써 주는 등 양국의 관계가 한층 진전되

---

34) 연갑수, 앞의 책, 95~97쪽.
35) 이 시기 양국의 구체적인 교류와 접촉 내용에 대해서는 보리스 박 저, 이영범·이명자 공역, 앞의 책, 65~68쪽 ; 연갑수, 앞의 책, 111~127쪽 ; 이언정, 앞의 글, 7~10쪽 참조.
36) 『승정원일기』, 고종4년 1월 2일.

어 가고 있었다.37)

　또 가끔씩 러시아 군함이 연해에 정박하여 군인들이 상륙하는 경우도 있었고, 그 과정에서 무력적 충돌이 있었지만, 그 해결 과정에서 러시아가 보여준 태도는 매우 진지하고 우호적이었다. 예컨대 1869년에 발생한 러시아 군함 '소볼'호사건에 대한 러시아의 태도도 특히 병인양요 시기 프랑스가 보여준 태도와 비교해 볼 때 확연히 대조적이었다.

　프랑스의 경우 병인사옥으로 자국 신부들이 처형된 사실을 확인하자 북경 주재 프랑스 대리공사 벨로네를 통해 청국 총리아문에 조선에 대해 선전포고하는 글을 보냈다. 거기에는 조선 측의 불법에 대해 프랑스는 군대를 파견하여 조선을 정복할 것이라 점, 조선의 불법은 국왕의 명의로 자행된 것이므로 국왕은 책임을 지고 퇴위해야 한다는 점 등이 명시되어 있었다. 프랑스 제독 로즈도 조선 정부에 보낸 글에서 프랑스 선교사를 학살하는 데 가담한 3대신을 엄중히 처벌할 것, 그렇지 않으면 전쟁으로 초래될 수 있는 모든 결과를 조선 정부에 책임지울 것임 등을 고압적인 언사로 통지하였다.38) 이러한 내용은 조선은 물론 청국에서도 언어도단의 폭거로 받아들일 수밖에 없었다. 더구나 프랑스는 양요 이후에도 조선과 비우호적인 관계를 개선할 의지를 보이지 않았다.39)

　이에 반해 러시아가 조선을 대하는 태도는 우호적이었다. 1869년 4월(러시아력) 영종도 인근 해안에 군함 '소볼'호를 정박하고 상륙하여 정찰 및 사냥을 하던 러시아 병사들이 조선 병대의 총격을 받은 일이 발생했다. 러시아 측에서 사상당한 병사는 없었지만, 이후 약 두 시간에 걸친 러시아 군병의 대응 사격으로 조선군병 가운데는

---

37) 씸비르쩨바 따찌아나, 앞의 글, 2002 참조.
38) 「한불관계자료」, 『교회사연구』 2, 교회사연구소, 1979, 237~238쪽 참조.
39) 연갑수, 앞의 책, 110쪽.

사상자가 있었다.40)

이 사건에 대한 러시아 측의 대응은 러시아의 동시베리아총독 겸 육해군 총지휘관이 조선 정부에 보낸 서신 등 러시아 측 자료를 통해 확인할 수 있다.

이 사건은 특히나 통탄스럽습니다. 왜냐하면 이 사건은 조선인들이 다른 외국인들에게 갖고 있는 것과 똑같이 우리에 대해 갖고 있는 불신과 적대감을 강화할 것이기 때문입니다. (중략) 이런 점을 고려하여 조선 정부에 서한을 발송하여 조선해안에 접근한 우리의 포함은 추호도 적대감을 갖고 있지 않았으며, 장래에도 한국인이 금번의 사태처럼 충돌의 원인을 제공하지만 않는다면, 우리 함선으로부터 그 어떤 위험과 두려워할 원인이 존재하지 않는다는 것을 조선 정부가 확인할 수 있도록 해 주어야 할 것으로 사료됩니다.41)

통첩

(전략) 본인은 동시베리아 지역의 총책임자로서 이번 사건에 대해 실로 유감스럽게 생각합니다. 그에 더해 우리 정부는 양국 국민 사이에 이미 오래전부터 존재하고 있었던 우정과 화합을 유지하고 돈독히 한다는 한 가지 소망을 언제나 가지고 있었습니다. (중략) 본인에게 소속된 지역이 귀국에게 가까운 이웃인 만큼 우리의 군주, 황제 폐하의 의지에 따라 양국 간에 가장 우호적 관계가 필요불가결합니다. 왜냐하면 반목이란 우리는 물론, 상대국 인민들에게도 해악적 결과를 가져오기 때문입니다.

---

40) РГАВМФ, ф.410, оп.2, д.3088, лл.1~20б, '소볼'호사건 관련 대위 우소프의 보고서, 1869. 이때 사망한 조선군은 2명이었고 6명이 부상당했으며(『승정원일기』, 고종6년 3월 19일), 조정에서는 광주 別破陣 50명과 수원 精抄軍 50명을 선발하여 보내 응원하도록 했다(『승정원일기』, 고종6년 3월 16일).

41) РГАВМФ, ф.410, оп.2, д.3088, лл.1~20б, 뷰초프가 고르차코프에게 보낸 소볼호사건에 대한 보고서, 1869.

평화와 화합 모두는 이웃한 양국의 주민들에게 이익이 될 수 있는 만큼, 선에 대한 소망으로 자극된 본인은 이 통첩을 발송하여, 귀국에 대한 우리들의 선린관계 및 지난 사건에 대한 본인의 유감을 표현하고자 합니다. 또한 아국의 전함이 귀국의 연안을 항행해야 할 경우, 어떠한 악의적 의도가 배제된 상태에서 항행할 것입니다. 그러나 그와 동시에 전함의 승조원들은(그들은) 자신을 공격하기로 결정한 이들에게 어떠한 제재도 가하지 않을 수 없을 것입니다. 선린의 차원에서 발송합니다.

1869년 6월 20일 극동총독 발신[42]

앞의 글은 주일 러시아 공사 뷰초프가 외무대신 고르차코프 공작에게 올린 의견서이고, 뒤의 글은 동시베리아 총독이 조선 정부에 보낸 서함이다. 러시아 측의 이러한 태도는 물론 당시 그들이 취하고 있던 조선 및 동아시아정책과 밀접한 관련이 있었다. 병인양요 직후인 1866년 12월 30일(러시아력) 미하일 코르사크는 연해주 총독 푸루겔름에게 "유럽과 조선의 적대적인 관계를 이용하여 조선과 러시아와의 관계의 발단이 될 수 있는 첫 번째 기회를 지나쳐서는 안 되므로" 조선에서의 상황에 대해서 특별한 주의를 기울여 줄 것을 요청한 바 있다.[43] 또한 '소볼'호사건 직후 동시베리아 총독 코르사코프가 중앙정부에 올린 의견서에서도 "조선과의 친선 및 연해주 국경 지역의 경제력과 국내적 부의 발전을 위해", 국경무역의 대성공을 고려하여 '소볼'호사건은 결코 대조선 관계변화의 이유가 되어서는 안 되며, "양국 관계는 이전처럼 우리 측에서 가장 우호적인 성격을 유지해야만" 하였다.[44]

---

42) РГАВМФ ф.417, оп.1, д.1341. лл.28~32об.
43) ГАТО, ф.1, оп.1, д.50, лл.1~1об, 프랑스 함대의 한국해안 봉쇄에 관련한 러시아의 대한정책.
44) РГАВМФ ф.417, оп.1, д.1341. лл.28~32об.

'소볼'호사건과 관련하여 위에 인용한 글에는 조선에 대한 당시 러시아 측의 입장이 비교적 진솔하게 표현되어 있다. 조선 측과 우호적인 관계를 가지려는 태도가 자못 진지하였음을 알 수 있다. 조선 정부 측에서 볼 때 러시아 측의 이러한 태도는 프랑스와 크게 대조적이었다. 무엇보다 어떠한 군사적 도발 가능성도 보이지 않았기 때문이다. 이는 이후에도 조선이 러시아와 비공식적이지만, 상대적으로 우호적인 관계를 유지해나가는 데 중요한 밑바탕이 되었을 것으로 보인다.

요컨대 이 시기의 조선 지배층의 러시아관은 북경함락과 두 차례의 양요와 결부되면서 선교사, 서학교도들이 유포한 공로의식으로 크게 기울 개연성이 컸고, 실제로도 러시아에 대한 경계를 게을리 하지 않았다. 그러나 러시아와의 직접적인 접촉 과정에서 보여준 러시아 측의 태도는 병인양요 당시 프랑스가 보여준 것과는 크게 대조될 만큼 우호적이었다. 이에 따라 양국의 비공식적 접촉 과정에서 조선 정부는 러시아에 대한 이해를 심화시키는 한편,[45] 공로의식과는 달리 상대적으로 호의적인 러시아관을 형성하게 되었다. 이는 곧 공로의식이 이 시기 조선 정부의 대외정책에 별다른 영향을 미치지는 못하였음을 의미한다. 이에 따라 병인양요 이후 대외적 위기감이 고조되는 정세 속에서도 러시아와의 비공식적 접촉은 계속될 수 있었다.

그러나 이 시기의 지배층의 러시아관은 아직 화이론적 세계관을

---

[45] 1867년 10월(러시아력) 경흥을 방문했던 프르제발스키에 따르면 당시 경흥부사 윤협은 지도상으로 영국과 프랑스, 러시아를 알고 있었으며, 프랑스인이 모스크바를 불태운 사실(1812년 나폴레옹군대)도 알고 있었다(프르제발스키, 「우수리 지방 여행, 1867~1869」, 심지은 편역, 앞의 책, 85쪽). 윤협이 서양지리에 밝은 인물이었다고는 하나(김원모, 『근대한미관계사』, 철학과현실사, 1992, 112~113쪽), 이 사례는 러시아에 대한 조선 측의 이해가 상당히 진전되어 가고 있었음을 보여주는 것으로 받아들일 수 있을 것이다.

완전히 벗어나지 못하였고, 서세동점을 초래한 서구의 사정에 대한 이해도 어두웠다. 1866년 10월에는 서양인과의 교역금지령을 내렸지만,46) 서양의 침입을 방지하기 위한 대응방안의 대부분은 화이론적 인식에 입각해 있었다. 그 요체는 서교를 금지하고 양이와 내통하는 자들을 처벌하여 邪學을 배척[闢邪說]하고 정학을 높이자[崇正學]는 것이었다.47)

병인양요 직후 조선 정부에서는 그 결과를 일본에도 알려주어야 한다고 하며 국왕에게 다음과 같이 건의하였다.

統營 外洋에 출몰했던 선박이 반드시 일본에까지 가지 않으리라고 보장할 수 없습니다. 그러니 그들과 서로 우호적으로 지내는 도리에 있어서 먼저 알려주는 것이 합당할 것 같습니다. 우리나라가 근일 겪었던 일에 대해서도 상세히 전말을 기술하여 書契를 작성하여 동래의 왜관에 보내 東武에게 전해주도록 하여 변방의 방어를 경계시키고 交隣의 우호를 돈독히 하는 뜻을 보여주는 것이 어떻겠습니까.48)

이러한 인식과 태도는 여전히 사대교린에 입각한 동아시아의 전통적 질서관에서 벗어나지 못하고 있었음을 말해준다.

3. 고종 친정초기 문호개방과 러시아관

1876년 무렵부터 일본과 청으로부터 러시아의 위협론이 전달되었다.49) 1876년 강화도조약 당시 일본 측 수행원 모리야마(森山茂)는

---

46) 『승정원일기』, 고종3년 10월 18일, 10월 19일.
47) 『승정원일기』, 고종3년 10월 19일, 20일.
48) 『승정원일기』, 고종3년 10월 15일.
49) 이 시기 일본에서 형성된 공로의식 배경과 그것이 조선으로 전파되는 경

인천 부사 윤협에게 "만약 조선에서 사건이 발생하면 러시아는 그 틈을 타서 무슨 일을 저지를지 알 수 없다."며 러시아의 침략을 경고하였다.50) 외무대승 미야모토(宮本小一) 역시 러시아가 "포시에트 항은 추워서 겨울에는 얼기 때문에 불편하므로 조선 영흥부의 항구를 점유하여 여기로 둔병소를 옮기고자 한다."고 하여 러시아의 남하 의도를 강조하였다.51) 또 제1차 수신사 김기수가 도일하였을 때 이노우에 카오루도 러시아의 위협론을 강조하며 조선도 그에 대비할 것을 권고하였다.52)

이후 러일에 의한 조선 침략 가능성이 점증해가자 1879년 청의 이홍장은 조선과 서구열강 간의 통상을 통해 이를 방지하고자 하였다. 우선 이홍장은 1879년 7월 조선의 영의정 李裕元에게 보낸 밀함에서 러시아가 영토를 잠식하고자 조선의 동해를 엿보고 있음을 강조하면서 서구와 통상조약을 체결하여 "防日・防俄"할 것을 권유하였다.53) 1880년 8월에는 일본에 갔던 수신사 김홍집이 주일 청국공사관 참사관 황준헌이 쓴 『조선책략』을 가져왔다. 그 요체는 "조선의 급무는 防俄이고, 그것을 위해서는 親淸國・結日本・聯美國이 필요하다."는 것이었다.54)

국내에서도 『조선책략』이 들어오기 전부터 러시아에 대해 경계

위에 대해서는 허동현, 앞의 글, 2002 참조.
50) 『일본외교문서』(한국편) 2, 49쪽.
51) 위의 책, 129쪽.
52) 김기수 저, 이재호 역, 「일동기유」, 『국영해행총재』 10, 민족문화추진회, 1977, 423~424쪽.
53) 「直隸摠督文閣太學士李鴻章 抵橘山李相國書」, 『龍湖閑錄』 4, 433~435쪽 ; 『고종실록』, 고종 16년 7월 8일. 청나라의 이른바 列國立約勸導에 대해서는 권석봉, 「洋務官僚의 對朝鮮列國立約勸導策」, 『淸末對朝鮮政策史硏究』, 일조각, 1986 ; 송병기, 「李裕元・李鴻章의 交遊와 李鴻章의 西洋各國과의 修交勸告」, 『近代韓中關係史硏究』, 단국대출판부, 1985 참조.
54) 황준헌 저, 조일문 역, 『조선책략』, 건국대학교 출판부, 1982.

하는 목소리가 제기되기도 했다. 『책략』이 전해지기 직전인 1880년 1월 전임 함경감사 이유원은 러시아는 "땅이 광활하며 사나워서 천하가 꺼리는" 강국이며, 주변의 나라들이 러시아에게 땅을 떼어 주기도 하고 강토를 잃기도 하였다는 점을 지적하였다. 이어 아직 우리는 영토를 빼앗기지 않았으나, "우리 백성들이 도망간 자가 매우 많습니다. 나라를 다스리는 방도는 토지와 백성이 중요한데 백성들을 이미 많이 잃었으니, 어찌 변경이 평안하고 조용하다 할 수 있겠습니까"라고 하여 러시아의 침략 가능성을 제기하였다.55)

따라서 『조선책략』이 전해진 뒤에는 적지 않은 관료들과 개화파 지식인들이 이에 동조하였다. 예컨대 영의정 이최응은 『조선책략』을 읽고 "여러 조항으로 분석하고 변론한 것이 우리의 心算과 부합"된다고 하며, 러시아가 땅과 백성들을 욕심내어 남하하려 한다고 이해하였다. 또한 "지금 러시아 사람들이 병선 16척을 집결시켰"으며 "추위가 지나가면 그 형세는 틀림없이 남쪽으로 향할 것입니다."라고 하여 청일의 러시아 위협론을 수용하고 있었음을 보여준다.56)

그러나 고종은 러시아에 대해 적지 않은 우려를 하면서도 청일의 러시아 위협론을 그대로 받아들이지 않았다. 고종은 1880년 8월 수신사로 다녀온 김홍집에게 러시아의 지리적 위치와 조선에 대한 침략 의도 여부 등을 물어보았다. 이에 대해 김홍집이 청나라가 우리나라에 대해 도와줄 의향이 있다고 하자 "그 사람들이 비록 우리나라와 한마음으로 힘을 합치자고 하나 이것을 어찌 깊이 믿을 수 있겠는가. 우리도 역시 부강해질 방법을 강구해야 할 뿐임"을 지적하였다.57) 또한 일본 측의 주장에 대해서도 "일본 사람들의 말을 들어

---

55) 이에 대해 고종은 "중국도 러시아를 강국이라고 하는 것을 보면 남쪽에 대한 걱정보다 도리어 북쪽에 대한 걱정이 더 커져 마음을 놓지 못하겠다."는 견해를 보였다(『승정원일기』, 고종17년 1월 22일).
56) 『고종실록』, 고종17년 9월 8일.

보면 러시아를 두려워하여 조선은 방비하라고 요구하는 듯하지만 사실은 조선을 위한 것이 아니라 저희 나라를 위한 것이다."라고 파악하였다.58) 이와 같이 고종은 오히려 청일 양국의 의도를 의심하며, 대외적 위기에 대처하기 위해서는 무엇보다 자수자강이 중요함을 강조하고 있었다.

自修의 차원에서 고종이 취한 대표적인 조처는 범월자 단속이었다. 1876년 8월 고종은 김유연을 함경도 안무사로 파견하여 범월민들을 환집할 대책을 강구하도록 하였다.59) 나아가 고종은 비밀리에 일종의 특사를 러시아에 파견하는 등 독자적인 노력으로 러시아의 조선침략 가능성을 확인하고자 하였다. 1880년에 장박을 연해주로 파견하였으며,60) 1882년에도 백춘배와 이용익을 러시아로 파견하여 조선인 이주민들의 실태와 러시아의 동향을 탐문하도록 하였고,61) 김광훈과 신선욱도 1882년에 연해주를 다녀온 후「江左輿地記」를 남겼다.62) 이러한 사실은 청일을 제외하고 조선국왕이 최초로 특사를 파견한 사례로서 특기할 만한 일이다.63)

---

57) 『고종실록』, 고종17년 8월 28일.
58) 『고종실록』, 고종17년 9월 8일.
59) 『고종실록』, 고종13년 8월 9일, 8월 10일. 1881년 1월에도 김유연을 함경감사로 재차 임용하여 보내면서 러시아 경내로 범월하였던 사람들을 환집할 방안을 강구할 것을 지시하였다(『고종실록』, 고종18년 1월 17일).
60) 『유길준전서』 5(시문편), 일조각, 1971, 291쪽.
61) 유길준 저, 허동현 역, 『유길준논소찬』, 일조각, 1987, 5~12쪽. 이에 대한 자세한 내용은 김양수, 앞의 글 ; 이광린, 앞의 글 참조.
62) 신승권, 「江左輿地記·俄國輿地圖 해제」, 『江北日記·江左輿地記·俄國輿地圖』, 한국정신문화연구원, 1994. 이들이 백춘배나 이용익과 함께 연해주를 다녀온 것인지의 여부는 확인되지 않고 있다.
63) 이미 1880년과 1881년에 블라디보스토크로 조선인 학도들이 파견되어 있었으며, 국왕이 이들에게 비용을 지불한 사실이 『해삼위학도경진용하책』, 『해삼위학도 신사용하책』에 기록되어 있다는 주장도 있다(연갑수, 앞의 책, 124~125쪽). 그러나 당시의 제반 조건들을 고려할 때 러시아에 학도들이 파견되었을 가능성은 희박하다. 이는 아마 1880년에 장박, 1882년에

이러한 과정을 통해 고종은 점차 러시아에 대한 독자적인 인식을 형성해 간 것으로 보인다. 이미 1876년부터 고종은 범월자가 발생하는 원인이 러시아의 유인 때문이 아니라 탐관오리들의 수탈과 혹형, 탐학 등 조선 내부의 문제 때문인 것으로 이해하였다.64) 또한 고종은 『책략』이 전래된 이후 북영에 지시하여 러시아의 침략 의도 여부를 탐문하도록 하였다. 북영에서는 러시아가 통상을 주로 할 뿐이며, 통상을 원하지 않을 경우 강요하지 않고, 조선을 傷暴할 뜻을 가지고 있지 않다고 보고하였다.65) 이러한 노력을 통해 고종은 러시아가 조선 영토에 대한 관심을 가지고 있지 않은 것으로 판단하였으며, 이러한 판단을 근거로 러시아와의 공식적인 교류를 구상하고 있었던 것으로 보인다. 그것은 1881년 1월 함경감사 김유연에게 범월했던 사람 가운데서 러시아 사정을 잘 아는 사람을 통리기무아문에 추천할 것을 지시한 데서도 엿볼 수 있다.66)

고종의 이러한 판단에는 조선에 접근하는 러시아 측의 태도 역시 중요한 영향을 미쳤을 것으로 보인다. 『책략』을 가져오기 직전인 1880년 1월에는 러시아 延秋 지방의 마추린(馬柱隣, 러시아명－마튜닌Матюнин)이 경흥부에 범월자 문제 처리와 필요시 양국 간 서신 교환 등을 제의하며 "우리나라는 지역이 넓고 재물이 많아서 조금도 다른 나라를 엿볼 생각이 없고 다만 여러 나라와 사이좋게 지내자는 것이다."라고 하며 우호적인 관계를 희망하였다. 이때 경흥부사는 러시아가 羅鮮洞에 別砲를 신설한 연유에 대해 질의하였고,

---

백춘배와 이용익을 러시아 연해주로 파견한 사례처럼 일종의 비공식적 특사를 파견하면서 그 사실을 숨기기 위해 붙인 제목이었을 것으로 추측된다. 이용익과 백춘배의 파견 사실도 실록 등 공식 기록에서는 발견할 수 없다.

64) 『고종실록』, 고종13년 8월 9일, 8월 10일.
65) 송병기, 『근대한중관계사연구』, 단국대출판부, 1985, 125쪽.
66) 『고종실록』, 고종18년 1월 17일.

이에 대해 마튜닌은 별포의 설치는 정부의 지시가 아니라 사사로이 설치한 것으로 차차 처리하겠다고 약속하였다.67)

1882년 2월에는 러시아의 南方 우수리 觀察交界官이 함경감사와 경흥부사 앞으로 보내는 서한을 통해 국경 지방에 천연두와 같은 전염병이 발생하였을 때 서로 통고하자는 요청과 원활한 의사소통을 위해 통역관을 제공해주겠다는 제안을 하였다. 이에 대해 경흥부사는 통역관에 대해서는 거절하였으나, 전염병이 유행하면 상호 통지한다는 각서를 교환하였다.68) 공식적인 수교 이전이었지만, 양국 간에는 이미 실질적이고 구체적인 교류와 접촉이 이루어지고 있었음을 보여준다. 이와 같이 대원군 이래 꾸준히 확인되어 온 러시아 측의 우호적인 태도도 고종이 청일의 러시아 위협론을 그대로 받아들이지 않고, 독자적인 러시아관을 형성해가는 중요한 근거가 되었던 것으로 짐작된다.

또한 고종은 "대체로 서양배가 우리 경내에 들어오기만 하면 대뜸 邪學이라는 구실로 삼지만 서양 사람이 중국에 들어가면 중국 사람들이 모두 사학이라고 말하는 것은 아직 들어보지 못하였다. 이른바 사학이란 배척해 버려야 마땅하지만 불화가 생기게까지 하는 것은 옳지 않다."라고 하였다.69) 이는 이 무렵 고종이 화이론과 현실 사이의 괴리를 자각하기 시작하였으며, 이미 명분적인 화이론적 세계관을 벗어나가고 있었음을 보여준다.

그러나 고종은 이러한 인식을 바탕으로 서구열강에 대한 적극적인 정책을 펼쳐나가지는 못했다. 서구열강과의 조약 문제는 아직 시

---

67) 『고종실록』, 고종17년 2월 27일.
68) 『일성록』, 고종19년 2월 7일 ; 이선근, 『한국사 : 최근세편』, 을유문화사, 1963, 764~766쪽 ; 이언정, 앞의 글, 34쪽.
69) 『고종실록』, 고종17년 9월 8일. 이 무렵 서양세력의 침략에 대해서는 그들의 침략 의도보다 내응세력이 그들과 결탁하고 끌어들이는 것이 더 문제라는 인식을 보여주었다.

기상조라 하여 일단 반대하였기 때문이다. 여기에는 조선에 대해 청이 강한 영향력을 행사하고 있었다는 현실적인 조건도 작용하였을 것으로 보인다. 그러나 1879년 8월 하순 무기제조와 군사훈련 문제에 대한 청국의 자문을 구하기 위해 이용숙을 청국으로 특파함으로써[70] 군비강화정책을 본격적으로 추진하는 한편 앞서 언급한 바와 같이 러시아와도 비공식적이지만, 독자적인 교섭을 유지해나갔다.

한편 『조선책략』의 정세인식에 대해서는 척사파들도 반대하였다. 이들은 러시아의 침략 의도를 믿으려 하지 않았다. 홍시중과 영남 유생 이만손은 『책략』의 논리에 반박하는 다음과 같은 상소를 올렸다.

> 그 나라는 본래 태평양 밖에 있는 서이(西夷)의 일종입니다. 우리와는 수만 리 바다 너머에 있어서 전혀 무관한 지역입니다. 가령 아라사가 우리와 깊은 원한이 있더라도 멀고 험난한 바닷길을 넘어서 군대를 동원하여 침략을 자행하지 않으리라는 것은 분명합니다.[71]

> 러시아로 말하면 우리와는 본래 아무런 혐의가 없습니다. 공연히 남의 이간술에 빠져 우리의 권위를 손상시키면서 먼 나라와 사귀고 이웃나라를 건드리는 전도된 행동을 하다가 헛소문이 먼저 퍼져 이것을 구실로 삼아 병란을 일으키면 어떻게 수습하겠습니까.[72]

이때 러시아는 조선에 대해 영국은 물론 청이나 일본과의 대결을 무릅쓰고라도 차지해야 할 만큼 경제적·군사적 가치가 있는 곳으로 판단하지 않고 있었으며, 아직 연해주 지역에는 영국이나 청일

---

70) 구선희, 『한국근대 대청정책사 연구』, 혜안, 1999, 42쪽.
71) 『승정원일기』, 고종18년 3월 23일.
72) 「嶺南萬人疏」.

에 맞설 만한 군사력을 갖추지 못하고 있었다.73) 이 점에서 러시아의 침략 의도를 불신한 척사파들의 주장은 적어도 객관적인 정세와는 부합하는 면이 없지 않았다. 그러나 이들은 여전히 화이론적 세계관에서 벗어나지 못하였고, 세계정세에 대해서도 암매한 상태를 벗어나지는 못하고 있었다는 점을 부인하기 어렵다.

한편 개화파는 고종이나 척사파와 달리 공로의식에 일정하게 공명하고 있었다. 개화파가 주도하여 발간하던 『한성순보』에는 『책략』의 주장과 맥을 같이하는 기사가 수시로 게재되었다.

> (러시아는) 同盟國에는 밖으로 友好의 태도를 보였으나 속으로 음흉한 마음을 품었으니, 터키가 싸움을 벌이고 阿富汗(아프가니스탄)이 영국을 배반한 예가 다 러시아의 간계에서 나온 것이요, 그 國內에서는 날마다 군사를 훈련하여 장차 武力으로써 온 천하에 과시하려 하였다. 이상은 上海新報와 外國近信에서 나왔다.74)

> 또 近信에 의하면 지금 러시아 정부에서는 黑海의 商船들에게 모두 군수물자를 운반하도록 하고 있다는데 그것으로 미루어보아도 러시아가 남하할 꿈을 꾸고 있는 것은 숨길 수 없는 사실이 되고 말았다. 아! 이제부터 이 세상이 萬國의 화기를 잃고 살육·파괴의 무서운 기운이 宇內를 메우려나보다. 이상은 일본 日日新聞에 실린 기사이다.75)

물론 『한성순보』는 러시아의 지리 및 역사, 산업, 군사력 현황 등을 자세히 소개하기도 하였고, 러시아 농업의 발전상, 농노해방에 대한 상찬, 군법의 발달, 페테르부르크의 건설 관련 기사 등을 소개

---

73) 최문형, 앞의 글, 295~296쪽.
74) 『한성순보』, 1883년 11월 10일.
75) 『한성순보』, 1884년 3월 27일.

하며 긍정적으로 평가하는 등 러시아를 객관적으로 이해해 나가는 모습을 보여주고 있었다. 그러나 특히 위의 기사들이 중국이나 일본 기사를 그대로 전재하거나 그 내용을 해설하는 방식을 취하고 있다는 점에서 미루어 볼 때 여기에는 『책략』에서 보이는 청일의 공로의식과 유사한 러시아관이 깊이 스며들어 있었음을 알 수 있다.

개화파 지식인의 이러한 러시아관은 역관 출신으로 1883년 김옥균과 함께 일본에도 다녀온 일이 있고, 갑신정변에 연루된 혐의로 처형된 백춘배의 사례에서도 확인할 수 있다. 그는 1882년 여름 고종의 밀명을 받고 러시아에 파견되었다가 귀국한 후 러시아가 조선을 침략할 의도가 있는 것으로 파악하고 그 이유 열 가지를 제시하였다. 그 요체는 ① 지역이 넓고 병졸이 우수하지만, 좋은 항구와 사방으로 통달하는 이익을 탐한다. ② 부동항을 원한다. ③ 국경을 맞대고 있어서 넘어오는 데 어려움이 없다. ④ 러시아 땅은 척박하지만, 조선은 옥토이므로 취하려 할 것이다. ⑤ 조선인 월경자들을 통해 조선의 허실을 자세히 알고 있다. ⑥ 러시아는 통상한 나라와도 쟁탈하므로 강화조약이 없는 조선을 침략할 것이다. ⑦ 러시아는 청국과 조선과 일본이 연합하는 것을 싫어한다는 것 등이었다.[76] 『책략』의 러시아관과 같은 맥락이었다.

그러나 개화파 지식인들은 이러한 인식에도 불구하고 영국·프랑스는 물론 러시아와의 수교를 적극적으로 주선하였다. 1882년 10월 수신사로 일본에 파견되었던 박영효, 김옥균 등은 주일러시아 공사 로젠과 만나 조선은 청으로부터의 독립을 원하며 이를 위해 러시아와 조약 체결을 할 의사가 있음을 밝혔다.

조선 공사는 조선은 완전히 자주적이고 독립적인 국가이며, 서방

---

76) 김양수, 앞의 글, 320~321쪽.

에서 이해되고 있는 것처럼 자신이 중국의 속국이라고 조금도 생각하지 않는다고 확언했습니다. 그들이 말하기를, 중국과 조선을 묶고 있는 단 하나의 연계는 정신적인 것으로 종교와 문자, 연대기가 같다는 것인데, 조선은 큰 형을 보듯이 중국을 강력한 제국으로 보는 데 익숙해져 있으며 그래서 중국 황가에 선물 보내는데 이것은 약자가 강자에 표하는 선의와 존경의 공물이자 투자로 이해되어야지, 결코 조선이 중국의 속국임을 입증하는 것으로 받아들여져선 안 된다는 것입니다. 조선의 자주와 독립을 보장하기 위해 조선 정부가 찾은 유일한 방법은 바로 중국의 어떠한 중재나 협조 없이 나머지 열강들, 특히 이웃한 강대국 러시아와 조속하게 조약을 체결하는 것입니다. 조선의 사절들은 저에게 설명한 생각과 희망에 대해서 우리 본국 정부에 보고해 줄 것을 부탁했습니다.[77]

1883년 말에서 1884년 초 사이에도 김옥균은 일본에 가서 주일 러시아 공사 다비도프에게 다시 수교 희망을 전달하였다.[78] 개화파 지식인들의 이러한 태도는 그들이 『책략』의 러시아관을 상당히 수용하고 있었음에도 불구하고, 그 대처 방안은 『책략』과 전혀 달랐음을 보여준다. 이는 이들이 청에 대한 견제를 위해 영국·프랑스는 물론 러시아를 끌어들이고자 한 정치적 의도와 관련이 있지만, 무엇보다 화이론적 세계관을 벗어나 만국공법적 세계관을 수용하면서 청으로부터의 '독립'을 최우선 과제로 여겼기 때문이다.

4. 조로수교 직후 引俄拒淸정책과 러시아관

1884년 윤5월 5일 베베르가 입국하였고, 윤5월 15일에는 조로조

---

77) РГАВМФ, ф.410, оп.2, д.4122, лл.168~170б, 6등관 로젠 남작 발신 전문의 사본, 1882년 11월.
78) 임계순, 앞의 글, 83~84쪽.

약이 체결되었다. 베베르가 인천에 입국한 지 10일 만에 이루어진 신속한 결실이었다. 여기에는 러시아를 끌어들여 임오군란 이후 가중된 청의 간섭으로부터 벗어나고자 하는 조선 집권층의 의도가 작용하였지만, 그동안 독자적인 비공식적 교섭을 통해 러시아에 대한 인식이 우호적으로 형성되었다는 점과도 관련이 있을 것으로 생각된다.

수교 이후에도 조정에서는 청에 대한 견제를 위해 러시아를 적극적으로 끌어들이는 이른바 '引俄拒淸策'을 구사하였다.[79] 그러나 이러한 노력은 당시 러시아의 동아시아정책에 대한 이해가 부족한 데서 나온 것이며, 결과적으로 오히려 청의 반발을 사서 더욱 심한 간섭과 개입을 초래하였다. 이에 따라 인아정책을 주선하고 있던 묄렌도르프는 1884년 11월(러시아력)경 나가사키 주재 러시아 영사에게 "서둘러 특사를 파견하여 가능한 한 빠른 시일 내에 제물포로 몇 척의 러시아 전함과 200명의 수병을 서울로 파병하여 자신을 보호해 주고, 동시에 한국을 러시아의 보호국으로 설정해 달라."는 조선국왕의 요청을 러시아 정부에 전달하도록 요청하였다. 이에 대해 외무대신 기르스는 "우리의 이웃국가인 한국에서 전개되고 있는 사태에 무관심할 수는 없지만", "비록 소규모라 할지라도 우리가 현지 상황을 파악하지 못한 상태에서 일 부대를 서울로 파견하여 한국을 러시아의 비호하에 두는 것은 너무나 심각한 행위여서, 우리를 원하지 않는 상태, 심지어 충돌 상황으로 끌어 들일 수도 있다."는 점을 강조하는 비밀전문을 셰스타코프에게 올렸다.[80]

이와 같이 러시아 측의 소극적 태도로 밀약은 무산되었다. 오히려 청국과 일본의 불신을 가중시키고 청의 간섭을 강화시켰을 뿐만

---

79) 여기에 대해서는 구선희, 앞의 책 참조.
80) РГАВМФ, ф.410, оп.2, д.4122, лл.99~102об.

아니라, 러시아의 남하를 저지하려는 영국에 의한 거문도 점령사건을 초래하였다. 결과적으로 고종의 의도와 달리 조선의 자주성은 오히려 더욱 훼손되고 말았던 것이다.

　1886년 7월에도 고종은 또다시 러시아를 끌어들여 청의 간섭을 배격하고자 시도하였다. 고종이 러시아 공사 베베르에게 러시아의 보호와 필요할 경우 파병해줄 것을 비밀리에 요청한 사실이 탄로가 난 것이다. 이른바 '제2차 조로밀약사건'이다. 그러나 이 역시 러시아의 소극적 태도로 실패하고 말았다. 러시아는 '조로육로통상조약'이 체결된 1888년에도 "조선의 획득은 러시아에게 전혀 이득이 되지 않을 뿐만 아니라 오히려 상당히 불리한 결과를 뒤따르게 할 것"이라는 외무성 아시아국장 지노비예프의 견해를 채택하였다.[81] 아직까지 국내외적인 사정이 조선에 대한 적극적인 정책을 추진할 형편이 아니었기 때문이다.[82]

　'제2차 조로밀약사건' 역시 러시아의 소극적 태도로 실패한 후 청나라의 간섭은 극에 달하였다. 1886년 7월 29일 원세개는 "引俄 依日의 非, 依淸의 利, 背淸의 害"를 논한 '朝鮮大局論'을 조선 정부로 보내고, 국왕에게도 「諭言四條」, 「時事至務十款」을 보내는 등 고종의 '인아거청책'을 고압적으로 방해하는 한편,[83] 1887년 3월에는 경부 간 육로전선가설에 따른 합동조약을 체결하는 등 조선으로부터 이권을 획득하며 적극간섭을 위한 준비를 한층 강화하였다. 나아가 원세개는 고종 폐위를 기도하는 등 청의 내정간섭은 극에 달하였다.[84]

---

81) 말로제모프 저, 석화정 역, 『러시아의 동아시아정책』, 지식산업사, 2002 참조.
82) 이 시기 러시아의 대조선정책에 대해서는 최문형, 『한국을 둘러싼 제국주의 열강의 각축』, 지식산업사, 2001, 76~82쪽 참조.
83) 『고종실록』, 고종23년 7월 29일.
84) 구선희, 앞의 책, 131~133쪽.

이상으로 볼 때 러시아를 끌어들이려던 조선의 정책이 공법적 질서와 균세론적인 국제질서에 대한 인식을 바탕으로 한 것이고, 청의 간섭으로부터 벗어나기 위한 주체적인 노력이기는 하였다. 그러나 국제정세와 러시아의 정책에 대한 명확한 이해를 바탕으로 하지 못했기 때문에 오히려 청의 간섭을 강화하고 영국의 거문도 점령을 초래하는 등 자주권을 더욱 훼손하는 결과를 초래하고 말았다. 또한 내치 면에서도 청의 간섭과 국왕에 대한 신변위협은 수도권 해양을 방어하려는 목적으로 부천에 설치하였던 기연해방영을 남산 기슭으로 이전하게 하였고, 끝내 국왕의 시위업무를 담당하는 친군영적 성격으로 변질시킴으로써 조선의 자주적 해양방위 노력도 크게 저하시키고 말았다.[85]

한편 개화파 계열이 주축이 되어 발행하던 『한성주보』에는 러시아를 객관적으로 이해하거나 긍정적으로 바라보는 기사가 실리기도 했지만, 여전히 공로의식과 맥을 같이하는 기사가 적지 않았다.

   俄國이 鐵道의 竣工을 보았다
   러시아는 서울서부터 黑龍江까지 통행하는 철도를 이미 준공하였다. 이는 군대의 수송을 위하여 나라에서 만들었다. 러시아인의 생각이 이와 같으니 참으로 두려운 상대이다.[86]

   論希臘難
   일본신문, 장차 유럽에는 일대 변란이 닥칠 시발점인 것이다. 생각컨대 유럽 각 국은 러시아인의 일거일동에 대하여 눈을 부릅뜨고 귀를 기울이면서 특별히 규찰을 가하고 있지 않는 것이 없는데 (중략) 서로 만나서 한 번 자웅을 겨루게 되면, 동양의 여러 나라들도

---

85) 배항섭, 「갑오개혁 전후 군사제도의 변화」, 『한국문화』 28, 한국문화연구소, 2001.
86) 『한성주보』, 1886년 5월 24일.

그 영향으로 받는 피해를 면하지 못할 것이다. 그러니 어찌 남의 일 보듯이 그대로 방치할 수 있겠는가.[87]

러시아의 境界를 정하다
2월 9일 滬報에 이르기를, 대개 러시아 사람의 마음이 음흉하여 우리를 무력으로 위협하여 자기들의 목적을 이루려고 하지 않는 것이 없다.[88]

이외에도 "러시아는 본래 공명심을 좋아해 일찌기 잠시도 전쟁을 쉬지 않았다."거나,[89] "俄(러시아)人들이 언제나 東部(동아시아)를 包括하려는 뜻을 가지고 있다."[90]는 등 주로 일본과 청나라의 신문을 인용하여 러시아의 침략 위협을 강조하고 있다. 『주보』 발행을 주도한 인물이 친청적인 김윤식이었다는 점과도 관련이 있을 것으로 보이지만, 청일 등에 의해 주입된 공로의식에서 완전히 벗어나지 못하고 있었음을 보여준다. 이 역시 앞서 언급한 바와 같이 이 시기 러시아의 대조선정책과는 괴리가 큰 것이었고, 한반도를 둘러싼 당시의 국제정세에 대해 정확한 정보를 갖고 있지 못했음을 보여준다.[91]

---

87) 『한성주보』, 1886년 5월 31일.
88) 『한성주보』, 1888년(호수 미상).
89) 『한성주보』, 1887년 8월 8일, 視途中亞說.
90) 『한성순보』, 1884년 6월 14일, 申報俄高立約論.
91) 당시 러시아에서는 오히려 공로의식을 유포한 당사자 가운데 하나인 일본과 협상하여 그동안 논란이 되어 왔던 사할린 문제를 쿠릴열도와 사할린 남부를 서로 맞바꾸는 것으로 해결(1888)함으로써 양국 간에 "호감의 시대"를 열어가고 있는 것으로 받아들이고 있었다(말로제모프 저, 석화정 역, 앞의 책, 41쪽).

5. 청일전쟁·동학농민전쟁 시기의 러시아관

1894년 4월 25일(음력 3월 20일) 동학농민전쟁이 발발하자 발발 직후인 5월 10일경 조정의 대신들은 러시아가 이 틈을 타서 분쟁을 일으킬 것을 우려하는 분위기였으며,[92] 6월 초에도 "만약 청국군이 조선에 들어오면, 일본군도 틀림없이 출병할 것이며 그렇게 되면 러시아군도 역시 조선에 들어오게 되므로 장차 조선은 각국의 싸움터가 될 것이라는 주장"이 우세하게 제기되었다.[93]

6월 초에 청일 양국군대가 조선에 출병하자,[94] 좌의정 조병세와 영의정 심순택은 일본이 러시아와 합세하여 조선과 청나라를 침략할 것을 우려하였지만, 개화파 관료인 김홍집은 "公法이 있는 이상, 만의 하나라도 그럴 리가 없다."고 하는 등 의견이 분분하였다.[95] 그러나 이 무렵 일본 측은 조선 정부의 입장에 대해 "청나라 힘이 약하여 난리를 잘 다스려내지 못할 때는 러시아 공사에게 청해서 調劑·鎭壓케 하려고 하고 있다."고 판단하였다.[96]

일본이 이러한 판단을 한 것은 이 무렵 조선 문제에 적극 개입할 의사가 있는 듯한 언행을 보인 러시아공사의 동향과 밀접한 관련이 있을 것으로 생각된다. 일본이 일본군의 조선출병을 청국에 통보한 다음 날인 6월 8일 저녁부터 러시아 공사는 일본공사관을 찾아가, "지금 보니 귀국의 군인 수백 명이 도착하고 있는데 이것은 대체 무슨 목적으로 渡來하게 된 것인가?"는 질문과 함께 "이곳 정세에 별 다른 위험이 없고 외무독판이 보내 온 서한에 의하면 적도는 패주

---

92) 『주한일본공사관기록』 1, 3쪽.
93) 『주한일본공사관기록』 1, 261쪽.
94) 청일 군대의 출병 경위와 규모에 대해서는 배항섭, 「동학농민전쟁과 일본」 『일제의 한국침략과 주권침탈』, 경인문화사, 2005 참조.
95) 『주한일본공사관기록』 3, 17쪽.
96) 『주한일본공사관기록』 1, 108쪽.

하고 관군이 全州로 들어갔다고 하니, 사실상 수많은 군대를 끌어들일 필요가 없다고 생각한다."며 일본군의 대규모 출병에 대해 우려를 표명했다.97) 또 러시아 공사가 민영준에게 "듣건대 귀국에 匪類가 창궐하여 청군이 멀리 바다를 건너온 것은 이웃나라의 후의로 보아 합당합니다. 우리 정부가 이 일을 알게 되면 역시 와서 도와야 하겠지만 길이 멀어서 다른 나라에 뒤지니 매우 부끄럽고 한탄스럽습니다."라고 말하였다.98)

청일 양국군대의 조선 출병을 청의 간섭으로부터 벗어날 수 있는 호기로 여기고 있던 국왕과 개화파 관료들은 러시아 측의 이러한 동향을 감지하고 6월 28일(음력 5월 25일) 또다시 러시아를 끌어들이고자 하였다.

金弘集, "러시아·청나라·조선·일본을 생각해 볼 때, 러시아는 청나라보다 더 강하고 일본은 조선보다 더 강하므로 러시아와 일본이 합세하면 조선과 청나라를 지탱하기가 어려울 것입니다. 그러므로 만일 자주독립권을 얻어서 안으로 德政을 닦는다면, 이것은 참으로 두 번 만나기 어려운 좋은 기회입니다. 비록 그렇다 하더라도 청나라는 반드시 우리에게 원한을 품을 것이니 후환이 없다고 할 수 없습니다. 그러나 각국의 공사들을 회동시켜 그들이 입증하도록 하고 또 일본이 와서 보호해 주도록 盟約을 체결하여 러시아와 함께 협력한다면, 청나라는 반드시 꼼짝 못할 것입니다. 그리고 丙子年의 수치는 어느 때 씻을 것입니까?"라고 하였다. 이 말에 상감께서 말씀하시길, "判府의 말이 나의 뜻과 같으니 袁世凱가 있는 청국 공관으로 서한을 보내어 그의 뜻을 시험해 보는 것이 옳을 것 같습니다."99)

---

97) 『주한일본공사관기록』 1, 270·277쪽.
98) 『주한일본공사관기록』 1, 81쪽.
99) 『주한일본공사관기록』 1, 98쪽.

병자호란의 경험까지 들추고 있는 점이 주목되지만, 일본과 함께 러시아를 끌어들여 청국의 간섭으로부터 벗어나 자주독립을 도모하려는 의도를 가지고 있었음을 알 수 있다.

또 일본군의 경복궁 강점 후 대궐에 들어간 대원군도 8월 2일 러시아 공사 베베르를 접견한 자리에서 "일본이 바라는 개혁은 너무 급격하고 지나치므로 여기에는 조금 당혹하였다."고 하면서 "각국이 주선"하여 전쟁을 일으킨 청일 간을 조정·화해시켜 주었으면 좋겠다는 뜻을 전하며 관망적 태도를 보이고 있던 러시아의 적극적 개입을 은근히 부추겼다.[100]

그러나 조선 정부의 이러한 노력은 앞선 시기에서와 마찬가지로 당시 러시아가 취하고 있던 대조선정책에 비추어 볼 때 실현가능성이 거의 없었다. 당시 러시아는 일본이 조선을 완전히 차지하는 것에 대해서는 반대하였지만, 조선정책의 기조는 어디까지나 현상황을 유지하는 데 있었다.[101] 이에 따라 6월 22일 이홍장이 러시아에게 청국과 일본 간의 중재를 요청하자, 러시아는 6월 25일 주일러시아 공사 히트로보를 통해 일본 정부에 양국군대의 동시 철병을 권유하였지만 성사시키지 못했다.[102] 7월 9일에는 조선 주재 러시아

---

[100] 『주한일본공사관기록』 4, 93쪽. 이에 대해 일본 측에서는 "대원군이 일·청 양국의 교전을 강 건너 불구경하는 것같이 생각하고서 그렇게 무미담백하게 다른 외국 공사 특히 러시아 공사에게 그 같은 입김을 넣으면 우리를 위해서는 불이익이 적지 않을 것입니다. 그렇지 않아도 러시아 정부는 무엇인가 좋은 구실을 찾아 간섭을 하는 이유로 삼아 어부지리를 취하려고 翹望하고 있는 때인데, 대원군 등이 만약 자주 이런 종류의 담화를 하게 될 때는 결국 러시아 정부가 바라는 바에 빠져 불의에 간섭을 초래할 염려가 적지 않습니다."라고 판단하였다(『주한일본공사관기록』 2, 215쪽).

[101] 『주한일본공사관기록』 4, 60~61쪽.

[102] РГВИА. ф.846, оп.1, д.134, лл.34~40, 청일전쟁에 관한 특별회의록, 1894 ; 말로제모프 저, 석화정 역, 앞의 책, 90쪽 ; 『주한일본공사관기록』 4, 28~32쪽 ; 『주한일본공사관기록』 3, 101쪽.

공사를 통해 "개혁 추진에 있어 조선 정부에 너무 과도한 압력을 가하는 것은 현명하지 못할 것"이며, 평화적인 해결에 도달하는 한 가지 방법으로 일본과 청이 조선 내정개혁 문제에 대해 토의할 것을 제의하였다.[103] 북경 주재 러시아 공사 베베르가 7월 12일 조선에 재차 부임한 이후에도[104] 청일 양국 간의 중재와 일본군 철수를 위해 지속적으로 노력하였다.[105]

그러나 일본은 농민군의 반란이 아직 완전히 종식되지 않았다는 점, 자신들은 조선에 대한 침략의사가 없다는 점, 조선의 지속적인 독립을 위해서는 근본적인 개혁이 필요하다는 점 등을 들며 거절하였다. 나아가 "만약 러시아 정부에서 일본에 대해 같은 충고를 다시 하면 사태가 매우 심각하게 될 것"이라는 강경한 입장을 표명하였다.[106] 이에 대해 러시아 정부는 "만족"하며, "가능한 한 신속히 淸國과 화평을 맺을 것을 희망한다."고 하였다.[107]

일본군이 7월 23일 경복궁을 강점하고 조선의 내정개혁을 강요하는 사태가 벌어지자 베베르는 "조선 민중이 일본에 대해 점점 더 강하게 표현하고 있는 격노와 혐오감을 볼 때, 심의된 개혁을 습득하는 일은 있을 수 없을 것"이라는 점을 지적하였다.[108] 이후에도 러시아 정부로는 일본이나 한국에 주재 중이던 러시아 외교관과 해군부 임시요원 등을 통해 청일전쟁의 전황이나 농민군의 활동상황, 조선의 정세, 일본의 동향 등이 수시로 보고되었다.[109] 또 이홍장이

---

103) 『주한일본공사관기록』 4, 42쪽.
104) 『주한일본공사관기록』 4, 45쪽.
105) 『주한일본공사관기록』 3, 79쪽 ; 『주한일본공사관기록』 1, 305쪽 ; 『주한일본공사관기록』 4, 81~85쪽.
106) 『주한일본공사관기록』 3, 80 · 98~99쪽.
107) 『주한일본공사관기록』 3, 82~83 · 107~108쪽.
108) РГАВМФ, ф.650, оп.1, д.110, лл.79~80об, 태평양 함대 사령관에게 베베르가 보낸 서한, 1894.

조선 내부 문제의 결정을 위해서 청일 양국과 함께 러시아가 참여할 것을 제안하였으나, 러시아는 조선의 개혁에 대해서 러시아가 직접 간섭하는 것은 쉽지 않다고 하며 거절하였다. 그 대신 성명을 통해 "청국과 일본 사이의 전쟁에서 러시아와 관계있는 모든 곳이 안정되기 위해서 가능한 노력을 행사할 것"이라고 했다.[110]

이 무렵 러시아 국내 신문에서는 조선 문제에 보다 적극적인 조치를 취하도록 요구하였다.[111] 러시아 정부도 "일본의 조선 침략은 러시아에 매우 불리하다."고 판단하고 있었음에도 불구하고[112] 일본군의 경복궁 강점 후 45명의 水兵을 상륙시켜 공사관 경호를 강화했을 뿐 조선 정부가 원하는 어떠한 태도도 취하지 않았다.[113]

이어 8월 25일(음 7월 25일) 풍도 앞바다에서 일본군이 청국 함선을 불시에 공격함으로써 청일전쟁이 발발하자 북경 주재 러시아 공사는 이에 대해 "국제 관계의 역사에서 유례없는", "야만적이고 잔인한 악행"이라고 맹비난하는 전신을 본국 정부로 띄웠다.[114] 그러나 이보다 4일 앞선 8월 21일 러시아 황제 알렉산드르 3세는 외무대신, 군부대신, 해군대신 사무대리, 재무대신, 외무부 차관, 외무부 아시아 국장 등이 참석하는 특별각료회의를 소집하여 다음과 같은 결론을 내렸다.

---

109) РГАВМФ, ф.650, оп.1, д.110, лл.83~83об, 일본 주재 해군부 임시요원이 태평양 함대 사령관에게 보낸 보고, 1894 ; "РГАВМФ, ф.650, оп.1, д.110, лл.117~118", 조선 주재 러시아공사 베베르가 태평양 함대 사령관에게 보낸 서한.
110) РГВИА, ф.846, оп.1, д.134, лл.34~40, 청일전쟁에 관한 특별회의록, 1894.
111) 『주한일본공사관기록』 4, 42쪽.
112) 각주 110과 같음.
113) 『주한일본공사관기록』 1, 318쪽.
114) РГАВМФ, ф.650, оп.1, д.110, лл.54~59, 북경 주재 대리공사가 1894년 7월 26일 외무대신에게 보낸 보고서 사본.

① 청일전쟁에서 러시아의 적극적인 간섭은 러시아의 이익에 부응하지 않는다. 그래서 우리는 회의를 통해서 다음과 같이 제안한다. 러시아는 교전국이 전투를 신속히 중지하고, 외교적인 방법으로 조선 문제가 해결될 수 있도록, 조선 문제에 대해서 이해관계를 가진 열강과 함께 행동한다.
② 러시아는 중립에 대한 특별 성명서를 발표하지 않는다. 러시아는 일본과 청국 정부에게 러시아의 이익을 존중할 것을 요구한다. 또한 러시아는 조선과 러시아의 국경지역에서 발생할지 모르는 불의의 사태를 방지하기 위해서 청국과 일본 정부에게 주의할 것을 요구한다.
③ 조선의 현상유지(status quo)를 지지한다.
④ 군부대신은 비상사태에 대비해서 조선 국경지대 러시아군대의 강화 문제를 결정하고, 시종무관 반놉스키에게 사무를 위임한다. 필연적인 상황일 때 예비금 지출에 관해서 재무대신과의 협의한다.[115]

요컨대 러시아는 청일양국 간에 위기가 발생하자 초기부터 양국 모두에게 완고하지만 우호적으로 충고하는 모호한 정책을 견지하고 있었다.[116] 청일 개전 이후에도 청일전쟁에 적극적으로 개입하는 것은 러시아의 이익에 도움이 되지 않으므로 외교적인 수단을 통해 분쟁을 해결하기 위해 열강들과 계속 협력해야 한다는 결론을 내리고 있었다. 이러한 입장은 청일전쟁이 일본의 승리로 완전히 끝날 때까지 유지되었다.[117]

러시아 측의 이러한 입장은 일본 측에도 감지되어 8월 31일 주러

---

115) РГВИА, ф.846, оп.1, д.134, лл.34~40, 청일전쟁에 관한 특별회의록, 1894.
116) 말로제모프 저, 석화정 역, 앞의 책, 92쪽 ; 최문형, 앞의 책, 98~106쪽.
117) 말로제모프 저, 석화정 역, 위의 책, 96~100쪽 ; 최문형, 위의 책, 130~132쪽.

일본공사는 일본 외무대신에게 "우리나라[일본]가 확실히 조선을 겸병하려는 뜻이 없음을 인정하였는지, 근래 우리나라에 대한 러시아의 좋은 감정이 일반적으로 증대되었음을 느끼며 정부 내의 인사 중에도 많은 사람이 우리들에게 동감의 뜻을 표하고 있다."라고 보고하였다.118) 10월 11일 주일 러시아공사는 외무대신 무쯔에게 "이번 전쟁이 끝나면 極東의 형세가 일변하여 일본의 위치가 예전에 비해 한층 더 강대해질 것은 의심할 여지가 없는 것이나, 일본이 강대해진다고 해서 결코 러시아에 장해가 되리라고는 믿지 않는다. 왜냐하면 일본이 강대해졌다 하여 곧 조선의 독립을 방해하지는 않을 것이며", "조선의 독립이 확정되어 政事가 정돈된다면 우리 러시아로서도 이익이 되면 되었지 해가 될 것이 없다."라는 러시아의 입장을 거듭 전달하였다.119)

이러한 사실들은 이 시기의 조선 국왕이나 개화파 관료들이 러시아를 끌어들여 청으로부터 완전한 독립을 이루고자 하였으나, 이는 당시 러시아의 대조선정책과는 거리가 멀었음을 보여준다.

6. 맺음말

조로 간에는 국경이 연접한 1860년 이래 실질적이고 구체적인 교류와 접촉이 이루어졌다. 두만강을 중심으로 러시아 관리들과 조선인 관리들의 직접적인 교섭이 이루어지기도 했다. 그러나 선교사와 서학교도들에 의해 공로의식이 유포되면서 대원군도 이에 영향을 받아 러시아에 대한 경계를 게을리 하지 않았다.

그러나 러시아와의 직접적인 접촉 속에서 러시아 측이 무력적으로 도발할 개연성이 없는 것으로 판단하면서 공로의식과는 다른 상

---

118) 『주한일본공사관기록』 2, 230쪽.
119) 『주한일본공사관기록』 2, 305~306쪽.

대적으로 호의적인 인식을 가지게 되었다. 러시아 측의 태도도 병인양요 당시 프랑스가 보여준 것과는 크게 대조될 만큼 우호적이었다. 이에 따라 공로의식은 조선 정부의 대외정책에 별다른 영향을 미치지는 못하였다. 오히려 양국의 비공식적 접촉 과정에서 조선 정부는 러시아에 대한 이해를 심화시키는 한편, 서학교도들이 주장한 공로의식과는 다른 러시아관을 형성해 갔던 것으로 보인다. 병인양요 이후 대외적 위기감이 고조되는 정세 속에서도 러시아와의 비공식적 접촉이 계속된 배면에는 바로 이러한 러시아관이 자리 잡고 있었다. 그러나 이 시기 러시아에 대한 인식과 태도는 아직까지 사대교린에 입각한 동아시아의 전통적 질서관을 벗어나지 못하고 있었다.

친정을 시작한 고종도 1880년대에 들어 수차례에 걸쳐 관리들을 연해주로 파견하여 그곳 관리들을 만나게 하는 등 독자적인 외교적 교섭을 기도하기도 했으며, 지방관 차원이지만 양국은 일종의 각서와 약정서를 교환하기도 했다. 대원군 이래 비공식적으로 전개된 조로관계의 경험은 고종이 청일의 러시아 위협론을 그대로 받아들이지 않고 독자적인 러시아관을 형성해 나가는 데 중요한 단서가 되었다. 이런 점을 고려할 때 『책략』에 의해 러시아의 위협을 깨닫고 서양 열강과 수교를 서두르게 되었다는 이해는 타당하지 않은 것으로 생각된다. 고종은 러시아의 위협이 청일이 주장하는 바와는 다르다는 것을 알고 있었고, 『책략』이 전해질 무렵에는 이미 화이론적 세계관을 탈피해가고 있었다. 서구열강과의 조약 문제는 아직 시기상조라 하여 일단 반대한 데서 알 수 있듯이 아직까지 서구열강에 대한 적극적인 정책을 펼쳐나가지는 못했지만, 고종도 청일의 의도를 불신하며 오히려 자수자강의 중요성을 강조하는 한편 러시아와도 비공식적이지만, 독자적인 교섭을 유지해나갔다.

개화파 지식인들은 척사파와 달리 만국공법을 수용하면서 러시아에 대해서도 비교적 객관적인 이해에 한발 다가가 있었다. 러시아의 산업이나 법, 제도 등에 대해 긍정적인 평가를 하기도 했다. 그러나 『한성순보』의 논조나 고종의 특사로 러시아에 파견되었던 백춘배의 사례에서 알 수 있듯이 『책략』에 보이는 공로의식에서 벗어나지 못하고 있었다. 하지만 러시아에 대한 대처 방안은 『책략』과 전혀 달리 러시아와 적극적으로 수교하고자 하였다. 이는 무엇보다 이들이 만국공법적 세계관을 수용하면서 청으로부터의 '독립'을 최우선 과제로 여겼고, 청에 대한 견제를 위해 영국·프랑스는 물론 러시아도 끌어들여야 한다고 판단하였기 때문이다.

1884년 조로수교 이후 국왕과 일부 관료들은 청의 과도한 간섭을 물리치기 위해 러시아의 보호를 요청하는 밀약을 체결하는 등 우호적인 러시아관을 드러내고 있었다. 그러나 한편으로는 국제 정세나 당시 러시아가 취하고 있던 동아시아 정책에 대한 이해가 부족하였다. 러시아는 1888년까지도 "조선의 획득은 러시아에게 전혀 이득이 되지 않을 뿐만 아니라 오히려 상당히 불리한 결과를 뒤따르게 할 것"이라는 외무성 아시아국장 지노비예프의 견해를 채택할 정도로 조선에 대해서는 소극적인 입장이었기 때문이다. 이에 따라 고종이 추진한 두 차례의 '조로밀약'사건은 실패로 끝났을 뿐만 아니라, 청의 간섭을 강화시키고 러시아의 남하를 저지하려는 영국에 의한 거문도 점령사건을 초래하였다. 결과적으로 고종의 의도와 달리 조선의 자주성은 오히려 더욱 훼손되고 말았던 것이다.

개화파 세력 역시 러시아에 대해 한층 충실한 이해를 가지게 되었지만, 『한성주보』 등을 통해 볼 때 여전히 『책략』과 맥을 같이하는 공로의식을 드러내고 있었다. 이 역시 이 시기 러시아의 대조선 정책에 비추어 볼 때 근거가 희박한 것으로 개화파 인사들도 한반도를 둘러싼 당시의 국제정세에 대해 정확한 정보를 갖고 있지 못했음을 보여준다.

한편 동학농민전쟁이 발발하여 청일 양국군대가 출병하자 국왕과 개화파 관료들은 이를 청의 간섭으로부터 벗어날 수 있는 호기로 여겼고, 일본과 러시아를 끌어들여 청으로부터 독립하고자 하였다. 일본군의 경복궁 강점 후 대궐에 들어간 대원군은 물론, 청의 이홍장까지도 러시아의 적극적 개입을 부추겼다. 그러나 러시아는 경복궁 강점 후 45명의 水兵을 상륙시켜 공사관 경호를 강화했을 뿐 조선 정부가 원하는 어떠한 태도도 취하지 않았다. 청일 개전 이후에도 적극적인 개입은 러시아의 이익에 도움이 되지 않는다고 판단하여 외교적인 수단을 통해 분쟁을 해결하기 위해 열강들과 계속 협력한다는 결론을 내리고 있었다. 이러한 사실들은 이 시기의 조선 국왕이나 개화파 관료들은 러시아를 끌어들여 청으로부터 완전한 독립을 이루고자 하였으나, 당시 러시아의 대조선정책은 이와 거리가 멀었음을 보여준다.

요컨대 개화파 지식인 사이에는 1880년대 후반까지도 여전히 공로의식이 일정하게 자리 잡고 있었으나, 국왕을 비롯한 일부 관료나 지식인층 사이에서는 늦어도 1860년대 후반부터 공로의식은 희석되어 갔다. 1880년을 전후한 시기에는 만국공법적 인식이 수용되면서 화이론적 세계관도 극복되어가고 있었던 것으로 보인다. 그에 따라 러시아와의 수교는 전례 없을 정도로 신속히 이루어질 수 있었고, 수교 이후에는 청에 대한 견제라는 정치적 의도와 결합되면서 국왕을 비롯한 일부 집권층 사이에서는 러시아에 대해 주변 국가 가운데 가장 우호적인 나라로 생각하는 분위기가 형성되기도 했다.

그러나 이러한 노력은 당시 러시아의 동아시아정책에 대한 이해가 부족한 데서 나온 것이었다. 이에 따라 '조로밀약' 이후에는 오히려 청의 반발을 사서 더욱 심한 간섭과 개입을 초래하여 자주성을 더욱 훼손하는 결과를 낳기도 했으며, 청일전쟁 시기에도 러시아를 끌어들이려던 노력은 무산되고 말았던 것이다.

교류 초기 러시아인의 조선인식
- 러시아인들의 조선방문기를 중심으로

이 희 수*

1. 서론

한국과 러시아의 관계는 다른 서구 국가와는 조금 다른 역사적 경험을 가지고 발전해왔다. 1860년대 국경을 인접하게 되고 이를 통해 조선인들이 계절별 노동이나 여행을 위해 방문하거나 러시아로 이주했던 것, 그리고 1895년부터 십여 년간 지속되었던 조선과 러시아의 긴밀한 관계만 보더라도 이러한 과정 속에서 러시아인이 한국과 한국인을 어떤 모습으로 받아들였고, 그 인식이 어떻게 변화해왔는지 그 궤적을 살펴보는 것은 흥미로운 일이다.

러시아 과학 아카데미 동방학 연구소 한국학과 학과장인 바닌 (Ю. В. Ванин)은 19세기 후반을 러시아 한국학의 태동기라고 말하면서 다음과 같이 설명하고 있다.

---

* 동국대학교 대외교류연구원 연구교수

한국에 대한 정보는 17세기 말부터 러시아에 들어오기 시작했다. 18세기에서 19세기 전반기 동안 그 양은 점차로 늘어났다. 그러나 한국에 대한 최초의 소식들은 러시아와 중국과의 관계가 성립되는 과정에서, 마치 러시아와 중국의 접촉이 가져다 준 부산물처럼 얻어진 것이었다. 러시아인과 한국인의 직접적인 접촉은 조선인들이 러시아 극동지방으로 이주를 시작한 1860년대부터 이루어졌고, 1884년에 러시아와 조선의 공식적인 외교관계가 수립되었다. 이때부터 한국은 러시아에서 독자적인 연구대상이 되었다. 따라서 19세기 후반 25년 동안을 러시아 한국학의 발생기로 간주할 수 있을 것이다. 이 러시아 한국학의 제1기에 러시아에서는 여러 방면에 걸친 흥미롭고 중요한 글들이 발표되었으며, 이를 총괄하는 책이 1900년에 발표된 세 권 짜리 『조선지』이다. 이 책은 내용의 범위와 심도에 있어 그 당시 한국에 대한 연구서 가운데 세계에서 가장 뛰어난 것이었다. 발생 초기부터 러시아 한국학은 한국민에 대한 존경과, 그 후 변함없는 전통으로 굳어진 한국민의 자주와 발전을 위한 투쟁에 대한 지지를 특징으로 한다.[1]

바닌은 다른 러시아의 한국학 연구자들과 마찬가지로, 소비에트 시기뿐 아니라 제정 시기에도 러시아는 한국에 대해 공격적 의도를 가지고 있지 않았으며, 한국의 자주권을 존중하고 한국의 수호자로서의 역할에 만족했었다는 논지로 이야기를 전개하고 있다. 러시아에서 19세기 중반까지 한국에 대한 정보는 중국과의 관계를 통해 얻어진 것이었다는 바닌의 지적은 타당하며 1900년 재무성에서 발간한 『조선지』가 러시아 한국학 태동기의 획기적 사건임은 물론이다.

조금 더 부언하자면 바닌은 러시아에서 한국학이 발생한 시기를 수교 이후로 보고 있지만, 한국에 대한 본격적인 연구는 1890년대

---

[1] 바닌, 유리 바실리에비치, 「현대 러시아 한국학」, 『한국독립운동사 연구』 제9집, 독립기념관, 1995, 325~326쪽.

중반부터 시작되었다. 당시 생산된 한국관련 러시아 문서들만 보더라도 1860~1880년대까지는 이주 조선인들에 관한 문서와 청원문, 통계자료들이 러시아역사문서국 극동지부에 다수 소장되어 있을 뿐 조선 자체에 대한 정보를 다루고 있는 문서들은 해양부문서국이 소장하고 있는 조선 해안선 탐사에 관한 보고서들과 중국과 일본 주재 러시아 관리들이 쓴 병인양요나 갑신정변 등의 사건에 대한 조선과 인접 국가들의 정세보고서 정도뿐이다. 러시아가 한국이라는 나라가 존재한다는 사실을 알게 된 것은 13세기이며 실제적인 교류가 시작된 것은 19세기 중반이라고 하지만 1860년대부터 시작된 조선인들의 러시아 이주도, 1884년과 1888년 한러 수교도 러시아의 조선에 대한 관심을 촉발시키는 직접적인 계기로 작용하지는 못했다. 이러한 러시아의 조선에 대한 '무관심'의 원인으로 당시 조선이 항상 중국이나 일본과의 관계 속에서 고려해야 하는 대상이었던 것도 중요한 이유 중의 하나일 수 있다.

　최근 몇 년간 서양인이 본 한국이라는 주제는 우리에게 낯익은 것이 되었다. 그만큼 많은 책들이 쏟아져 나왔다. 때로는 우리가 알지 못했던 과거의 한국을 이해하는 데 중요한 단서를 제공해주기도 했고, 때로는 당시 조선인들의 빈곤과 관리들의 부패, 정치지도자의 무능, 예식을 중요시하고 권위에 순종하는 모습을 그리면서 낙후와 빈곤, 불합리 속에 살아가고 있는 아시아 국가의 민족이라는 고정적인 시선에 맞추어 바라본 것이 아닌가라는 의심을 가지게도 했다. 하지만 당시 서양인들이 본 조선의 모습에 대한 우리들의 관심은 주요하게는 한국과 한국인의 정체성에 대한 고민으로부터 시작된 것이고, 현재 많은 자료들이 발굴되고 번역되어 소개되었고 논의의 수준도 높아졌다. 타인의 시선, 게다가 어떤 편견이나 정치적인 의도가 있었다고 의심되는 글들에서 우리의 모습을 찾아야 하는가라는 의문을 제기할 수도 있겠지만, 그러한 의심이나 판단들이 서로에 대한 이해를 방해한다면 우선은 과감히 버릴 것을 권유하고 싶다. 그리고 서양인들이 남긴 방문기나 자료들을 근 1세기가 넘는 과거의 사람들이 우리에게 남긴 유산으로 간직할 수 있는 아량도 우리에게는 필요하다.

비교문학자인 불레스텍스 교수는 13세기부터 현대까지 800여 년간 프랑스인들의 한국관의 변화를 13~17세기의 '먼 한국(Corée lointaine)' 이라는 이미지에서 18세기와 19세기 초까지의 '접근할 수 없는 한국 (Corée inaccessible)', 1880년부터 '심연의 한국(Corée des pro-fondeurs)' 으로 규정한다. '조용한 아침의 나라'나 '은둔의 왕국' 등의 중세의 문학적 이미지들은 프랑스가 한국을 보는 클리셰로 남아 현재의 한국을 규정하는 이미지로 남아있다고 하면서 여기에는 "오랫동안 정복자이고 식민 통치자였던 프랑스의 우월성"이 내재하고 있다는 점도 부언하고 있다.[2] 불레스텍스의 연구는 근대의 이분법적 사고와 우월성에 기반을 둔 프랑스인들의 한국에 대한 편견을 지적하면서도 800년이라는 시간 동안 프랑스인들의 한국에 대한 인식의 변화 추이를 상(像)으로 잡아냈다는 점에서 의미가 있다.

러시아가 한국이라는 나라를 알게 되는 데는 많은 시간이 걸렸다. 『하멜표류기』에서 등장했던 '폐쇄국' 또는 '머나먼 나라' 등의 조선에 대한 이미지는 러시아에서는 커다란 영향을 미치지 않았다. 러시아는 14세기부터 근 500여 년에 걸친 꾸준한 영토 확장으로 유럽과 동양에 걸친 거대한 대륙을 획득하게 되었고, 19세기 중반에 조선과 국경을 인접하게 되었다. 양국 간 최초의 공식적인 접촉은 1854년 팔라다호의 거문도 방문으로, 다른 서구 국가들과 마찬가지로 해양을 통해 이루어졌고 러시아 대중들은 1855년 발표된 곤차로프의 여행기 『전함 팔라다』를 통해 조선의 존재를 알게 되었다. 그

---

2) 프레드릭 불레스텍스 저, 김정연 역, 『착한 미개인 동양의 현자』, 청년사, 2001.

리고 몇 년 후 시작된 조선인들의 러시아 이주는 가혹한 세금과 관리들의 수탈, 무능한 정부를 벗어나 연해주로 건너온 정직하고 근면한 조선인에 대한 인상을 심어주었다.3) 이러한 과정들을 통해 러시아는 다른 유럽 국가들보다 가까운 정서로 조선을 접하게 되었다.

이 글에서는 1854년 조선방문을 다룬 곤차로프의 여행기 『전함 팔라다』와 1885년 관리인 다데슈칼리아니가 조선의 전반적 상황을 개괄한 글과 한러 수교 직후 조선을 방문했던 1885~1896년 상인 델로트케비치의 조선방문일지, 군인 베벨의 1889년 조선방문기를 분석하여 이들의 조선에 대한 인식을 추적해 보는 시도이다. 당시 러시아인들의 조선에 대한 이미지가 어떻게 형성되었는가, 그리고 다른 서구의 나라들과 어떤 점에서 다른가를 해명하는 문제는 벅찬 과제이지만, 우리를 어떻게 판단하고 어떤 모습으로 그려왔는가를 안다는 것은 비단 과거의 문제만은 아닐 것이다.

2. 1854년 팔라다호의 조선 해안상륙과 곤차로프의 여행기 『전함 팔라다』
- 예정에 없던 방문과 낯선 나라 조선

러시아가 극동 지역에 관심을 가지기 시작한 것은 19세기 중반부터였다. 짜르 정부는 아무르와 태평양 연안에서 자기 위치를 공고히 하고 교역을 확장하기 위하여 극동 지역 국가들과의 관계를 위한 적극적인 노력을 하게 된다. 이때 일본과의 수교를 맺으려는 시도를 하게 된다.4) 일본과의 국교 수립의 임무를 맡게 된 푸탸틴5)

---

3) 유리 바닌 외, 『러시아의 한국 연구』, 풀빛, 1999, 25쪽.
4) 19세기 초 러시아 공사였던 레자노프(1764~1807)가 1803년부터 1805년까지 일본 정부와 통상 조약에 대한 회담을 진행했으나, 시도는 아무런 소득 없이 끝났다. 1816년 페테르부르크에서는 골로브닌(1776~1834, 항해가)이 항해 중 쿠릴열도에서 일본인들에게 포로로 잡혀 일본에 체류했던

제독은 1952년 말 '팔라다'라는 이름의 프리깃 전함을 타고 페테르부르크를 출발한다. 하지만 제독이 러시아정교의 예식을 거친 배라는 이유만으로 당시 몹시 낡은 전함이었던 '팔라다'를 선택한 것이 문제의 발단이 되어, 예정했던 아메리카 대륙을 우회하는 경로 대신 아프리카 대륙을 거치는 먼 항로를 선택하고 그것도 함선을 수리하기 위해 항구에서 항구로 전전하는 길고 고생스러운 항해를 하게 된다. 결국 1년여의 항해 끝에 일본에 도착한다. 그러나 일본인들은 자기 정부에 보고를 올렸으니 기다리라는 말로 시간을 끌어 지치게만 할 뿐 그들이 말하는 그 '상부'로부터는 그 어떤 대답도 오지 않았다. 그러던 와중에 크림전쟁이 발발했고 팔라다는 식량을 보충하고 배를 수리하기 위해 잠시 들렀던 필리핀에서도 3일 만에 쫓겨나야 했다. 팔라다는 항해의 흔적을 지우고 잠시 피신하기 위해 조선 해안에 상륙하게 된다.

1854년 러시아인의 최초의 조선 방문은 우연히 일어난 사건이었다. 하지만 푸탸틴 제독에게는 그나마 빈손으로 고국으로 귀환하지 않아도 되는 계기를 만들어 준 셈이자, 고리타분하고 보수적인 제독의 고집으로 고생스러운 항해를 계속하던 선원들에게도 이 새로운 지역의 발견이 2년여의 기간 중 유일하게 생산적인 작업이었다. 모두들 미지의 나라의 개척자가 되었다는 사실에 들떠있었다고 한다.[6] 하지만 당시 항해일지를 작성하고 푸탸틴 제독의 비서관으로

수기 "함대장 골로브닌이 1811, 1812, 1813년 일본인들과 있을 때 겪었던 일들. 일본 정부와 일본인들에 대한 인상"이 발표되었다. 당시 러시아가 일본에 대해 알고 있었던 사실은 일본이 미국과 유럽 국가들과 거의 관계를 가지고 있지 않았던 멀리 떨어져 있는 낙후한 봉건 국가라는 것뿐이었다.

5) 예. 베. 푸탸틴: 1803~1888.
6) 팔라다와 동행했던 스쿠너 '보스토크'의 선장인 림스키–코르사코프가 쓴 『발틱카–아무르』(Римский-Корсаков, Воин Андреевич, Балтика-Амур. Повествование в письмах о плаваниях, приключениях и

서의 임무를 맡아 항해를 하고 있던 8등 문관 곤차로프가 쓴 여행기 『전함 팔라다』가 이 항해의 가장 큰 성과로 남게 되고, 후세의 러시아인들이 여행기 속에 등장하는 인물로 선원들 자신을 기억하리라고는 누구도 짐작하지 못했을 것이다.[7] 여행기 『전함 팔라다』는 작가 생전에만 6번이나 재판을 찍을 정도로 독자들의 호응을 얻으면서 이후 상당 기간 동안 러시아인들의 필독서가 되었다. 곤차로프의 여행기는 러시아 대중들에게 조선의 존재를 최초로 알린 글이 되었다.

팔라다호는 1854년 4월 2일(14일)[8] 거문도에 도착하여 7일(19일) 일본으로 출발했고, 20일(5월 2일)경부터 다시 동해안을 따라 측량하고 지도를 수정하면서 북상하여 5월 18일(30일) 타타르 해협으로 간 것으로 되어 있다.[9] 그동안 몇 차례 주민들과의 접촉이 있었으

размышлениях командира шхуны 《Восток》, Хабаровск, 1980, с.428)에 보면 보스토크 호가 3월 28일(4월 9일) 먼저 거문도에 도착했고, 4월 2일(4월 14일) 팔라다호가 도착한 것으로 나와 있다. 『해상문집』이라는 잡지에 수록한 선장의 일기("Из дневника Воина Андреевича Римского-Корсакова", 《Морской сборник》, т.258, 1896, No.6, Неофициальный отдел: сс.191~206)를 보면 보스토크 호가 거문도에 머무는 동안 주민들과 접촉했고 또 선내로 주민들을 초대했던 것에 대한 기록이 있다. 림스키-코르사코프는 거문도의 경치가 매우 아름답고 물이 매우 깨끗하고 맑으며, 주민들이 매우 호의적이었고 스쿠너가 수심이 얕은 곳에 박혀 난관에 처했을 때 주민들이 성실하게 도와주었다고 이야기하고 있다.

7) 2년 반에 걸친 세계일주를 마친 곤차로프는 1855년부터 『조국기록(Отечественые записки)』과 『해상문집(Морской сборник)』, 『러시아통보(Русский вестник)』, 『동시대인(Современник)』, 『독서용서가(Библиотека для чтения)』 등의 잡지에 여행기를 한 장씩 발표했는데, 그중 조선에 대한 서술을 담고 있는 "마닐라에서 시베리아 해안까지"라는 이름의 장은 1855년 『해상문집』 5호 1책에서 최초로 독자들에게 소개되었다. 1858년 최초의 단행본이 출간되었다.

8) 19세기까지 러시아에서는 율리우스력을 사용하고 있었다. 이 시기 러시아력은 현재 사용되는 양력보다 12일이 빠르다. 이 글에서는 본문에 나와 있는 대로 표기하되, 필요한 경우 현재 우리가 사용하고 있는 달력의 날짜를 괄호 안에 병기한다.

며 거문도에서는 조선의 촌장쯤되어 보이는 노인들과 한자로 필담을 나누었으며10) 영흥에서는 소풍을 나온 것으로 보이는 조선의 관리와도 이야기를 나누었다고 한다.

푸탸틴 제독이 황제에게 보낸 1854년 6월 6일자 보고서에는 조선을 발견했다는 자부심과 제독의 조선에 대한 인식의 단면이 드러나 있다.

저희가 둘러본 곳의 모든 지도와 기록들을 폐하께 가능한 한 빨리 보여드리고 싶습니다. 한반도 연안의 측량적인 조사들 말고도, 조만간 가능한 기회에 러시아에 인접한 이 국가의 정부에 서신을 보내 우리 선박들을 우호적으로 맞아줄 것을 요청하는 것이 어떨까 생각하고 있습니다. 이에 대해 지금 바로 외교부에 보고하고자 합니다. 그러나 유감스럽게도 이 항만에서의 3일 동안의 체류는, 비록 경미하게 끝났다고는 해도, 정황이 아주 좋은 것만은 아닙니다. 빈번한 함대 방문과 두 나라 사이의 우호적이고 원활한 교류 이후에도 조선인들은 아무런 이유 없이 무리를 지어 덤벼들고, 장교들과 선원들이 배를 대는 것을 방해했습니다. 조선인 무리들이 압박을 가해오고, 돌

---

9) 팔라다호가 조선에 왔을 때 가지고 있던 지도에는 중국과 조선자료들을 토대로 1709~1717년 선교사들이 만든 당빌의 지도(*Nauvel Atlas de la China*, 1747)가 있었다. 크루젠슈테른의 지도(*Атлас Южного моря*, 1826)는 라 페루즈(1787), 콜네트(1789), 브로우톤(1797), 맥스웰과 할리(1816) 등의 관찰에 따라 수정된 당빌의 지도이다. 1849년 영국 해군성이 새로운 조선 지도를 발간했는데, 이것 역시 리스(1832)와 베르체르(1847)의 자료를 조금 보충한 크루젠슈테른의 지도였다. 결국 조선 지도는 하나밖에 없는 것과 마찬가지였고, 그것도 해안선이 실제와 매우 다르게 나와 있었다고 한다. 팔라다호가 조선해안을 측정하고 기록하는 작업은 1854년 4월 20일 울산만에서 시작하여 5월 11일 43도 지점까지 계속되었다.

10) 거문도에서 필담을 나누었다고 한 두 노인은 만회 김양록과 귤은 김유로 추정되고 있다. 김유의 『해상기문』에는 푸탸틴이 조선 정부에 수교를 요청하는 내용의 외교문서가 수록되어 있고, 1988년 세종대학교 출판부에서 국역본이 출판되었다. 1854년 4월 유럽이 조선과의 교류를 시도한 최초의 외교문서로 알려져 있다.

맹이까지 던져 세 사람이 상처를 입고 피를 흘리는 상황에서 우리 장교와 선원들은 힘에 의지하는 수밖에 없어 장전된 소총으로, 다행히도 사냥용 산탄이었는데, 4발을 쏠 수밖에 없었고, 공격은 중단되었습니다. 이후 마을의 지도자에게 사과를 요구했지만 공격의 원인이 무엇이었는지 들을 수가 없었습니다. 앞서 말씀드린 그들의 거친 기질과 함께, 민중들의 낮은 수준에 대해 덧붙이는 바입니다.11)

이러한 논조는 곤차로프가 쓴 조선방문의 첫인상과도 흡사하다. "여기저기 앙상한 관목들과 나무들이 드문드문 있는 암석과 돌투성이의 작은 섬"이라는 거문도의 모습에 대한 묘사 후 바로 일본인의 저작을 소개하고 있다. 다소 복잡하게 설명되어 원문을 그대로 인용한다.

    1786년 이도에서 "일본 근방의 3개 왕국 - 조선, 류큐, 에조12)(마츠마야) - 의 개괄"이라는 제목으로 일본인 린시페의 저작이 출간되었다.13) 클라프로트14)가 어디선가 이 책을 입수하여, 중국 지리학으로부터 여러 가지를 첨가하여 보충하고, 프랑스어로 번역했다. 어쨌든, 그 책에서는, 조선인에 대해 이렇게 썼다. "조선인들은 키가 크고, 중국인, 일본인, 그리고 다른 민족들 보다 더욱 굵직한 체격을 가졌다. 조선인은 일본인의 두 배를 더 먹는다고 한다. 조선인들은 교활하고, 게으르고, 고집이 세며, 노력하는 것을 좋아하지 않는다."15)

---

11) РГАВМФ, ф.296, оп.1, д.75, лл.219~223.
12) 지금의 홋카이도의 북반구.
13) 일본인 하야시 시헤이(林子平, 1738~1793)의 『삼국통람도설(三國通覽圖說, 1785)』 참조.
14) Klaproth, Heinrich Julius, *Aperçu général de trois royaumes, traduit de l'original japonais-chinois*, Paris, 1833.
15) И.А. Гончаров, *Полное собрание сочинений в 12-и томах*. СПб., 1899, том 5, с.101.

바로 그 직후 마을에서 일어난 일에 대해 곤차로프는 다음과 같이 묘사하고 있다. 앞의 인용문과 상당히 유사한 점을 발견할 수 있다.

우리는 시멘트 하나 없이 울퉁불퉁한 돌들로 투박하게 쌓아올린 두 개의 담장 사이를 걸었다. 담장 너머로는, 짚으로 만든 지붕 외에는 아무것도 보이지 않았다. 이 담장들과, 류큐인들의 이와 비슷한 건축물들에는 얼마나 많은 차이가 있는가! 거기에는 섬세함과 인내, 질서와 기교가 있었다. 여기는 게으름과 무관심, 무능이 있다. 아마도 조선인들은 정말로 '노력'하는 것을 좋아하지 않는 것 같다. 우리가 담장 너머를 들여다보려고 하거나 대문 안으로 들어가려고 하면 조선인들은 법석을 떨었다. 심지어 옷깃을 잡거나, 때로는 꽤 거칠게 밀기도 했다. 하지만 그 대가로 팔을 때리면 그들은 즉시 이에 순응했고, 물어버릴 듯이 행인의 뒤를 쫓아가며 감히 그러지는 못하는 개와 비슷해졌다.16)

유럽인들에게 알려져 있지 않은 새로운 땅을 발견한 당시의 상황과는 어울리지 않는 척박한 자연과 거친 사람들, 게다가 '짖는 개'와의 비교가 조선에 대한 첫인상을 지배한다. 그리고 그 다음으로 이어지는 것은 주민들의 폐쇄성에 대한 지적과 더불어 '우울한 인상'이다.

우리는 밀과 보리를 심어놓은 들판들을 걸었다. 군데군데, 아주 조금, 벼와 동백 관목들이 보였지만, 대부분은 벼랑과 바위들뿐이었다. 온통 헐벗었고, 척박하고 우울해 보였다. 주민들이 우리에게 식량을 줄 수 없었던 것이 당연했다. 그들에게는 간신히 기아로 죽지 않을 정도의 식량밖에 없었던 것이다. 그들은 침묵하며, 밀물이 실어다 준 미역과 작은 조개를 먹는다. 오늘 그들은 이십여 마리의 생선

---

16) Там же, с.104.

과 네 통의 물을 가져왔고, 노인은 품속에서 마른 해삼(여러 개의 혹이 달린 바다 연체동물의 일종)이 들어있는 종이 꾸러미를 꺼냈다. 우리는 노인에게 파란 면직물 약간과, 눈이 아픈 아들을 위한 물약을 선물했다.[17]

무슨 질문을 해도 조선인들의 대표로 나온 노인은 '모른다'는 말만 반복했다. 그리고 화자는 조선인들의 생활을 보면서 조선인들의 가난한 생활과 '미역과 작은 조개'를 먹는 순응성을 강조한다. 그리고 팔라다호가 4월 30일 동해안을 측량하면서 북상하던 시점에도 이 '우울한 인상'은 계속된다.

조선에 대한 기록을 보면, 겨울에 지독히 춥고 여름에는 더위가 심해서 열매들이 잘 열리지 못하고 빈곤하다고 쓰여 있다. 아마도, 사실인 것 같다. 어쨌든 해안들은 그 이상을 증명해주지 못한다. 37도부터 연안에는 산이 많아졌다. 멀리, 뾰족한 산의 정상들이 겹겹이 모여 있는 것이 보였다. 산들은 바라보기 우울할 정도로 주름진 이마를 가지고 있었다. 정상 어디엔 가는 눈인지 모래가 하얗게 빛나고 있었다. 바다 가까운 곳에 있는 해안은 낮고, 모래투성이에, 텅 비어 있었다. 푸른 것이라고는, 얼마 안 되는 풀과 듬성듬성 관목이 있을 뿐이었다. 어디엔가 마을들이 보였고 해안가에는 가끔 작은 배들이 침울하게 미끄러져 다녔다. 아마도 그날그날 먹을 것을 채취하고, 생선이나 해삼, 조개를 잡는 것 같았다.[18]

조선의 자연은 "아름다웠지만 기이했다." 그리고 그것은 "마치 연지를 찍고 치장한 노파처럼, 억지로 꾸며낸 듯한 부자연스러운 느낌"을 주었다고 한다. 배를 육지에 댈 때마다 어른이고 아이고 할

---

17) Там же, с.105.
18) Там же, с.121.

것 없이 모여들어 구경을 하고 심지어 옷이나 머리를 만져보던 호기심이 많은 조선인들의 성격을 지적하지만, 팔라다 일행들의 질문에 솔직하게 대답하는 것을 들어 극동의 다른 민족들과 다른 개방적인 태도를 가지고 있다고도 말한다. 화자는 이제 중국과 일본, 류큐인들과 조선인의 차이점을 발견하고 서술은 계속 긍정적인 방향으로 바뀐다. "키가 크고 건장한 민족이었다. 검붉은 얼굴과 투박한 손을 가진 운동선수 같았다. 태도에서는 조금의 연약함도 찾아볼 수가 없고, 일본인의 우아함과 간사함도, 류큐인들의 소심함도, 중국인 같은 영민함도 없었다. 이들로부터는 아마도 훌륭한 군인이 나올 수 있었을 것이다."라고 말하고 있다.

러시아문학 연구자인 튜킨은 곤차로프가 실제 여행에서 일어난 사실이나 탐사활동의 많은 부분들을 누락시켰다고 말하고 있다.[19] 그것은 주로 푸탸틴이 주도했던 외교회담 과정과 항해에서 겪었던 난관들에 대한 부분이었는데 이것은 곤차로프 연구의 대가이자 『전함 팔라다』에 관한 엄청난 분량의 논문으로 유명한 엥겔가르트[20]도 지적한 부분이다. 작가가 작품의 구조적 완결성을 위해 여행에서 일어난 일들의 일부를 누락시켰다는 이 주장은 상당히 근거가 있다. 그러나 곤차로프가 특히 조선에 대한 부분에서 "아시아나 아프리카 민족이 가진 잠재력을 제대로 평가하지 못했다."는 튜킨의 지적과는 달리 곤차로프는 마지막 부분에 이례적으로 조선에 대한 역사서술을 추가했다. 동적인 중국, 정적인 일본과 대비하여 조선을 가장 균형적인 나라로 표현했다는 녜즈베츠키의 주장[21]이 도식

---

19) К. Тюнькин, "Примечание", *Собрание сочинений И.А. Гончарова в шести томах*, Москва: ГИХЛ, 1959, том 3, с.371.

20) Б.М. Энгельгардт, "Фрегат ≪Паллада≫", *Избранные труды*, СПБ., 1995. сс.225~269 ; Б.М. Энгельгардт, "Путешествие вокруг света И. Обломова", *Литературное наследство*, том 102. Москва, 2000, сс.15~82.

적이고 과장된 것처럼 느껴지기도 하지만, 우리가 주목할 수 있는 부분은 조선 방문의 마지막 기록이다. 조선이 기나긴 항해의 마지막 방문국이었고 짧은 시간 체류하여 자세히 관찰할 기회가 없었고, 조선은 아무에게도 알려지지 않은 나라라고 하면서 도움을 줄 수 있는 자료로 이아킨프 신부의 책[22])을 소개하고 있다. "5월 17일 조선 해안을 떠나면서"라는 부분에서는 조선이라는 나라가 '고대 트로이의 시대(기원전 3000년경)'에 시작되었다고 하면서 고대 역사와 문화에 대해 '아이아스, 헥터, 아킬레스, 호머'의 예를 들어 설명하고 있다.

  곤차로프는 『전함 팔라다』를 러시아 장편소설의 구조를 가진 여행기로 만들려고 했다. 그것은 당시의 국제적 상황에 대한 폭넓은 지식과 일관된 관점, 그리고 그 변화해가고 있는 세계를 수용해야 하는 주체로서의 '러시아 사람'에 대한 유형화와 자기반성이 필요한 작업이었다. 그리고 최근의 러시아 문학 비평가들은 바로 이런 점에서 『전함 팔라다』라는 작품이 가지는 독특함과 뛰어남을 인정한다. 하지만 그 객관성이나 유형화가 부족한 부분이 바로 조선에 대한 대목이었다. 조선을 서술하는 부분에서 우리는 작가가 느끼는 낯선 나라에 대한 당혹감을 읽을 수 있다. 그리고 조선에 대한 평가는 화자가 긴 여행으로 지쳤고 조선이라는 나라가 너무나 생소했다는 작가의 솔직한 고백으로 대체되었다. 『전함 팔라다』에서 조선은 일본인의 저작에서 나오는 "대식가에 게으르며 거친 성격을 가진" 조선인의 모습에 대한 언급을 인용하는 것으로 시작하여 "침묵하며 척박한 환경과 궁핍한 생활에 순응하는" 모습으로 바뀌다가 이아킨

---

21) В.А. Недзвецкий, *Романы И.А. Гончарова,* Москва, 2000, сс.41~59.
22) 1851년에 발간된 『고대 중앙아시아 민족들에 대한 자료 문집』[Иакинф (Никита Яковлевич Бичурин), *Собрание сведений о народах, обитавших в Средней Азии в древние времена,* 1851].

프 신부의 자료집에 나오는 조선의 유구한 역사에 대한 이야기로 끝을 맺는다. 최초로 만난 조선의 첫인상은 일관되지 않게 그려지고 있지만, 이 극동에 위치한 낯선 나라에 대한 첫인상은 그 '폐쇄성'이나 '신비로움'과는 다른 것이었다. 곤차로프는 『전함 팔라다』로 러시아인들에게 선입견 없이 조선을 바라볼 수 있는 계기를 만들어 주었다.

3. 1884, 1888년 수교와 러시아인들의 조선방문기
- 조선에 대한 동정적인 시각

> 주목할 것은 대중이 어떤 이미지를 욕망하고 선호했으며 경쟁적으로 수집했는가다. 백인은 유색 인종의 이미지를 페티시즘적으로 수집했으며 남성은 여성의 이미지를, 제국의 국민들은 식민지인의 이미지를 욕망했다. 곧, 욕망하는 주체와 그 욕망의 대상이 되는 타자 사이에 경계가 존재했으며, 주체의 시선은 타자에게 일방적이고 폭력적이었다. 특히 19세기 말 제국주의가 맹위를 떨치는 시기에 번성한 사진엽서는 지배자적 시선을 전파하는 매체였으며 이것은 지배와 피지배의 관계를 선명하게 재현하고 있다.
>
> 권혁희의 『조선에서 온 사진엽서』 중에서[23]

팔라다호는 조선 동해안 지도를 수정하면서 여러 지점에 선원들의 이름을 딴 명칭을 붙였고, 20세기 초까지 러시아에서 발간하는 지도나 문서에서는 이 명칭들을 표기하고 있다.[24] 1860년대부터 계절노동을 위한 조선인들의 연해주 왕래 및 이주가 진행되었고, 러시아는 극동 지역을 개발할 노동력과 극동 지역 군대에 식량을 조

---
23) 권혁희, 『조선에서 온 사진엽서』, 민음사, 2005, 259쪽.
24) 그중 자주 쓰이는 지명은 운콥스키 만(영일만), 라자레프 만(영흥만), 곤차로프 섬(마량도), 고슈케비치 만(조산만) 등이다.

달하기 위해 조선과의 국경교역을 필요로 했지만 정작 조선 자체에 대한 관심은 매우 적었다. 러시아가 조선에 대한 적극적인 조사나 연구를 시작한 것은 1896년부터였다. 하지만 한러수교는 러시아인에게 이제 조선을 직접 볼 수 있는 계기를 제공해주었다. 이 당시 군인들이 정보 조사를 위해 조선을 방문하여 정보를 수집하고 남긴 기록을 『아시아 지리·지형·통계 자료집』25)에서 찾아볼 수 있는데, 여기에 수록된 세 편의 조선방문기는 한정된 면이 있기는 하지만 나름대로 당시 조선의 상황을 생생하게 전달하고 있다.

- 프리아무르 총독 관저에서 근무했던 다데슈칼리아니 공작의 현재 조선의 상황에 대한 간략한 개괄(1885)[Краткий очерк современного состояния Кореи князя Дадешкалиани, состоящего при канцелярии приамурского генерал-губернатора(1885 г.)]26)
- 파벨 미하일로비치 델로트케비치가 서울에서 포시에트까지 조선의 북부를 도보로 여행하며 쓴 일지(1885년 12월 6일부터 1886년 2월 29일까지)[Дневник Павла Михайловича Делоткевича на пути пешком из Сеула в Посьет через Северную Корею (с 6 декабря 1885 г. по 29 февраля 1886 г.)]27)

---

25) 『아시아 지리·지형·통계 자료집(Сборник географических, топографических и статистических материалов по Азии)』은 성페테르부르크에 소재했던 참모본부 군학술위원회(военно-ученный комитет Главного Штаба)에 의해 1883년부터 총 87권이 발행되었으며, '기밀' 표시를 한 채로 군사와 정부기관 내부용으로 소규모 제작했던 간행물로 대중용으로는 공개되지 않았다.
26) 『아시아 지리·지형·통계 자료집 22』(вып. XXII, СПБ., 1886)에 처음으로 게재되었다.
27) 『아시아 지리·지형·통계 자료집 38』(вып. XXXVIII, СПБ., 1889)에 게재되었다.

· 참모본부 중령 베벨의 1889년 여름 조선 방문기(Поездка в Корею летом 1889 г. генерального штаба подполковника Вебеля)28)

탸가이는 이 방문기의 저자들에 대해 다음과 같이 말하고 있다.

이 책에 실린 글의 지은이들—관리 카. 엔. 다데슈칼리아니, 상인 페. 엠. 델로트케비치, 군인 에프. 엠. 베벨, 베. 페. 카르네예프, 베. 아. 알프탄—에 대해 우리에게 알려진 바는 거의 없다. 이들은 대부분 짜르 정부 정책의 전파자였다. 문제들을 해명하는 데 있어서 이런 경향성들이 나타나있다. 자신들의 계급적 한계로 인해 몇 가지 사회경제적인 문제들은 충분히 해명해내지 못했다. 하지만 이들은 자신들이 직접 산증인이 되었던 중요한 정치적인 사건들과 조선의 사회적인 구조, 재능 있고 근면한 조선 인민들의 어려운 운명과 조국의 자주를 위한 헌신적이고 영웅적인 투쟁에 대해 객관적으로 서술하였다. 바로 이 점에 이들의 위대한 공로가 있는 것이다.29)

이 방문기들의 저자들이 잘 알려지지 않은 사람들이며, 내용 속에서 극히 부분적으로 밝힌 여행 목적들 이외에 그 이상의 정보를 얻을 수 없다는 것은 아쉬운 일이다. 우리가 짐작할 수 있는 것은 한러수교 시기 조선에 대한 정보가 부족했던 러시아 정부가 탐사 경험이 있는 군인들에게 정보를 수집하고 조사하라는 지시를 했거나, 또는 연해주 관리나 통상관계를 타진하기 위해 조선을 방문했

---

28) 『아시아 지리·지형·통계 자료집 41』(вып. XLI, СПБ., 1890)에 처음으로 게재되었다.
29) *По Корее. Путешествия 1885~1896 гг.* (Составление, предисловие и примечания Г. Д. Тягай). Москва: Издательство восточной литературы, 1958, сс. 6~7.

던 상인들이 조사했던 조선에 대한 정보를 군사적 목적으로 활용하려고 했다는 사실뿐이다. 공통된 점은 이 저자들이 정보도 부족하고 조선에 대한 뚜렷한 상을 가지고 있지 않아 초기에는 다른 유럽 문헌들의 자료나 판단에 의지하는 경우도 있었지만, 대부분 직접 도보로 조선을 종단하거나 가급적 직접 눈으로 본 것들을 성실하고 꼼꼼하게 서술하고 있다는 점이다.

관리인 다데슈칼리아니의 글은 이런 점에서 가장 전형적인 예라고 할 수 있다. 그는 조선이 천연의 온실이며 동물의 종류도 많고 금·은·철·동·석탄·황 등 각종 광물이 풍부하며 비옥한 토양을 가지고 있다는 등의 논지를 전개한다. 또한 조선인은 지혜롭고 활동적이며 감수성이 예민하고 호기심이 많으며 평화롭고 선량하며 순종적이라고 평하고 있다. 그러나 조선 여성이 부정을 저지르면 친척들이 목을 자를 수 있다는 등의 근거 없는 이야기를 하면서 다른 모든 아시아 여성들과 마찬가지로 조선 여성의 지위가 낮아 존중받지 못하며 마치 노예처럼 취급받는다고 주장한다.

조선에 대한 다데슈칼리아니의 부정적인 견해는 계급제도에 주로 집중되어 있다. 조선의 상류계급은 중국귀족을 모방하려고 애를 쓰고 있고 민족적인 관습은 평민들에 의해 유지되고 있다고 말하면서, 조선인들이 러시아로 이주한 것이 국토가 좁고 토양이 척박하기 때문이었다고 러시아인들은 알고 있지만 주요한 이유는 바로 조선의 신분제도에 있었다고 주장한다. 이렇게 자연조건이 비할 데 없이 훌륭하고 주민들은 '순종적'인 나라가 체제의 불합리함으로 고통 받고 있는 현실을 강조하는 것은 조선 문제에 개입할 것을 유도하는 '선량한' 서구인의 전형적인 시각이다. 저자는 글의 서두부터 조선이 열강의 침략 가능성하에 있다는 사실을 강조하고 있다.

국경. 조선처럼 정확히 구분되어 있는 자연적인 국경선을 가지고 있는 나라는 드물 것이다. 자연은 조선이라는 나라가 정치적인 유약함을 가지게 될 것이라는 점을 미리 예견이라도 한 듯, 조선과의 국경분쟁을 하기 위한 마땅한 구실을 찾아내기 힘들도록 국경선을 나누어 놓았다.30)

게다가 그가 연아무르 관리로 근무하면서 이주한 조선인들을 지켜본 경험을 다음과 같이 말하고 있다.

그 어떤 고관을 위해서가 아니라 자기 자신의 이익을 위해서 일하고 있는 항구나 외국에서 조선인은 근면과 열성의 표본이다. 다른 어떤 민족보다도 훌륭하며 심지어 중국인보다도 낫다. 국내 생활조건들을 변화시킨다면 조선인은 자신의 조국에서도 지칠 줄 모르는 일꾼이 될 것이다.31)

다데슈칼리아니는 그리피스가 쓴『은자의 나라』의 논지에 신중하게 접근해야 한다고 주장한다. 그리피스는 일본에서 근무하면서 일본 정부의 요청을 받고 일본 자료를 기초로 하여 조선에 대한 글을 썼고 일본이 최근 한반도에서 일어난 모든 사건에 적극적으로 개입하여 많은 일들에 대한 도덕적인 책임이 있기 때문에 그리피스가 일본이 가진 편견의 영향하에서 벗어날 수가 없었다고 말하고 있다. 다데슈칼리아니는 조선의 최근 상황에 대해 개괄하면서 갑신정변 이후 일본이 조선을 침략하려던 의도를 러시아의 개입 덕분으로 막을 수 있었다고 주장한다.

한편 원산과 부산에 부두, 사무소, 창고 설립을 계획하던 사업가이자 상인인 셰벨료프의 요청으로32) 조선을 방문했던 블라디보스

---

30) Там же, с.48.
31) Там же, с.75.

토크 상인 델로트케비치의 서술은 비참하고 빈곤한 조선인들의 생활에 초점을 맞추고 있다. 델로트케비치는 1885년 12월 18일 블라디보스토크를 출발해 나가사키, 부산을 경유하여 제물포 항으로 들어갔다. 1886년 1월 2일 서울에 도착했고 거기서부터 원산, 영흥, 청풍, 함흥, 북청, 길주, 명찬, 경선, 부령, 회령, 경흥을 도보로 종단하여 1886년 3월 12일 러시아령으로 들어간다. 서울부터 러시아령까지 도보로 횡단하는 대장정에서 그가 주로 조사한 것은 교역의 상황이었다. 각 지역에서 가축, 쌀, 조, 소가죽, 담배, 옥양목이 어떤 가격으로 유통되고 있는지, 중국과 일본 상인들이 팔거나 사들이는 물품의 종류와 상황을 조사하여 기록하고 있다.

델로트케비치는 도시의 구조와 가옥의 모습, 거리의 풍경들이며 교육, 운송수단, 노비제도, 주민들의 옷차림 등 조선의 전반적인 상황에 대해서도 많은 관심을 가지고 기술하고 있다. 지저분한 거리와 악취, 땔감으로 모두 베어 헐벗은 산, 개를 식용으로 사용하는 습관까지 자세하게 기록하면서 특히 인상적인 기억으로 북쪽으로 이주하는 조선인들을 만난 것과 금광에서 일하는 노동자들을 목격했던 것을 이야기하고 있다.

> 사람들이 말하기를 양질의 금광이라고 했지만 조선인 일꾼들이 받는 대가는 매우 적었다. 모든 것은 관리들에게 돌아가고 있었고 관리들은 원산에서 일본인들에게 금을 팔아넘기고 있었다. 금광은 골짜기를 따라 5베르스타 아래쪽으로 뻗어있다. 일하는 사람들은 가난했고 심하게 굶주려있었다. 그들 중 한 사람이 내가 잡은 꿩의 살을 이빨로 물어뜯어 그 자리에서 먹어치웠다. 금광에서 가까운 곳에

---

32) 탸가이는 델로트케비치가 "통상관계를 수립할 가능성을 타진해보기 위해" 조선을 방문했다고만 밝히고 있다. 유리 바닌 외, 앞의 책, 31쪽 ; 탸가이, 갈리나 다비도브나, 「러시아에서 조선학의 탄생」, 『한국독립운동사 연구』 제9권, 299쪽.

마을이 있는데 일꾼들은 거기서 밥을 먹고 술을 사고 자기가 받은 노임을 전부 탕진하고는 거의 벌거벗은 채로 다니고 있다.33) (25쪽)

상인인 델로트케비치는 가난하고 비참한 조선인들의 생활과 관리들의 전횡, 일본인들의 급속한 진출에 무력한 정부의 모습, 그리고 이런 요인들로 인해 상당수의 조선인들이 러시아로 이주를 할 수밖에 없었던 상황을 강조하고 있고, 이것은 이제 막 관계가 시작된 조선을 바라보는 러시아인의 동정적인 입장을 대변하고 있다.

베벨 중령은 1889년 연해주 총독의 지시로 당시 연해주의 정치적 문제와 국경교역과 관련된 몇 가지 문제를 서울의 대리대사와 북경공사와 협의하기 위한 목적으로 조선과 중국으로 출장을 가게 되었다. 베벨의 여정은 서울을 거쳐 천진, 북경까지 도착하는 것이었지만 이 방문기에는 러시아 국경에서 서울까지 1889년 5월 18일부터 7월 9일까지(1889년 5월 30일부터 7월 21일) 총 53일의 여정만 나와 있다. 베벨은 러시아에서 육로로 국경을 통과하여 원산과 평양을 경유, 서울까지 여행했다. 일정이 빠듯했고 조선의 우기를 피하기 위해 길을 서둘러야 했기 때문에 "극히 부분적인 통계수치만 포함시킨 통과지역에 대한 예비 탐사에 불과한 보고서(97쪽)"34)밖에 작성하지 못했다고 말하고 있다.

베벨은 1888년 조러육로통상장정을 통해 자유로운 여행을 하게 된 최초의 러시아인 중의 하나였고, 20세기 초까지 조선을 방문했던 러시아인들이 한결같이 말하고 있는 지역 관리들의 도움과 주민들의 환대를 강조한다. 베벨은 "러시아와 조선 사이에 우애로운 조약이 체결되었고 이제 친구로서 당신을 맞이한다."는 경흥부사의 말을 인용하면서 이 조약이 조선인들에게 좋은 반응을 불러일으키

---

33) См. выше, с.25.
34) Там же, с.97.

고 있다고 말한다.

지난해인 1888년에 조선과 체결한 육로 통상에 관한 규정들은 우리와 국경을 인접한 조선의 지방 행정부와 주민들 사이에 커다란 공감을 얻고 있으며 그 이유는 다음과 같다. 조선인들은 이 조약에서 러시아 정부가 조선왕조와 가까이 지내려는 희망을 확인했던 것이다. 특히 러시아와의 관계에 대해 통달한 모든 사람들은 조선의 왕조가 대내적으로나 대외적으로 유약하다는 것을 매우 정확하게 이해하고 사심 없이 인식하고 있었다. "우리는 바로 얼마 전 러시아와 체결한 조약을 존중하며 그것을 준수하려고 하고 있습니다. 그래서 우리는 당신들을 친구로서 영접합니다." 바로 이 말로 지역관리들은 항상 나를 맞아주었으며 보통 이 말로 대화를 시작하곤 했다.[35]

저자는 '유약한 조선 왕조'와 더불어 주민들의 비참한 생활에 대해 언급한다. 숲이라고는 찾아볼 수 없는 헐벗은 산에 대한 묘사 뒤에 조선인들의 비참한 생활에 대한 다음과 같은 이야기하고 있다.

한 뙈기의 땅도 소중한 가치를 가지고 있었다. 흙으로 덮인 지붕 위에 조가 자라고 있는 것을 내 눈으로 보지 않았더라면, 그 지붕 아래 농가에서 기아로 인한 여자들의 통곡 소리와 아이들의 절규가 울려 퍼지는 것을 내 귀로 직접 듣지 않았다면 이 모든 사실들을 믿기가 어려웠을 것이다.[36]

베벨은 1889년 당시 조선의 변화하는 모습을 긍정적으로 평가하면서 "자신의 고립성을 그토록 강하게 고수하던 '은자의 나라'는 최근 몇 년 동안 외국인들과의 관계를 바라보던 전통적인 시각을 근

---

35) Там же, с.125.
36) Там же, с.113.

본적으로 바꾸었다."37)고 말한다. 그리고 이런 변화가 어떻게 이루어지고 있는지 설명하면서, 항구를 개방하고 군대를 개혁하려는 황실의 노력이 관료들의 견제와 횡포로 난관을 겪고 있다고 평가하고 있다.

2005년 성균관대학교 동아시아학술원이 주최한 국제학술회의에 참여한 박노자는 19세기 말~20세기 초 러시아인들의 여행기에 나타난 조선관을 "후진적 러시아 제국주의의 '선진적' 오리엔탈리즘"이라고 규정하였다. 논지가 뛰어넘는 부분이 있어서 다소 길지만 그대로 인용한다.

조선인들을 "전투능력이 전무하고 중국적 예교에 완전히 속박되어 있는, 원시인이나 아동처럼 순박하고 소심해서 필수적으로 강력한 어른 러시아의 지도와 보호 받기를 열망하는 작고 불쌍한 종족"으로 획일적으로 한 종족 집단 단위로 본질화, 타자화시켜 고정된 동정과 경멸의 시선으로 바라봤던 러시아 상인이나 장교, 외교관, 가린-미카일로프스키와 같은 작가들의 본심은, 단순히 러시아를 "우월한 주체"로만 여기는 자신만만의 태도만이 아니었다. 대다수 지식인이었던 그들은, 러시아 제국이 그 경제적 수준이나 사회, 문화적 수준으로 따진다면 "유럽 열강" 중에서 꼴찌를 면치 못한다는 사실이나, 대한(對韓) 관계에 있어서도 러시아가 그 유일하다 싶은 강점인 군사력과 외교력을 쓸 뿐이지 조선에 대한 러시아 상품이나 종교, 문화의 영향이 일본이나 중국, 미국, 프랑스 등에 비해 미미한 수준에 머무른다는 점 등을 잘 인식하고 있었을 것이다. 저들의 제국은, 러시아 지식인 자신들도 "우월한 문명인"으로 여겨왔던 서구 열강들과 달리 조선인들을 경제적 이득이나 "근대적" 종교, 이념으로 유혹시키거나 압도하지 못하여 침략주의적 일본에 맞설 수 있는 군사력만을 내세워야 했다. "변방 제국"이라는 저들이 가질 수밖에 없었던 자아의식

---

37) Там же, с.128.

은, 과연 저들의 조선에 대한 태도에 어떤 영향을 미쳤던가?[38]

연구자는 당시 국제관계에서 보다 활발한 대외팽창정책을 펴온 영국이나 프랑스 등에 대해서 상대적으로 '도덕적인 입장'을 가지고 비판할 수 있었지만, 러시아인의 조선관 역시 조선을 '타자화'시킨 오리엔탈리즘의 '폐쇄회로' 안에 있었으며 이후 1937년의 고려인들의 강제이주의 배경도 이 조선과 조선인에 대한 우월주의의 표현이었다고 주장하고 있다. 하지만 인용한 방문기들이 주로 관리나 군인이 상부에 제출하는 보고서용으로 작성되었다는 사실과 이 방문기의 저자들이 대부분 연해주에 근거하고 있어 이미 25년이 넘는 시간을 조선인들과 접촉했던 경험을 가지고 있었던 사실을 간과하고 있다. 빈곤에서 벗어나기 위해 러시아로 이주한 조선인들은 대부분 농민이었으며 계절별 노동 후 본국으로 돌아가는 중국인들과 달리 조선인들은 가족과 함께 영구 정착하는 경우가 많았고 더욱이 이들이 다시 고국으로 송환될 경우 조선 정부의 가혹한 형벌이 기다리고 있다고 이해하고 있었기 때문에 러시아가 이주민을 받아들인 것은 연해주를 개발할 노동력이 필요했던 상황적 요인과 더불어 조선인 자체에 대한 신뢰와 동정을 가지고 있었기 때문이기도 했다. 또한 러시아 정부가 당시 조선에 강한 영향력을 행사할 의지가 있었는가라는 문제 역시 논란이 될 부분이다. 그리고 연구자는 가린-미하일로프스키가 과거 '브나로드 운동'에 적극적으로 참여했었던 경력이 있으며 자기 아이도 많았지만 3명을 입양한 사실이 있고 또한 '어린 아이'라는 테마가 그의 작품 속에서 매우 중요한 비중을

---

38) 박노자 「'착한 천성의 아이와 같은 저들': 1880~1890년대의 러시아 탐험가들의 조선관련 기록에서의 오리엔탈리즘적 (허위) 인식의 스펙트럼」, 『The AEAS Symposium: Korea in Travel Writing』, 성균관대학교 동아시아학술원 BK21 동아시아 유교문화권교육연구단, 2005. 9. 8, 166쪽.

차지한다는 사실 역시 간과하고 있다. "아이 같은", 또는 "순수한" 등의 표현은 여러 가지로 해석될 수 있다. '후진적 러시아 제국주의의 선진적 오리엔탈리즘'이라는 파격적인 정의가 고민의 여지를 제공해주는 것은 사실이지만 '동정'을 '우월주의'와 직접 대입시키고 '경멸' 등의 자극적인 단어를 사용하는 것은 수교 이전에도 다른 유럽 국가들보다 더 가까운 거리에서 조선을 보아왔던 러시아의 입장을 너무 일면적으로 이해한 것이며 이 논리가 또 다른 선입견을 낳게 할 가능성을 가지고 있기 때문에 우려스러운 것이 사실이다.

 이상에서 살펴본 한러수교 이후 러시아인들이 남긴 세 편의 조선 방문기는 무엇보다 필자들이 눈에 덮인 조선의 북부 지역을 도보로 종단하는 등의 여러 가지 난관을 이겨내면서 꼼꼼하게 조사하여 만든 성실한 자료들이다. 필자들은 모두 자신이 직접 본 것과 다른 출처에서 인용한 것, 조선인들에게서 직접 들은 것들을 각자 구분하여 독자들에게 판단의 여지를 남겨주었다. 이들은 물론 모두 조선이 대외적으로, 대내적으로 매우 불안정한 상황에 놓여있으며 조선인들은 매우 가난하고 힘든 생활을 하고 있다는 데 초점을 맞추고 있다. 그리고 그중 일부는 조선인의 반일 감정에 초점을 맞추어 일본의 한반도 진출을 저지하기 위해 러시아가 한반도의 문제에 개입할 수밖에 없었다는 식의, 러시아의 개입을 유도하려는 입장을 가지고 있다. 하지만 이들은 모두 이러한 조선에 대한 기록들을 통해 러시아인들에게 조선이라는 나라를 알리고 자신들이 느낀 점을 러시아인들에게 설득시키려고 했다. 이미 수교 시기 러시아인들의 조선 방문기들에서는 '밥을 많이 먹고 게으른', 또는 '때리면 순종하는' '미개한' 조선인들에 대한 언급은 찾아볼 수 없다. 이 글들에서는 러시아가 조선 문제에 적극적으로 개입하지 않고 있던 시기에 어려운 상황에 처해있는 조선의 모습을 강조했다. 러시아 정부는 아관파천 이후 뒤늦게 조선에 대해 관심을 가지게 되었고 수교 이후 상당히

긴 시간동안 조선 문제에 대응하는 데 있어 정보 부족과 대안의 부재로 다른 유럽 국가들보다 무능하고 소홀했던 모습을 많이 보여주었다. 하지만 러시아와 조선은 국경을 통해 상당 기간 교류해왔고 이는 러시아가 조선을 보다 가까이 접하고 이해할 수 있는 기반을 만들어주었다.

4. 결론

> 러시아는 유럽뿐 아니라 아시아에서도 존재해야 한다. 왜냐하면 러시아인은 유럽인일 뿐 아니라 아시아인이기도 하기 때문이다. 게다가 유럽보다는 아시아에 우리의 희망이 더 있을 수 있다. 그리고 미래의 우리 운명에서 아시아는 우리의 주된 출구일 수 있다. 나의 이런 반동적인 가정에 사람들이 격분하리라는 것을 알고 있다. (자명한 일이 아닌가) 그렇다. 우리가 스스로 개선해야 할 근원적인 것 중 하나가 있다면 그것은 바로 우리의 아시아에 대한 시각이다. 유럽에서 우리를 아시아 야만인이라고 부르고 우리가 유럽인보다 아시아인에 더 가깝다고 할까봐 걱정하는 비굴함을 버려야 한다.
>
> 도스토예프스키의 1881년 『작가의 일기』중에서

교류 초기 러시아인들은 빈곤한 조선인들의 생활이나 조선 관료들의 횡포와 부패상, 정치적인 혼란함과 대외적인 유약함 등 조선의 많은 부정적인 모습을 목격했다. 러시아인들이 1854년 처음으로 조선의 해안에 상륙했던 사건을 다루고 있는 곤차로프의 여행기『전함 팔라다』에서는 척박한 자연과 거칠고 폐쇄적인 조선의 모습을 첫인상으로 다루고 있지만, 이후 이것이 다시 가난하고 우울한 모습으로 바뀌면서 조선은 고대 트로이에 버금가는 긴 역사를 가졌고 조선인들은 '호머'의 시를 쓰는 사람들이라고 표현한다. 호기심이 많고 체격이 건장하고 솔직하며 과감한 성격을 가지고 있다거나 놀라울 정도로 달필인 조선인들을 묘사하지만 전체적으로 일관되지 않은 서술은 알려지지 않은 나라 조선을 접하게 된 팔라다호 승선자들의 당혹감을 반영하고 있다.

수교 후 러시아인들의 조선방문기는 조금 더 나아가 조선인들의 처참했던 생활과 조선이 대외적으로 처한 어려움을 강조하고 있다. 앞서 살펴본 세 편의 방문기는 조금씩 다른 관심으로 조선의 실상을 다루고 있지만 모두 일본에 대한 반감과 조선과 조선인에 대한 동정적인 시각을 기초로 하고 있다. 조선인들의 근면함과 학구열, 선량함과 지혜로움 등을 높이 평가하면서 조선인들의 잠재력에 대해 신뢰를 표현한다. 곤차로프의 조선 방문 후 근 30년 가까운 세월 동안 진행된 조선인의 러시아 이주와 국경교역의 경험을 통해 수교 이후 방문기의 저자들은 보다 동정적인 시선으로 조선을 바라보고 있었고, 이것은 러시아가 20세기 초에 이르러 유럽 국가 중 조선에 대한 가장 많은 정보를 보유하게 되고 '먼 나라'가 아니라 이웃국가로 조선을 받아들이게 되는 데 있어 바탕이 되었다.

러시아가 극동의 작은 나라 조선을 만나게 되기까지 많은 시간이 걸렸고, 그 이후 일본 제국주의 시기와 '두 개의 한국'을 인정해야 했던 기간은 근 1세기가 넘는 시간이었다. 그리고 현재까지도 한국과 러시아는 서로를 알아가는 데 있어 무지와 편견의 벽을 허물지 못하였다. 과거의 우리의 모습을 그린 러시아인들의 기록들은 그것이 좋은 모습이든 그렇지 않든 상관없이 우리에게는 소중한 유산이다. 우리의 과거를 반추하는 것도, 그리고 러시아인들의 인식 속에 자리 잡은 한국과 한국인의 모습이 어떤 것인지를 아는 것도 우리에게는 필요하기 때문이다.

찾아보기

ㄱ

간티무르 51
강화도조약 45, 101, 129, 231
강희제 52, 53, 54, 55, 62
거문도 151, 153, 159, 160, 161, 166, 167, 168, 169, 173, 179, 181, 185, 222, 242, 243, 253, 258, 261, 262, 263
경흥부 225
경흥부사 192, 196, 226, 235, 236, 274
고륜판사대신 68, 69
고르차코프 16, 132, 229
고종 137, 154, 156, 158, 163, 164, 167, 170, 171, 174, 179, 180, 181, 182, 183, 185, 186, 219, 231, 233, 234, 235, 236, 238, 239, 242, 252, 253
곤차로프 261, 263, 264, 266, 267, 268, 280
곤차로프의 여행기 258, 259, 261, 279
골로브닌 259
골로빈 21, 52
공로의식 219, 220, 222, 224, 230, 238, 239, 243, 244, 251, 252, 253, 254
국경교역 189, 190, 191, 192, 194, 195, 198, 206, 212, 269, 274, 280
권동수 158
기도 다카요시 88, 89
기르스 16, 17, 37, 40, 41, 42, 45, 137, 142, 157, 158, 166, 241
김광훈 234
김기수 232
김옥균 134, 138, 239, 240
김용원 158
김유연 234
김윤식 163, 164, 165, 244
김홍집 232, 233, 245

ㄴ

나로츠니쯔키 37, 45
나선정벌 217, 221
나카에 초민 87, 113, 116, 119
남경조약 47, 69, 70

네르친스크 51, 52, 53
네르친스크조약 19, 21, 48, 49, 50,
  52, 53, 55, 57, 58, 59, 60, 61, 62,
  66, 67, 72, 73
네르친스크-캬흐타조약체제 48, 49,
  50, 70, 72, 73, 75, 77, 79, 80
네벨스코이 21, 22, 25, 45
네셀로제 25
노보스티 35, 36
노보예 브례먀 35, 36
노스코프 195
니콜라옙스크 22, 28

ㄷ

다데슈칼리아니 259, 269, 270, 271,
  272
다비도프 137, 153, 158, 159, 160, 240
대원군 134, 219, 220, 221, 222, 224,
  225, 226, 236, 247, 251, 252, 254
데니 180, 181
델로트케비치 259, 269, 270, 273,
  274
동시베리아 총독 20, 22, 28, 33, 130,
  143, 192, 202, 229
동아시아정책 15, 16, 17, 30, 31,
  35, 43, 44, 45, 217, 229, 241, 254
동학농민전쟁 218, 219, 245, 254

ㄹ

라듸젠스키 40
랑게 54
러시아위협론 92, 93, 96, 97, 98, 99,
  105, 113, 123
러일전쟁 81, 82, 109
러일화친조약 27
로젠 134, 168, 176, 239
루스키 베스트닉 35
리하체프 30, 31, 32, 131

ㅁ

마건창 136
마튜닌 200, 207, 208, 210, 211, 212,
  213, 214, 235, 236
만국공법 88
명치유신 81, 82, 87, 88, 89
모리 아리노리 84
모리야마 시게루 101, 102
묄렌도르프 149, 150, 151, 152, 154,
  155, 156, 159, 160, 161, 162, 163,
  165, 167, 170, 173, 180, 241
무라비요프 아무르스키 20, 22, 24,
  28, 29, 45, 71
무쯔 251
미노우라 가츤도 90
미야모토 232
미야케 세츠레이 121
민영익 134, 182, 183

ㅂ

바닌 255, 256
박영효 134, 239
백춘배 234
벌린게임 132
犯越 225
베네프스키 158
베르뇌 주교 224
베베르 137, 138, 142, 147, 148, 167,
  168, 169, 171, 172, 174, 175, 176,
  177, 178, 179, 180, 181, 182, 183,
  184, 185, 186, 201, 206, 240, 242,
  247, 248
베벨 259, 270, 274, 275
병인양요 219, 222, 224, 226, 227,
  229, 230, 231, 252, 257
부국강병 91
부동항 15, 16, 20, 42, 44, 130, 172,
  239
북경조약 17, 23, 28, 29, 33, 43, 47,
  73, 74, 75, 145, 187, 217
북관무역 188
北兵營 225
불평등조약체제 47, 71
뷰초프 34, 133, 136, 229
블라디스라비치 55, 63
블랑갈리 132, 191
비숍 180, 211
비테 39

ㅅ

사토 노부히로 93, 95
삼국간섭 81, 218
삼번(三藩)의 난 52
셀렌긴스크 회담 52
셀렝가조약 65
셰벨료프 204, 272
소에지마 타네오미 133
송고투 52, 62
셰스타코프 37, 40, 241
슈네우르 149, 151, 152
스기타 테이이치 121
스펜베르크 원정대 92
시모다조약 17, 23, 28, 33, 34, 43
시바하라 다쿠지 90
시베리아 철도 건설 108, 109, 110,
  111, 112, 113, 119, 121
시베리아횡단철도 38, 39, 42, 44,
  45, 128, 132
신미양요 219, 222
신선욱 234
심순택 245

ㅇ

아관파천 186, 218, 278
아누친 143, 202
아무르 문제위원회 20
아무르사나 56
아시아 지리·지형·통계 자료집 269

아이자와 세이시사이 93, 95
아이훈조약 22, 23, 28, 29, 145
아편전쟁 69, 71
알렉산드르 3세 249
알렉산드르 2세 33, 132
알렉산드르 미하일로비치 대공 182
알렉세예프 183
알바진 19, 51, 52
야나기하라 95
야마가타 아리토모 97, 107, 119
에노모토 다케아키 34, 96, 100, 101, 103
예르막 18
오리엔탈리즘 276, 277, 278
오카 요시타케 99
요코이 쇼난 94, 95, 99
우다칭 156
우에키 에모리 102
원세개 180, 183, 242
육로통상장정 183, 203, 206, 207
육로통상조약 173, 179
육로통상협정 76
윤협 232
이그나티예프 22
이노우에 고와시 104, 118
이노우에 카오루 85, 111, 115, 156, 232
이만손 237
이번원(理藩院) 64, 65, 66, 68, 69, 73
이와쿠라 도모미 89, 95, 101, 103, 104

이용익 234
이유원 233
이최응 233
이홍장 79, 80, 134, 136, 137, 163, 232, 247, 248, 254
引俄拒淸策 241

ㅈ

전함 팔라다 258, 259, 261, 266, 267, 268, 279
제2차 조로밀약사건 242
제국주의 16, 35, 37, 43, 44, 127, 128, 132, 133, 137, 144, 276, 278, 280
조러수호통상조약 127, 129, 134, 138, 141, 143, 146, 188, 189, 200, 202
조러육로통상장정 188, 189, 206, 274
조로관계 217, 218, 219, 220, 252
조로밀약 219, 253, 254
조로육로통상조약 219, 242
조병세 245
조선 복속론 103
조선지 256
조선책략 219, 232, 233, 237
조약체제 47, 48, 127
증국번 80
지노비예프 242, 253

ㅊ

천진-북경조약체제 50, 73, 80

청상민수륙무역장정 143
청일전쟁 82, 106, 108, 110, 113, 115,
119, 120, 121, 148, 175, 176, 186,
211, 218, 219, 245, 248, 249, 250,
254

ㅋ

캬흐타조약 19, 48, 49, 50, 53, 55,
57, 58, 59, 60, 61, 65, 66, 67, 68,
69, 70, 73
코르사코프 33, 192, 229
코르프 39, 41, 44, 45, 138, 144, 158,
159
코얀데르 135
콘스탄틴 24
쿠사마 86
크로운 149, 151, 152
크림전쟁 16, 20, 26, 28, 43, 260

ㅌ

태길 68, 69
태평천국의 난 22
트푸베츠코이 226

ㅍ

팔라다호 222, 258, 259, 261, 265, 268,
280
페테르부르크조약 34, 43, 76, 77, 80

포스에트 200
포시에트 22, 23, 39, 41, 42, 130, 232,
269
포코틸로프 183
포크 162, 163
포포프 137, 143, 159
푸루겔름 229
푸탸틴 25, 26, 71, 73, 93, 222, 259,
260, 262, 266
프르제발스키 198, 225, 230

ㅎ

하바로프 19
하야시 시헤이 93
한러밀약 148, 149, 167, 180, 181,
182, 186
한러수교 17, 269, 278
현상 유지와 관망정책 132
홍시중 237
화이론적 세계관 220, 221, 230, 236,
238, 240, 252, 254
화친조약 93
황준헌 232
후쿠자와 유키치 85, 90, 117, 118,
119, 121, 123
히트로보 247

집필자 소개 (원고 게재순)

▌홍웅호(洪熊浩)

동국대학교 대외교류연구원 연구교수. 러시아역사와 러시아의 동아시아정책에 관한 연구를 진행하고 있으며, 주요 논저로는 『1927~1929년 러시아 농촌에서의 억압정책과 농민의 대응』, 「1930년대말 소련의 동아시아정책」 등이 있다.

▌구범진(丘凡鎭)

서울대학교 동양사학과 교수. 중국재정사와 한중·러중관계사를 연구하고 있으며, 주요 논저로는 『쟁점으로 읽는 중국 근대 경제사 1800~1950』, 「청말 염세의 구성과 규모: 長蘆鹽區의 경우」 등이 있다.

▌박영준(朴榮濬)

국방대학교 안보대학원 교수. 일본근대사와 동아시아국제관계를 중심으로 연구하고 있으며, 주요 논저로는 『동아시아의 전쟁과 평화』, 「근대 일본의 국제질서인식과 대외정책론」 등이 있다.

▌민경현(閔庚鉉)

고려대학교 사학과 교수. 러시아역사와 동유럽사를 연구하고 있으며, 주요 논저로는 『유럽의 영토분쟁과 역사분쟁』, 「러시아혁명과 민족주의」 등이 있다.

■ 김종헌(金鐘憲)

동국대학교 대외교류연구원 연구교수. 근대한러관계와 국제관계사를 중심으로 연구하고 있으며, 주요 논저로는 역서 『러일전쟁사, 1904~1905』, 「1884년 한러밀약설에 관한 일고」 등이 있다.

■ 이재훈(李在勳)

동국대학교 대외교류연구원 연구교수. 러시아정책과 북러관계를 중심으로 연구하고 있으며, 주요 논저로는 『동북아시아의 갈등과 대립 - 청일전쟁에서 한국전쟁까지』, 『한국전쟁과 소련 - 전쟁주도권 문제에 대한 재검토』 등이 있다.

■ 배항섭(裵抗燮)

고려대학교 민족문화연구원 연구원. 한국근대사와 한국근대 민중운동사를 중심으로 연구하고 있으며, 주요 논저로는 『조선후기 민중운동과 동학농민전쟁의 발발』, 「중, 후기 의병전쟁 시기 나주지역 향리층의 동향」 등이 있다.

■ 이희수(李禧受)

동국대학교 대외교류연구원 연구교수. 19세기 러시아 장편소설과 초기 한러관계를 연구하고 있으며, 주요 논문으로는 「투르게네프의 중편과 장편소설에서 여성성격의 유형」, 「가린-미하일로프스키의 여행기에 비친 1898년의 한국」 등이 있다.